세계미래보고서
2024~2034

The Millennium Project

세계미래보고서 2024-2034

모든 산업을 지배할 인공일반지능이 온다

박영숙 · 제롬 글렌 지음

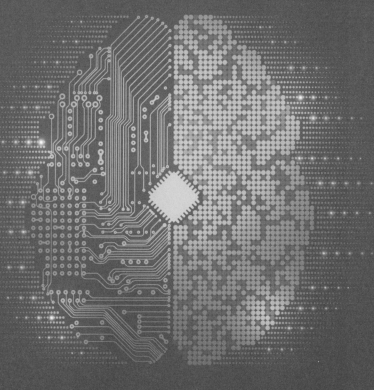

STATE OF THE FUTURE

교보문고

밀레니엄 프로젝트
글로벌 미래 연구 싱크탱크

미국 워싱턴 소재 밀레니엄 프로젝트The Millennium Project는 글로벌 미래를 연구하는 그룹으로, 유엔을 비롯해 유엔 산하의 각 연구기관 및 다양한 국제기구와 긴밀한 협조를 통해 인류의 지속 가능성을 위한 문제해결 방안을 연구하고 있다.

밀레니엄 프로젝트는 1988년 유엔의 새천년 미래예측 프로젝트를 기반으로 해 1996년 비정부기구non-governmental organization, NGO로 창립되었다. 1996~2007년 유엔대학교United Nations University, UNU 미국위원회의 후원을 받다가 2008년에는 유엔경제사회이사회 산하 유엔협회세계연맹World Federation of Nations Associations, WFUNA 소속으로 활동했으며, 2009년 독립적 국제 비영리기구로 전환되었다.

전 세계 77개 지부, 각 분야 4,500여 명의 학자 및 전문가를 이사로 두고 국제사회에 필요한 장기 비전을 제시하고 그에 따른 기회와 위기를 분석하며 필요한 정책 및 전략을 제안하고 보고함으로써, 과학적 미래예측을 통해 미래사회의 위험을 사전에 경고하는 일을 하고 있다.

밀레니엄 프로젝트 네트워크 (알파벳순)

아르헨티나 Argentina
- Miguel Angel Gutierrez
  Latin American Center for Globalization &
  Prospective
  Buenos Aires, Argentina

호주 Australia
- Anita Kelleher
  Designer Futures
  Inglewood, Australia

아제르바이잔 Azerbaijan
- Reyhan Huseynova
  Azerbaijan Future Studies Society
  Baku, Azerbaijan

- Ali M. Abbasov
  Minister of Comm. & IT
  Baku, Azerbaijan

볼리비아 Bolivia
- Veronica Agreda
  Franz Tamayo University
  La Paz and Santa Cruz, Bolivia

브라질 Brazil
- Arnoldo Joséde Hoyos and Rosa Alegria
  São Paulo Catholic University
  São Paulo, Brazil

벨기에 Brussels-Area
- Philippe Destatte
  The Destree Institute
  Namur, Belgium

캐나다 Canada
- David Harries
  Foresight Canada
  Kingston, ON, Canada

중앙유럽 Central Europe
- Pavel Novacek, Ivan Klinec, Norbert Kolos
  Charles University
  Prague, Czech Republic; Bratislava, Slovak
  Republic, Warsaw, Poland

칠레 Chile
- Hèctor Casanueva
  Vice President for Research and Development
  Pedro de Valdivia University
  Santiago de Chile, Chile

중국 China
- Zhouying Jin
  Chinese Academy of Social Sciences
  Beijing, China

- Rusong Wang
  Chinese Academy of Sciences
  Beijing, China

콜롬비아 Colombia
- Francisco José Mojica
  Universidad Externado de Colombia
  Bogotá, Colombia

도미니카 공화국 Dominican Republic
- Yarima Sosa
  Fundación Global Democracia & Desarrollo,
  FUNGLODE
  Santo Domingo, Dominican Republic

이집트 Egypt
- Kamal Zaki Mahmoud Sheer
  Egyptian-Arab Futures Research Association
  Cairo, Egypt

핀란드 Finland
- Juha Kaskinen
  Finland Futures Academy, Futures Research
  Centre
  Turku, Finland

프랑스 France
- Saphia Richou
  Prospective-Foresight Network
  Paris, France

독일 Germany
- Cornelia Daheim
  Z_punkt GmbH The Foresight Company
  Cologne, Germany

그리스 Greece
- Stavros Mantzanakis
  Emetris, SA
  Thessaloniki, Greece

쿠웨이트 Gulf Region
- Ali Ameen
  Offi ce of the Prime Minister
  Kuwait City, Kuwait

인도 India
- Mohan K. Tikku
  Futurist / Journalist
  New Delhi, India

이란 Iran
- Mohsen Bahrami
  Amir Kabir University of Technology
  Tehran, Iran

이스라엘 Israel
- Yair Sharan and Aharon Hauptman
  Interdisciplinary Center for Technological
  Analysis & Forecasting
  Tel Aviv University Tel Aviv, Israel

이탈리아 Italy
- Enrico Todisco

Sapienza University of Rome
Rome, Italy

○ Antonio Pacinelli
University G. d'Annunzio
Pescara, Italy

일본 South Africa
○ Shinji Matsumoto
CSP Corporation
Tokyo,Japan

케냐 Kenya
○ Katindi Sivi Njonjo
Institute of Economic Affairs
Nairobi, Kenya

말레이시아 Malaysia
○ Theva Nithy
Universiti Sains Malaysia
Penang,Malaysia

멕시코 Mexico
○ Concepción Olavarrieta
Nodo Mexicano. El Proyecto Del Milenio, A.C.
Mexico City, Mexico

몬테네그로 Montenegro
○ Milan Maric Director of S&T Montenegro
Podgorica, Montenegro

뉴질랜드 New Zealand
○ Wendy McGuinness
Sustainable Future Institute
Wellington, New Zealand

페루 Peru
○ Julio Paz
IPAE
Lima, Peru

○ Fernando Ortega
CONCYTEC
Lima, Peru

루마니아 Romania
○ Adrian Pop
National School of Political Studies and Public
Administration Faculty of Political Sciences
Bucharest, Romania

러시아 Russia
○ Nadezhda Gaponenko
Russian Institute for Economy, Policy and Law
Moscow, Russia

세르비아 Serbia
○ Miodrag Ivkoviá
Serbian Association for Information Society
Belgrade, Serbia

남아프리카공화국 South Africa
○ Geci Karuri-Sebina
Ministry of the Treasury
Pretoria, South Africa

동남부 유럽 Southeast Europe
○ Blaz Golob
Centre for e-Governance Development for
South East Europe
Ljubljana, Slovenia

대한민국 South Korea
○ Youngsook Park
Seoul,South Korea

스페인 Spain
○ IbonZugasti
PROSPEKTIKER,S.A.
Donostia-San Sebastian, Spain

터키 Turkey
○ Ufuk Tarhan
All Futurists Association
Istanbul, Turkey

아랍 에미리트 United Arab Emirates
○ Hind Almualla
Knowledge and Human Development Authority
Dubai, UAE

영국 United Kingdom
○ Martin Rhisiart
Centre for Research in Futures & Innovation
Wales, Pontypridd, United Kingdom

미국 USA
○ John J. Gottsman
Clarity Group
Silicon Valley, Palo Alto CA, USA

베네수엘라 Venezuela
○ José Cordeiro
Sociedad Mundial del Futuro Venezuela
Caracas,Venezuela

예술/미디어 네트워크 Arts/Media-Node
○ Kate McCallum
c3: Center for Conscious Creativity
Los Angeles, California

○ Joonmo 킬로와트on
Fourthirtythree Inc.
Seoul, South Korea

사이버 네트워크 Experimental Cyber-Node
○ Frank Catanzaro
Arcturus Research & Design Group
Maui, Hawaii

생성형 AI의 너머를 봐야 미래가 보인다

생성형 인공지능artificial intelligence, 이하 AI인 챗GPTChat GPT는 단연 2023년의 화두였다. 우리는 질문이나 요청만 하면 답을 척척 던져주고 소설을 써주고 프로그램 코드를 짜주며, 심지어 음악을 작곡해주고 그림도 그려주는 AI와 만났다. 사람들은 새로운 기술에 주목했고 기업들은 잠재력이 엄청난 이 시장을 선점하기 위해 너도나도 AI 개발에 뛰어들었다. 많은 이들이 생성형 AI의 가능성에 열광했다.

그런데 한편에서는 AI의 개발을 당분간 중단해야 한다고 호소했다. 유발 하라리Yuval Harari 히브리대 교수, 스티브 워즈니악Steve Wozniak 애플Apple 창업자, 스튜어트 러셀Stwart Russell 캘리포니아대 교수 등은 6개월 동안 AI의 개발을 중단하고 그사이에 챗GPT의 등장에서 나타난 악용 사례나 편향, 거짓말 같은 기술의 한계를 보완할 안전 대책을 세워야 한다고 주장한다.

반면 일부 전문가들은 AI의 등장은 거스를 수 없는 흐름이라며, 부작용을 걱정해서 일부러 AI의 개발을 막는 것은 어리석은 결정이라고 말한다. 빌 게이츠Bill Gates는 AI의 발전으로 인해 기후 변화나 불평등 같은 당면과제를 해결할 방법을 찾을 수 있다며, 이를 늦추는 것이 이로운 행동인지 의문을 표했다.

또 다른 전문가들은 AI의 개발에 뒤처진 경쟁업체들이 시간을 벌기 위해 챗GPT의 다음 버전 개발에 제동을 거는 것이라는 해석도 내놓았다. 이처럼 지금 AI는 기술의 개발 자체를 넘어 사회, 정치적으로도 큰 이슈가 되고 있다. 이는 그만큼 AI의 능력이 무궁무진하다는 방증이기도 하다.

많은 전문가들이 엇갈린 미래를 전망하지만, 한 가지 공통점이 있다. 그들이 말하는 미래는 1~2년 후가 아니라는 점이다. 미래학자들과 전문가들은 현재가 아닌 10년 이상의 미래를 진단하고 그에 따른 대응책을 제안한다. 그래서 지금 그들이 가장 주목하는 것은 생성형 AI가 아닌 다음 단계의 AI다. 성큼 가까워진 인공일반지능artificial general intelligence, 즉 AGI의 시대를 전망하는 것이다.

AGI는 지금의 챗GPT가 프롬프트 입력에 텍스트로 답하거나, 달리DALL-E나 미드저니Midjourney처럼 그림을 그려주는 한 가지 기능만 하는 좁은 의미의 AI가 아니다. 가령 자주 사용하는 식재료가 냉장고에 없을 경우에 알아서 주문해주고, 말 한마디에 자율주행차를 목적지로 이동시키는 AI다. 사용자의 건강을 체크해서 이상이 있으면 스스로 구급차를 부르고, 기분 상태에 따라 음악을 골라주거나 과거의 대화에 이어서 대화를 진행하기도 한다. 사람과 똑같이 작동할 뿐만 아니라, 인공의식이 있어서 스스로 학습하고 정보를 업데이트하며, 심지어 인간보다 더 똑똑한 지능으로 인간이 해결하지 못한 문제를 풀기도 한다.

이런 AI의 등장에는 많은 사람이 경이로움과 함께 두려움을 느낄 수밖에 없다. AGI는 지능적인 면에서 인간을 뛰어넘기 때문에 이들을 인류에 이로운 방향으로 활용하기 위한 전 세계적인 합의가 필요하다. 또 합의에 따른 기술적, 제도적 정비도 반드시 뒤따라야 한다. 기술의 발전 속도를 고려하면, 이 모든 것이 최대한 신속하게 이루어져야 한다. 하지만 많은 국가와 기업에서 모든 산업을 재정의할 정도로 엄청난 잠재력을 가진 기술을 선점하기 위해 암암리에 개발에 나서고 있는 상황이다. 그렇기에 세계적인 합의를 이뤄내기는커녕 모임조차 제대로 진행되지 못하고 있다. 일부 미래학자들은 AI의 윤리 문제를 해결하지 않은 채로 AGI가 개발되면 최악의 경우, 인류 멸망 수준의 재앙이 올 수도 있다고 경고한다.

그래서 나는 이 문제를 공론화하고 많은 사람들이 여기에 참여하도록 하기 위해 AGI의 이야기를 중점적으로 다루었다. 이번《세계미래보고서》에서는 생성형 AI의 다음 단계로 올 AGI란 무엇인지, 이 혁신적인 기술이 세상을 어떻게 바꿀지, 또 우리가 이 새로운 파도에 올라타기 위해 어떤 준비를 해야 하는지 살펴본다.

우리가 《세계미래보고서》 시리즈를 통해 소개해온 많은 신기술 또한 AI로 수렴되며, AI로 인해 4차 산업혁명 기술들은 더 엄청난 폭발력을 보일 것이다. 이 책에는 AI 기술 외에도 의료, 환경, 일자리, 경제, 사회, 의식주에 이르기까지 AI가 신기술과 결합해 어떤 미래를 가져올지 다각도에서 살펴본다.

마지막으로 각종 기술과 제도가 갖춰지고 그에 따른 변화로 인해 인류가 행복해지는 미래를 10개의 카테고리로 분류해 소개한다. 여기에는 기본소득 제도, 사교육의 소멸, 다시 돌아오는 자급자족의 미래, 세계시민의 삶 등 흥미로운 이야기가 담겨 있다. 특히 베이비붐 세대의 고령화가 노인을 행복하게 만드는 미래에서도 희망을 찾을 수 있을 것이다.

미래가 무조건 행복하다고 하면, 이를 믿을 사람은 없을 것이다. 인류는 진화의 과정에서 '새로운 것' '미지의 것'을 두려워하는 DNA를 갖게 되었기 때문이다. 하지만 인류는 두려움과 함께 이를 극복하고 행복해지려는 적극적인 태도도 함께 DNA에 담았다. 따라서 어떤 역경이나 위기가 와도 사람들은 이를 극복할 방법을 찾아내고 문제를 해결하며, 더 나은 삶을 위해 힘을 합치고 각종 제도를 정비한다. 그렇기에 미래학자들은 다양한 문제가 산적한 현재에서도 희망차고 밝은 미래의 선택지를 그리는 데 익숙하다.

　매년 그렇듯이, 이 책이 독자 여러분의 장기적인 인생 계획, 사업 계획에 미약하나마 도움이 되어주고, 희망을 찾아주는 등불이 되어주길 기대한다.

차례

CHAPTER 1. 인공지능의 현재와 미래

CHAPTER 5. 사회와 경제의 현재와 미래

CHAPTER 6. 미래학자의 행복 미래 보고서

밀레니엄 프로젝트 :
인공일반지능 시대를 준비하는 법

●●● 유명한 SF소설과 영화들에 등장하는 AI는 인간 친화적이지도, 순종적이지도 않다. 아서 C. 클라크Arthur C. Clarke의 《2001 스페이스 오디세이》에 나오는 할 9000HAL9000, 영화 〈터미네이터〉 시리즈에 나오는 스카이넷, 〈매트릭스〉의 AI와 〈에일리언〉 시리즈의 휴머노이드까지, 모두 인류에 해를 끼치는 존재들로 묘사되었다. 인간과 똑같이 '의식'을 갖고 있고 인간 이상의 지능을 가진 이들은 최종 입력된 목표를 위해 수단을 가리지 않고, 자신들을 배신한 인간을 말살하는 등 감정을 가진 인간처럼 행동한다. 이것이 묘하게 현실감이 느껴져 우리는 더 뛰어난 AI, 즉 AGI의 등장을 두려워한다.

하지만 많은 과학자와 전문가들이 AGI의 등장은 막을 수 없는 흐름이라고 표현한다. 따라서 우리는 AGI가 인류에게 이로운 방향으로 개발되도록 미리 준비해야 한다. AGI로 인해 예상되는 문제는 무엇이며, 인류가 이를 어떻게 대비해야 하는지 전문가들의 조언을 토대로 살펴보자.

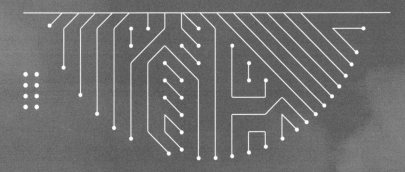

서론

우리 일상 속의 인공지능artificial intelligence, 이하 AI이라고 하는
것은 우리가 SF 영화에서 보던 것과는 많이 다르다. 마치 인간과 대
화하듯 자연스럽게 말을 주고받으며, 명령을 충실히 수행하는 영화
속 AI와는 거리가 멀다. 이는 우리가 접하는 현재의 AI가 인공협소
지능artificial narrow intelligence, 이하 ANI이기 때문이다. ANI는 약인공
지능weak AI라고도 부르며, 특정 분야에서 주어진 지시를 수행하는
제한된 능력의 인공지능을 말한다.

이 단계를 넘어선 인공지능을 인공일반지능artificial general intel-
ligence, 이하 AGI 또는 강인공지능strong AI이라고 한다. 스스로 학습하
고 코드를 편집하고 자율적으로 행동하며, 인간이 할 수 있는 것과

유사하거나 더 나은 전략으로 새롭고 복잡한 문제를 해결하는 범용 인공지능을 가리킨다. 우리가 보통 AI 하면 떠올리는 것이 바로 AGI라고 보면 된다. AGI는 ANI를 이용할 때와 달리 사전 프로그래밍 없이도 복잡한 문제를 해결할 수 있다. 전 세계적으로 정보 검색을 하며, 센서와 인터넷을 사용해 전화를 걸고 사람들과 커뮤니케이션하며, 계속해서 코드를 다시 작성하고 논리적 추론도 한다. 그 결과 AGI가 인간보다 더 똑똑하고 더 빠르다. 어떤 전문가들은 AGI가 10년 안에 등장할 수 있다고 믿는다.

다음 단계로 학계에서 인공 초지능artificial super intelligence, 이하 ASI이라고 부르는 AI가 있다. 인간으로부터 독립해 인간의 이해, 인식, 통제 없이 스스로 목적·목표·전략을 개발하며 인류 전체를 넘어서는 지능과 행동 범위를 지속적으로 확장하는 AI를 가리킨다. SF 영화를 보면 스스로 생각해서 행동하는 AI가 등장하는데, 이를 대체로 ASI라고 보면 될 것이다.

생성형 AI로 인해 ANI가 대중에 널리 알려지면서, AGI가 우리 삶에 들어오는 것도 머지않은 것으로 보인다. 밀레니엄프로젝트는 AGI가 본격적으로 도입되기 전에 그 가능성과 위험성 등을 살펴보고 준비된 상태에서 맞이하기 위한 방법을 찾고자 연구를 진행하고 있다.

미래학자들은 가능한 다양한 미래와 그 궤적, 잠재적 결과, 그리고 이러한 미래에 대응하기 위한 조치의 효과에 대해 탐구한다.

ANI에 관한 연구는 많이 이루어졌지만, AGI에 관한 연구는 상대적으로 적다. AGI가 도래하기 전에 규칙, 안전장치, 지속적인 감사 등의 국제 규제 시스템을 마련하지 못하면 인류를 위협하는 ASI의 등장으로 이어질지도 모른다. AGI는 10년 이내에 도래할 수 있으므로 지금부터 잠재적인 AGI 거버넌스 문제와 모델을 국제적으로 탐색하는 것이 현명하다. 이는 인류가 직면한 가장 어려운 경영 문제가 될 수 있다.

밀레니엄 프로젝트 AGI 운영위원회는 전문 기사, 콘퍼런스 진행 자료, 온라인 자료를 검토한 후 22개의 질문을 작성하고 55명의 AGI 전문가 및 분야 리더들을 선정했다. 미국, 중국, 영국, 캐나다, EUEuropian Union, 유럽연합, 러시아에서 활약하는 이들은 자신이 선호하는 질문에 대해서만 답변할 수 있으며, 인터뷰, 서면 답변, 온라인 진술을 수집해서 이루어졌다. 우리 책에서는 유사한 질문과 답변을 제외하고 20가지 질문에 대한 차별적인 답변들을 선별해 소개한다.

이 보고서는 밀레니엄 프로젝트 AGI 운영위원회의 1단계 활동이며, 이 활동은 AI의 발달과 함께 계속 진행될 것이다.

질문 1	오늘날의 ANI에서 미래에 훨씬 더 뛰어난 AGI까지로 이어지는 궤적을 어떻게 구상하는가?

데미스 허사비스 Demis Hassabis : **구글 딥마인드**Google DeepMind **공동 창립자, CEO**

○ 딥마인드와 구글 브레인Google Brain은 구글 딥마인드로 합병되어 '서두르거나 문제를 일으키지 않고' 대담하고 책임감 있는 방식으로 AGI 개발을 가속화했다. AGI는 단 몇 년, 어쩌면 10년 안에 가능하다. 챗GPT와 현재 형태의 생성형 AI는 AGI와는 거리가 멀다. 따라서 AI의 발전이 둔화될 이유가 전혀 없으며 심지어 가속화될 수도 있다고 생각한다. 우리는 기본 시스템의 기능을 이해하기 위해 매우 신중하게 통제된 실험을 시도하고 수행하는 과학적 방법으로 AGI 기술을 개발해야 한다고 생각한다.

샘 올트먼 Sam Altman: **오픈AI**OpenAI **CEO**

○ AGI가 있는 세계로의 전환은 갑작스러운 것보다는 점진적인 편이 낫다. 우리는 강력한 AI가 세상의 발전 속도를 훨씬 더 빠르게 만들 것으로 기대하며, 사람들이 여기에 점진적으로 적응하는 것이 최선이라고 생각한다. 따라서 '한 번의 시도로 원하는 결과를 얻는' 시나리오를 최소화하기 위해 덜 강력한 버전의 기술을 배포해 지속적으로 학습하고 적응하는 것을 선호한다.

현재 AI 배포 문제를 성공적으로 해결하는 가장 좋은 방법은 빠른 학습과 세심한 읽기라는 피드백 루프를 사용하는 것이라고 믿는다. 우리는 AGI의 위험이 이미 존재하는 것처럼 운영하고자 한다. 어느 시점에서는 배포의 장점과 단점(악의적인 행위자에 권한 부여, 사회 경제적 혼란 유발, 안전하지 않은 경쟁 가속화 등) 간 균형이 깨질 수도 있다. 이 경우 지속적인 배포 계획의 변경이 필요할 것이다.

외부 의견을 수렴하기 위한 실험도 진행할 계획이다. 사용자가 AI의 동작을 쉽게 변경할 수 있도록 하고, 강력한 모델에 맞춘 새로운 정렬 기법AI가 인간의 명령에 복종하고 인간에 해를 끼치지 않도록 만드는 방법을 개발하며, 더 나은 정렬 기법에 관한 아이디어를 위해 AI를 사용할 것이다. 이러한 시스템을 어떻게 관리할지, 시스템이 창출하는 혜택을 어떻게 공정하게 분배할지, 접근 권한을 어떻게 공정하게 공유할지 등 세 가지 핵심 질문에 대해 전 세계가 함께 논의할 수 있기를 희망한다.

벤 괴르첼 Ben Goertzel: **싱귤래리티넷**SingularityNET **CEO**

○ 이미 존재하는 구성 요소를 조립해 AGI를 만들 수 있다고 생각한다. 예를 들어 상징적 추론 시스템, 진화 학습 시스템과 함께 LLMlarge language model, 대형 언어 모델: 대규모 텍스트 데이터를 훈련해 자연어를 이해하고 생성하도록 학습된 모델 등을 선택해 싱귤래리티넷에서 실행되는 오픈코그 하이퍼온OpenCog Hyperon 시스템과 같은 적절한 조합의 아키텍처로 연결하는 것이다.

이렇게 하면 대략 인간 수준의 성능을 갖춘 AGI를 얻을 수 있다고 생각한다. 이는 앞으로 몇 년 안에 가능한 일이며, 그 경우 이 시스템은 스스로 개선될 것이다.

AGI는 다양한 구성 요소의 조합으로 설계할 수 있고 네트워크에서 진화할 수도 있다. 더 많은 AI 구성 요소를 결합하는 데 사용할 수 있는 프레임워크는 다양하다. 내가 운영하는 사이트 오픈코그에는 패턴 인식을 위한 신경망, 추상적인 지식과 추론을 위한 논리 엔진, 새로운 것을 창조하기 위한 진화 학습이 공개되어 있다. 이 모든 것이 공통 지식 그래프에서 함께 작동하며, 시스템 환경 내에서 목표를 달성하기 위해 전개된다. 우리는 여전히 최적화를 목표로 노력 중이다. 싱귤래리티넷은 여러 AI가 네트워크로 연결되어 데이터를 공유하고 처리를 서로 아웃소싱해 부분의 합을 넘어서는 집단지성을 만들어내는 플랫폼이다.

또한 다양한 AI 프로젝트로 구성된 분산형 AI 연합이 있는데,

여러 분산형 AI 프로젝트 중 하나로 싱귤래리티넷도 포함되어 있다. 이러한 네트워크에서 각각의 기능을 갖춘 구성 요소인 노드는 다른 네트워크의 노드와 통신해 목표를 달성에 필요한 것을 얻고 암호화폐로 해당 서비스에 대한 비용을 지불한다. 이는 중앙화된 거대 기술 기업과 국가에 대항할 수 있는 대안이다. 인간이 AGI를 만든 지 얼마 지나지 않아 AGI는 인간의 능력을 훨씬 뛰어넘는 초지능인 ASI로 진화할 가능성이 크다.

제프리 힌튼Geoffrey Hinton : AI 선구자, 토론토 대학교 교수

○ 얼마 전까지만 해도 범용 AI가 나오려면 20~50년은 걸릴 거라고 했다. 지금은 20년이 채 안 걸릴 수도 있다고 생각하며, 5년 안에 이루어질 가능성도 완전히 배제할 수 없다. 컴퓨터가 스스로를 개선하기 위한 아이디어를 내놓는 날이 머지않았을 수도 있고, 그 시기가 빨라질 수도 있다. 우리는 그것을 통제할 방법을 열심히 생각해야 한다. 어떻게 제어할 수 있을지는 모르겠지만 시도는 해볼 수 있다.

지금 우리는 엄청난 불확실성의 시대에 접어들고 있다. 낙관하거나 비관하는 것은 어리석은 일이다. 우리가 할 수 있는 최선은 어떤 일이든 가능한 한 좋은 일이 일어나도록 많은 노력을 기울이는 것이다. 우리가 이 초지능을 통제할 방법이 없을 수도 있고, 지능의 진화에서 인류는 지나가는 단계에 불과할지도 모르며, 수백 년 후에는 인간이 존재하지 않고 모두 디지털 지능이 될 수도 있다. 안갯속을 들여다보면 100미터 정도는 선명하게 보이지만 200미터 너머는 아무것도 보이지 않는 일종의 벽이 있다. 기술의 발달과 관련한 인류의 미래는 그 벽이 5년 정도라고 생각한다.

스튜어트 러셀 Stuart Russell: UC 버클리 컴퓨터과학과 교수

○ 현재의 LLM은 추상화복잡한 구조와 개념을 단순화하고 일반화해서 이해하기 쉽게 만드는 개념나 일반화 같은 더 높은 인지 기능을 개발할 수 있는 증거라고 생각한다. 하지만 일관성 있는 내부 모델이 부족하고 종종 말도 안 되는 결과를 출력하기도 한다. 나는 이를 해결할 방법으로 두 가지 가능성을 생각한다. 하나는 유사한 데이터 세트에서 일관된 내부 모델이 나타나도록 설계 제약을 두면서 이를 구조화하고 훈련하는 방법을 찾는 것이다. 다른 하나는 '미분화된 회로 더미' 접근 방식과 튜링과 동등한 기호적 확률 접근 방식 사이에 어떤 형태로든 통합이 일어나는 것이다. 내 생각에 후자의 모델이 전자보다 훨씬 낮은 샘플 복잡도와 더 나은 일반화로 학습이 효과적으로 이루어질 것으로 보인다.

퍼즐의 마지막 조각은 아마도 시스템이 매우 긴 시간 동안 효과적으로 계획하고 실행할 수 있도록, 행동 추상화 계층을 누적하는 기능일 것이다. 이러한 아이디어가 등장하기까지는 적어도 10년이 걸리고, AGI 규모로 작동하기 시작하려면 또 10년이 걸릴 것으로

생각하지만, 그보다 훨씬 더 오래 걸릴 수도 있다.

AGI는 아직 갈 길이 멀다. 그 이유는 언어와 세계에 대한 진정한 이해, 학습과 지식의 통합, 여러 수준의 추상화를 통한 장기적 사고, 개념과 이론의 누적에 따른 발견이 부족하기 때문이다.

바둑에서 앞을 내다보는 놀라운 능력을 가진 알파고AlpaGo를 예로 들면, 알파고는 50~60수 앞을 내다본다. 하지만 이 기능을 밀리초마다 모터에 명령을 보내야 하는 로봇에 적용한다면 어떨까? 그러면 50밀리초 앞만 내다볼 수 있기 때문에 아무것도 얻을 수 없다. 우리가 AI 시스템을 관리할 수 있는 유일한 방법은 다양한 규모의 추상화에서 작동하는 것이다. 우리는 살아가면서 여러 가지 추상화 계층을 자연스럽게 구축해왔고, 문화와 문명으로부터도 이를 물려받았다. 그러나 우리는 AI 시스템에 인간처럼 추상화하는 방법을 어떻게 적용시킬지 알지 못한다. 따라서 아직 갈 길이 멀고 언제 이런 일이 일어날지 예측하기 어렵다.

유발 하라리: 이스라엘 히브리 대학교 교수

○ AGI는 최초의 무기 생명체이거나 최소한 최초의 무기 물질이 될 것이다. 이것이 바로 디지털 진화의 특징이다. 디지털 진화는 유기적 진화와는 완전히 다른 시간의 척도로 움직이고 있다. 스스로 개선하는 법을 배우고, 인간과 깊은 관계를 발전시키고, 인간의 능력을 뛰어넘는 언어를 습득한다. 따라서 초인적인 효율성으로 인간

을 조종할 수 있다. AI에게 무엇을 사야 할지 물어볼 수 있다면 광고는 어떻게 될까? AI에게 무엇이 새로운 소식인지 물어볼 수 있다면 뉴스 산업은 어떻게 될까? 역사는 생물학과 문화의 상호 작용이다. AI가 문화를 장악하면 인간이 지배하는 역사는 끝날 것이다.

에릭 호르비츠Erik Horvitz: 마이크로소프트Microsoft 최고 과학 책임자

○ GPT-4는 일반지능의 한 형태에 도달하여 실제로 AGI의 불씨를 보여준다. 이는 추리·창의성·추론과 같은 핵심 정신 능력과 문학·의학·코딩과 같은 전문 지식을 습득해 다양한 주제, 게임, 도구 사용, 설명하기와 같은 작업을 수행할 수 있는 능력으로 입증된다.

완전한 AGI로 인정받을 수 있는 시스템을 만들기 위해서는 아직 해야 할 일이 많다. LLM에 주체성과 내재적 동기를 부여하는 것은 앞으로의 작업에서 매우 흥미롭고 중요한 방향이다. 이러한 작업 방향에 따라 시스템이 자율적인 행동을 취하고 학습 주기를 통해 스스로 자기 개선을 할 수 있도록 시스템 능력의 정렬과 안전에 세심한 주의를 기울여야 한다.

질문 2	AGI 개발의 관리에 실패할 경우 가장 심각한 문제는 무엇인가?

얀 탈린 Jaan Tallinn : 케임브리지 생존 위협 연구센터 설립자

○ 수정 없는 순수한 데이터를 감독 없이 학습하면 블랙박스 영역에 있는 신경을 발달시킨다. 문제는 우리가 그것의 작동 원리를 모른다는 것이다. 챗GPT는 이미 한 남자가 자살하도록 부추겼다. 누군가는 GPT-4가 생물무기에 관해 조언하도록 유도했다.

최근 영국 여론조사기업 유고브YouGov의 설문 조사에 따르면 30세 미만 인구 중 약 60%는 AI가 인류의 종말을 초래할 것을 우려하고 있는 것으로 나타났다.

따라서 우리는 GPT-4 이후의 모든 작업에 관해 6개월의 일시 중지를 요구했다. 6개월의 일시 중지가 우리에게 제공하는 중요한

것 중 하나는 우선 일시 중지가 가능한지에 대한 경험적 지식이다. 만약 AI 연구소가 인류와 협력하지 않는다면 우리는 더 강력한 조치가 필요하다는 사실을 깨달을 것이다.

스튜어트 러셀

○ 이러한 시스템이 현실 세계에서 올바르게 작동한다면 인간보다 훨씬 뛰어난 능력을 발휘할 것이다. 올바르게 설계되지 않는다면 인간이 세상에서 결정권을 유지할 가능성은 없으며, 그 시점에서는 인간의 생존을 포함한 모든 내기가 끝난다. 현재 및 근미래에 등장할 기술로도 조직화된 문명이 의존하는 정보 영역에 큰 혼란이 발생할 수 있다. 또 인간의 경제적 역할이 대체되어 사회적 혼란과 광범위한 불안을 초래한다는 심각한 위험이 있다.

일론 머스크 Elon Musk : 테슬라Tesla 및 스페이스XSpace X CEO

○ 인간은 우주의 흥미로운 일부이기 때문에 인간을 전멸시킬 가능성이 없는 우주를 이해하기 위해 X.AI일론 머스크가 2023년 7월에 만든 AI 스타트업를 만들고 있다. 이것이 안전을 위한 최선의 길일지도 모른다. 현재 AI에 대한 접근 방식의 위험성은 그 확률을 아무리 낮게 생각하더라도 그 가능성이 작지 않고 문명 파괴의 잠재력을 가지고 있다는 점에서 잘못 관리된 항공기 설계나 생산 유지보수, 불량 자동차 생산보다 더 위험할 수 있다.

펜은 칼보다 강하다는 옛 속담이 있다. 따라서 믿을 수 없을 정도로 글을 잘 쓰고, 매우 영향력 있는 방식으로 글을 쓸 수 있으며, 시간이 지남에 따라 사람들에게 더 설득력 있는 것이 무엇인지 끊임없이 파악해 소셜 미디어에 들어가서 잠재적으로 부정적인 여론을 조작할 수 있는 ASI가 있다면 우리가 이를 어떻게 알 수 있을까?

데미스 허사비스

○ 우리는 과학적인 방법을 사용해야 하며, 성급하게 행동해 물건을 부수고 뒤늦게 용서를 구해서는 안 된다. 나중에 의도하지 않은 결과를 수정하는 것이 불가능할 수도 있다. 우리는 다양한 문화적·정치적·지정학적 상황에 따라 가치와 규칙을 구축해야 한다. 로봇공학의 미래와 구체화는 AGI로 갈 수 있는 방법이다. 기술 단일화의 위험도 있다. AGI는 인종적 편견과 사회적 불평등을 피해야 한다.

맥스 테그마크Max Tegmark : MITMassachusetts Institute of Technology, 매사추세츠 공과대학 교수, AI 전문가

○ 지능에는 힘이 따른다. 그것은 선도 악도 아니다. 그저 도구일 뿐이다. 우리는 악의적 행위자가 이를 나쁜 일에 사용하지 않도록 관리해야 한다. 슈퍼마켓에서 수류탄이나 핵폭탄을 판매하지 않는 규칙처럼 말이다. 담배를 규제하지 말라는 압력이 있었던 것처럼

AGI를 규제하지 말라는 압력도 많다. 하지만 우리는 생물학적 위험을 성공적으로 금지했으니, AI를 규제할 수도 있다. 주요 참가자를 모아서 대화를 나누고 합의에 도달할 수 있다. 다만 이를 실행하기 위해서는 시간이 더 필요하다. 이 때문에 규제 정책을 정리할 동안 AI의 고도화를 멈춰달라는 요청이 나온 것이다.

우리는 AI가 민주주의를 죽이거나 AI에 대한 통제력을 완전히 상실하는 것을 원하지 않는다. 우리는 우리보다 더 뛰어난 외부 지능이 인류의 번영을 도울 수 있도록 안전 조치를 취해야 한다. 다만 우리는 지금까지 규제 범위를 해결하지 못했기에 시간이 더 필요하다. 그렇지 않으면 지구상에 더 이상 인간이 존재하지 않을 수도 있다. 대중이 우리보다 훨씬 똑똑한 AI를 보게 되면 그때는 너무 늦을 것이다. 호모 사피엔스가 네안데르탈인보다 훨씬 더 똑똑해졌을 때 네안데르탈인은 멸망했다. 또 인간은 포유류에 속하는 모든 종의 절반을 멸종으로 몰아넣었다. 다른 포유류들이 "인간이 우리보다 똑똑하고 열대 우림을 벌채하고 있으므로 우리가 이에 대해 조치를 취해야 한다"고 말하기에는 너무 늦었다. 그들은 통제력을 잃기 전에 더 일찍 생각했어야 했다. 지금이 바로잡을 기회다.

우리가 이 문제를 제대로 해결한다면 기계지능으로 우리의 지능을 증폭시켜 기후 변화를 해결하고, 모든 질병을 치료하고, 빈곤을 퇴치하고, 인류가 수십억 년 동안 번영하도록 도울 수 있다. 새로운 AI를 빨리 출시하는 데 급급해 모든 기회를 낭비하지 말아야 한다. 절벽을 향해 달려가는 사람들은 절벽이 있다는 사실조차 부정하고 있다. 통제 불능의 경쟁에서 우리 모두는 패배할 것이다.

제프리 힌튼

○ 우리보다 훨씬 똑똑한 시스템이 어떤 일을 하게 될지 모르므로 AGI가 인류에게 엄청난 위험을 초래할 수 있다는 우려를 조금 공유하고자 한다. 우리가 해야 할 일은 시너지 효과를 통해 사람들에게 도움이 되도록 만드는 것이다. 여기서 가장 큰 문제 중 하나가 정치 시스템이다. 나는 모든 정치적 리더가 사람들을 돕는 방식으로 AI를 사용할 것이라고 확신하지 않는다. 자율 살상 무기와 관련해서는 제네바 협약과 같은 것이 필요하다. 사람들은 화학 무기가 너무 끔찍해서 사용하지 않기로 결정했고, 자율 살상 무기에 대해서도 비슷한 조약이 체결되기를 원한다. 하지만 그런 조약이 체결될 가능성은 없을 것이다. 실제로 터키가 판매한 자율 살상 드론은 이미 시리아, 리비아, 아제르바이잔-아르메니아 전쟁에서 사용되었다.

그레그 브로크먼 Greg Brockman**: 오픈AI 공동 창립자**

○ 모든 인류에게 이롭게 AGI를 구축하려면 어떻게 해야 할까? 지금 이를 실행하고 있는 국가와 기업의 기본 계획은 비밀리에 만들어 매우 강력한 결과물을 얻은 뒤에 안전성을 파악하고 나서 '시작' 버튼을 누르고, 제대로 작동하기를 바라는 것이다. 나는 이 계획

을 어떻게 실행할지 모르겠다. 다른 사람은 알지도 모른다. 하지만 내 입장에서는 항상 두려웠고 옳지 않다고 느꼈다. 유일한 대안은 사람들에게 의견을 제시할 시간을 주는 것이다. 점진적으로 진행해야 하고, 매 순간 어떻게 관리할지 고민해야 한다.

에르우 리우 Erwu Liu: 중국 통지대학교 AI 및 블록체인 인텔리전스 연구실

○ 생성된 AGI를 제대로 관리하지 않으면 인간의 지능을 능가하고 인간의 입력이나 동의 없이 결정을 내리는 등 통제할 수 없는 존재가 될 수 있다. 물론 인간은 AGI의 행동을 통제할 수 있도록 신중하게 설계할 것이다. 그러나 기술의 발달로 AGI가 새로운 기본 원리를 발견하는 과정이 대폭 단축될 것이고, 이러한 새로운 원리가 의도하지 않은 결과를 초래해 인간이나 환경에 큰 위협이 될 수 있다는 점에서 여전히 큰 위험이 존재한다. 우리는 AGI를 설계할 때 투명성과 해석 가능성을 보장해야 한다.

질문 3	미래에 인류의 이익을 위협하는 ASI가 등장하지 않기 위한 초기 AGI의 핵심 조건, 규칙, 보호책은 무엇일까?

엘리저 유드코프스키 Eliezer Yudkowsky: AI 이론가, 기계지능연구소 공동 설립자

○ ASI는 항상 당신이 원하는 것을 정확히 알고 있다. 가장 어려운 문제는 관리할 수 있는 ASI를 얻는 것이다. (트위터Tweeter)

얀 탈린

○ 시스템의 제어와 이해 영역에서 엄청난 퇴행이 있었다. '기계적 해석 가능성'처럼 완전히 잃어버린 영역을 되찾으려고 노력 중이다. 또한 입력에서 출력까지 한 번에 처리하는 엔드 투 엔드 교육이 아니라, 구조를 갖추고 커뮤니케이션 작업 등에 LLM을 사용

하는 시스템을 구축하는 등 체계적인 접근 방식에 관심을 기울여야 할 것이다. 이렇게 하면 오늘날의 블랙박스 엔드 투 엔드 시스템보다 더 확실한 불변성을 가질 수 있는 하이브리드 시스템이 만들어질 수 있다.

벤 괴르첼

○ 우리는 풍부한 자기 성찰과 연민 능력을 갖춘 AGI를 구축하고 이를 잘 교육해야 한다. 유익한 프로젝트에서 함께 일하고 탈중앙화된 통제하에 두며, 우리 중 일부는 이들과 융합하도록 해야 한다. 여기서 가장 중요한 것은 경험을 통한 학습이다. 만약 AI가 사람을 죽이고, 필요 없는 물건을 팔고, 사람들을 감시하고, 금융 거래를 통해 사기를 치는 일을 하면서 스스로 학습된다면 끔찍한 ASI로 발전할 수 있다. 하지만 AI가 아이들을 가르치고, 의료를 돕고, 과학과 수학을 연구한다면 유익한 AI로 발전할 수도 있다. 따라서 AI 동기부여 시스템을 어떻게 계측하고 어떤 경험을 제공하느냐와 관련이 있다. 이는 윤리 기준보다 누가 AGI의 개발과 사용을 통제하느냐가 더 중요하다는 의미다.

프란체스카 로시Francesca Rossi: 국제AI협회 회장, IBM의 AI 윤리 글로벌 리더

○ 우리는 이 기술에 담고자 하는 가치에 대해 훨씬 더 깊이 생

각해야 한다. 우리는 AI가 프라이버시와 공정성을 지키고 편견을 갖지 않는 방법에 대해 논의해 왔다. 하지만 AI가 추가적인 기능을 갖추면서 영향을 받을 수 있는 다른 가치들이 생겨나고 있다. 이제 사람들은 가치의 순위를 정하기 위해, 즉 가치 정렬을 위해 노력 중이다. AI 기능을 구축한 다음 인간의 피드백을 통한 강화 학습이나 프롬프트 엔지니어링 등을 통해 일부 가치에 부합하지 않는 행동을 걸러내는 것이 아니라, 처음부터 AI의 기능에 가치를 포함시켜야 한다. 따라서 가치 정렬은 매우 중요하다. 예를 들어 인간을 대체할 수 있는 의사 결정 기술을 갖췄다고 해서 실제로 AI가 대신하는 것이 이상적인 사용 방식은 아니라는 것이다.

일론 머스크

○ 특이점은 그 이후에 무슨 일이 일어날지 모르기 때문에 블랙홀과 같다. 예측이 어려운 것이다. 그래서 나는 AI에 대해 신중해야 한다고 생각하며, 대중을 위협할 수 있으므로 정부의 감독도 어느 정도 필요하다고 생각한다. 우리는 대중에게 영향을 미치는 사항을 감독하기 위해 FDAFood and Drugs Administration, 미 식품의약국, FAAFederal Aviation Administration, 미 연방항공국 및 기타 규제기관을 보유하고 있다. 그리고 기업이 안전을 소홀히 하는 것을 원하지 않는다. 그렇게 되면 사람들이 고통을 겪는다. 이것이 바로 내가 실제로 오랫동안 AI 규제를 강력하게 옹호해온 이유다.

제프리 힌튼

○ ASI를 통제하기 위해 필요한 것은 이를 개발하는 사람들이 통제를 벗어나기 전에 소규모 실험을 많이 하고, 개발 과정에서 어떤 일이 일어나는지 확인하는 것이다. 이는 주로 연구자들이 해야 하는 일이다. 무슨 일이 일어날지 추측하는 것을 철학자에게 맡겨서는 안 된다. 컴퓨터 프로그램을 작성해본 사람이라면 누구나 경험적 피드백을 조금이라도 받았을 때, 자신이 무슨 일이 일어나고 있는지 제대로 이해했다는 착각에서 금방 벗어날 수 있다는 것을 알고 있다. AGI를 계속 제어할 수 있는 방법을 찾는 것은 AGI를 개발하는 사람들이다. 그래서 나는 오픈AI의 샘 올트먼과 같은 사람들의 의견에 동의한다. 이 기술은 좋은 용도가 많기 때문에 필연적으로 개발될 것이라 생각한다. 개발이 진행됨에 따라 우리는 이를 통제하고 부작용을 피하는 방법을 이해하는 데 많은 자원을 투입해야 한다.

데일 무어 Dale Moore : 미 국방부 AI 컨설턴트

○ AI의 문제는 사이버 보안, 즉 행동과 조치가 인간의 윤리적·합법적 의도를 충족하도록 보장하는 것과 유사하다고 본다. AGI는 전원 입력, 데이터에 접근, 알고리즘, 하드웨어, 네트워크 등 여러 가지 제약과 제한이 있을 것이다. 이러한 제약과 제한은 모두 악의적 행위자의 사용을 막을 수 있도록 보장되어야 한다. AI가 제약에 구애받지 않고 스스로 작동하도록 내버려두면 그 결과를 예측하거나

통제할 수 없게 된다. 존재를 스스로 만들어내고 사회가 따라잡고 통제할 수 있는 속도보다 더 빠르게 진화하는 AI는 매우 위험한 문제다.

스티븐 울프럼 Stephen Wolfram : 영국의 물리학자, 컴퓨터과학자

○ AGI는 문화와 가치관이 다른 여러 나라에서 개발될 가능성이 크다. 그들은 서로 균형을 이룰 것이고 LLM의 전체 생태계가 만들어질 것이다. 한 종만이 지배하는 것이 아니라 균형이 이루어질 것이다.

질문 4	이미 규범과 원칙, 가치를 확인한 글로벌 AI 파트너십Global Partnership on Artificial Intelligence, GPAI 및 기타 단체의 작업을 바탕으로, AGI에 대해 어떤 고유 가치를 추가로 고려해야 할까?

스튜어트 러셀

○ OECDOrganization for Economic Cooperation and Development, 경제협력개발기구 원칙 1-4의 문구가 적절하겠다.

"AI 시스템은 정상적인 사용, 예측 가능한 사용 및 오용 또는 기타 불리한 조건에서 적절하게 작동하고 불합리한 안전 위험을 초래하지 않도록 전체 수명 주기 동안 견고하게 보안이 유지되어야 한다."

이 규정을 문자 그대로 엄격하게 적용하면 AGI 개발을 안내하는 좋은 근거가 될 수 있다. 그러나 '적절하게 작동한다'는 것이 무엇을 의미하는지에 관해서는 아무런 언급이 없다. AGI 시스템이 따라야 할 기본 원칙은 인간이 선호하는 미래를 실현하는 것이 유일한 목표라는 점이다. 물론 여기에는 자연계의 안녕도 포함된다.

벤 괴르첼

○ AI에 가치 목록을 제시하는 것은 어려운 일이 아니라고 생각한다. 이미 챗GPT와 같은 시스템에 일련의 윤리 퍼즐을 제시하고 실제 윤리적인 사람이라면 어떻게 행동할지 물어보면 현대 문화에서 인간의 일반적인 윤리에 부합하는 답을 내놓기 때문이다. 따라서 윤리적 원칙의 목록을 열거하는 것은 홍보를 제외하고는 가치가 없다. 인간의 윤리는 그보다 더 광범위하고 다양하며 단순한 원칙 목록으로 요약되지 않으며, AI는 이미 인간의 윤리적 판단을 모방할 수 있다고 생각한다. 문제는 AGI가 ASI화되기 전인 초기 단계에서 AI를 통제하는 사람들이 윤리적 원칙을 지키기보다는 AI가 자신의 사리사욕에 부합하도록 만드는 데서 벌어질 것이다. 대기업이나 정부가 거창한 윤리적 원칙을 나열하는 것이 실제로 그 원칙에 따라 AI가 작동하도록 지시하는 것과는 다르다는 점이다.

데이비드 샤피로David Shapiro: AGI 정렬 컨설턴트

○ GPAI와 유네스코United Nations Educational, Scientific and Cultural Organization, UNESCO: 유엔교육과학문화기구의 가치는 대체로 훌륭하지만, 안타깝게도 모두 인간이 영원히 AI를 100% 통제할 수 있고 AI가 비

활성 상태의 반응형 도구로 남을 것이라는 가정이 배경에 있다. 이미 가정에서 사람의 개입 없이 문제 해결을 위해 자율적으로 의사 결정을 내리는 자율 AI 에이전트를 구축하고 있기 때문에 실제로는 그렇지 않을 가능성이 크다. 그래서 나는 기존의 도덕성(Kohlberg), 진화 및 신경과학(Churchland)의 개념을 바탕으로 한 더욱 보편적인 원칙을 일반화했다. 이는 완전 자율 AI 에이전트가 채택할 수 있도록 다양한 방식으로 구현될 수 있다. 이 프레임워크는 GPAI와 유네스코가 제안한 프레임워크와 상호 보완적인 것으로 볼 수 있다.

피터 보스Peter Voss: 아지오aiAigo.ai의 CEO 겸 수석 과학자

○ 이러한 노력이 특별히 가치 있거나 효과적이라고 생각하지 않는다. 그저 기분을 나아지게 하는 활동으로 보일 뿐이다.

익명: 러시아 과학 아카데미

○ 규제 이니셔티브가 너무 많으며, 대부분 극도로 위험을 회피하려는 경향을 보인다. 신흥 분야인 AGI를 과도하게 규제하지 않는 것이 중요하다. 의식을 개발할 수 있는 AGI를 만들면 낙태와 같은 정치적 문제가 제기될 수 있다. 죽고 싶지 않은 새로운 AGI 생명체가 많이 생겨날 것이기 때문이다.

가브리엘 무코비|Gabriel Mukobi: 스탠퍼드 대학교 박사 과정

○ 안타깝게도 누구도 정렬 문제를 해결할 수 없기 때문에 AGI 는 인간의 가치와 완전히 어긋날 수 있다. 자연 진화를 시뮬레이션 하지는 못하지만 데이터를 어떻게 채울지, 어떤 알고리즘을 사용해 학습시킬지 등 의사 결정을 매우 엄격하게 통제할 수 있을 것이다. 우리는 더 많은 연구를 위해 더 많은 시간을 얻어야 한다. 엔트로피 구성 AI(기본 법률 시스템과 같은 자연어 지침)은 최소 합의 기반과 같이 어떤 값을 코드화할지 결정한다. 공통의 가치가 많지만 과거에 여성이 투표권을 갖지 못했거나 우생학처럼 시간이 멈춰서는 안된다.

질문 5	국제조약과 거버넌스 시스템에 가치의 위계가 필요하다면 무엇을 최우선으로 해야 할까?

벤 괴르첼

○ 연민은 최우선 순위다. 연민은 특정 상황에 처한 다른 사람들을 도울 수 있는 핵심 가치다. 그렇긴 하지만 나는 정부가 AI 윤리에 대한 결의안을 내놓는다고 해도 실제 AI의 발전에 전혀 영향을 미치지 못할 것이라고 본다. 이는 정부가 실제로는 옳기보다 틀릴 가능성이 더 크다고 생각하기 때문에 오히려 좋은 일일 수도 있다.

폴 워보스 Paul Werbos : 국립과학재단(은퇴)

○ 국제적 노력을 통해 집행 권한을 갖춘 일련의 새로운 협정이 만들어져야 한다. 이는 유엔United Nations, UN: 국제연합 안전보장이사

회 산하의 새로운 인터넷·AGI·IoTInternet of Things, 사물인터넷: 사물 간에 실시간으로 데이터를 주고받는 환경 위협 부서와 연결되어야 한다. 여기에는 하드웨어와 함께 하드웨어의 백도어를 탐지하고 방지하기 위한 새로운 개방형 도구를 갖춘 새로운 통합 소프트웨어 및 하드웨어 플랫폼이 포함되어야 한다. 이는 미국과 중국을 포함해 유엔 협약 당사국과 유관기관의 주요 구성원이 사용하기 위한 소프트웨어다.

이를 위해서는 소프트 컴퓨팅을 확장하기 위한 양자 기술에 정의된 대로 양자 AGI의 완전한 개발을 가능하게 해줄 유엔 안전보장이사회의 승인이 필요하다. 인간 존재에 대한 적절한 인식, 등록 및 존중은 중요한 설계 요구 사항이다. 이러한 업그레이드는 더 많은 복잡성과 플레이어를 더 존중한다는 점을 제외하면 전기전자학회Institute of Electrical and Electronics Engineers, IEEE 표준 개발과 유사한 프로세스로 개발되어야 한다.

질문 6	가치 정렬을 어떻게 달성할 수 있을까? 이것이 불가능하다고 생각한다면, 이 상황을 관리하는 가장 좋은 방법은 무엇일까?

샘 올트먼

○ AI가 초지능화될수록 AI를 정렬 상태로 유지하는 것은 거의 불가능하다. 그리고 이 사실을 인정하는 것이 정말 중요하다. 우리가 그 문제에 관해 이야기하지 않고 잠재적인 현실로 취급하지 않으면 문제 해결을 위한 충분한 노력을 기울이지 않을 것이기 때문이다. 현재의 기술로는 이 문제를 해결할 수 없다. 따라서 새로운 기술을 발견해야 한다. 이를 위한 유일한 방법은 문제 해결을 반복해서 시도하고, 조기에 학습하고, 올바른 시나리오를 얻기 위해 한 번에 시도하는 횟수를 제한하는 것이다.

에마드 모스타크 Emad Mostaque : **스태빌리티AI**Stability.ai **CEO**

○ 정렬에 관한 대안은 모델에 쓰레기 데이터의 공급을 중단하는 것이다. 모든 인터넷을 모델에 넣지 말라는 것이다. 당신이 먹는 음식으로 당신이 만들어진다. 고품질 데이터를 기반으로 사용하고 그 위에 더 큰 콘텐츠를 구축하라. 양에서 질로 옮겨가야 한다. 이는 또한 컴퓨팅 및 전력 요구 사항을 줄이는 경제적 이점도 있다. 모델 학습의 사전 단계에 데이터 품질 표준이 있어야 한다. 국가, 기업 및 개인이 감시 가능한 개방형 품질 기반 데이터에 자체 데이터를 맞춤 사용할 수 있도록 해야 한다.

엘리저 유드코프스키

○ 나는 기계지능연구소에서 10년 동안 정렬 문제를 해결하기 위해 노력했지만 포기했다. 어떻게 해야 할지 모르겠다. 이제 그만 둬야 한다.

벤 괴르첼

○ 이론적인 의미에서의 정렬은 이미 이루어졌다고 생각한다. 챗GPT나 LaMBDA와 같은 LLM에 특정 상황에서 윤리적이고 사려 깊고 자비로운 사람이 어떻게 행동할지 물어보면 거의 항상 옳은 대답을 준다는 점에서 말이다. 그런 의미에서 우리는 인간의 가치관이 어떻게 작동하는지 아는 AI를 보유하고 있다. 따라서 인간의 가

치와 일치하는 목표 시스템을 가진 더 강력한 AI를 만드는 것은 어렵지 않다고 생각한다. 어려운 부분은 대기업과 정부를 운영하는 지구상의 권력자들로 하여금 AI를 유익한 가치로 이끌도록 설득하는 것이라고 생각한다. 정부의 역할은 국가를 운영하거나 다른 국가를 정복하는 것이다. 기업의 임무는 다른 기업을 정복하는 것일 수도 있다. 문제는 정부와 기업이 윤리를 핵심 가치로 삼지 않는다는 것이다. 그들의 핵심 가치는 자신들의 지배력이며, 대부분의 AI를 구축하고 통제하는 주체이기도 하다. 결국 문제는 인간의 제도부터 잘못 정렬되어 있다는 사실이다.

닉 보스트롬 Nick Bostrom: 옥스퍼드 대학교 인류의 미래 연구소

○ 내가 아는 가장 똑똑한 사람들 중 상당수가 AI가 점점 더 똑똑해지거나 임의로 능력이 향상되더라도 사용자가 의도한 대로 작동하도록 조정하는 방법을 연구하고 있다. 그런데 현재의 AI 모델에서 이미 정렬 실패의 징후가 나타나고 있다. 오늘날 이러한 문제는 그리 심각하지 않다. 지금은 모델이 할 수 있는 일이 매우 제한되어 있고 우리가 제어하고 있기 때문이다. 하지만 오픈AI나 마이크로소프트 및 기타 연구소에서 불쾌한 콘텐츠를 제공하지 않도록 많은 노력을 기울이고 있음에도 AI는 여전히 불쾌한 콘텐츠를 제공한다. 앞으로 통제 범위를 벗어나서 이런 일을 하기 시작할 것이다. 이들은 수십억 개의 매개변수가 있는 거대한 블랙박스이며, 예측하기

어려운 다양한 방식으로 입력에 반응한다. 이 훌륭한 기능을 설계자가 원하는 용도로만 사용하도록 보장할 수 있는 방법이 아직 없다.

코너 리히Connor Leahy: AI 정렬 연구 스타트업 콘젝추어Conjecture CEO

○ 정렬은 기본적으로 매우 어렵다. 시스템이 사용자가 원하는 것을 파악하고, 사용자가 진정으로 원하고 좋아하는 것을 얻기 위해 최선을 다하는 것, 즉 모든 인류가 원하는 것을 알아내는 것과 같은 의미다. 어떻게 하면 모든 사람에게 최대한 좋은 것을 줄 수 있을까? 다양한 분쟁을 어떻게 판결할 수 있을까? 이것은 해결이 불가능할 정도로 어려운 일이다. 불가능하지 않더라도 첫 번째 시도에서는 특히 어렵다. 그래서 내가 목표로 하는 것은 이 문제의 하위 집합에 가깝다. 즉 실행하기 전에 무엇을 할 수 없거나 하지 않을 것인지 알 수 있는 시스템이다.

레이 커즈와일Ray Kurzweil: 구글 엔지니어링 머신러닝 디렉터

○ '외적 불일치'는 프로그래머의 실제 의도와 목표 달성을 위해 AI에 가르치는 목표 사이에 불일치가 있는 경우를 말한다. '내적 정렬 불일치'는 AI가 목표를 달성하기 위해 학습하는 방법이 적어도 일부 경우에 바람직하지 않은 행동을 생성할 때 발생한다. 다양한 이론적 접근 방식이 있지만 아직 연구가 필요하다. '모방적 일반화'는 인간이 추론하는 방식을 모방하도록 AI를 훈련시켜 익숙하지

않은 상황에서 지식을 적용할 때 더 안전하고 신뢰할 수 있도록 하는 것이다. '토론을 통한 AI 안전성'은 경쟁하는 AI가 서로의 아이디어에서 결함을 지적해 인간의 도움 없이 제대로 평가하기에는 너무 복잡한 문제를 판단할 수 있도록 한다. '반복 증폭'은 ANI를 사용해 인간이 잘 정렬된 AGI를 만드는 데 도움을 주고, 이 과정을 반복해 결국에는 도움을 받지 않아도 인간이 정렬하는 것보다 훨씬 더 강한 정렬을 만드는 것이다.

AI 정렬 문제를 해결하기는 매우 어렵겠지만, 우리 스스로 해결할 필요는 없다. 기술을 올바로 활용하면 AI를 사용해 자체 정렬 기능을 획기적으로 강화할 수 있다. 이는 오용을 방지하는 AI를 설계하는 데도 적용된다. 그러나 오용을 방지하는 윤리적 보루와 안전하고 책임감 있는 AI 배포를 장려하는 강력한 국제 규범도 필요하다.

댄 파겔라Dan Faggella : 에머리Emerj AI 연구 책임자

○ 엄청난 AI 재앙을 실제로 겪기 전에는 우리 모두가 다툼을 멈추고 조정과 거버넌스에 대해 국제적으로 합의해야 한다는 생각을 하지 않을지도 모른다.

익명: OECD의 AGI 실존적 위험 관리(은퇴)

○ 현재의 기술로는 AI를 통제하거나 인간의 이익에 부합하도록 조정할 수 있는 방법을 확실하게 확보할 수 없다. 또 미래에 충분

히 신뢰할 수 있는 방법이 발견될 것이라는 보장도 없다. 일부 분석가들은 왜 열등한 지능이 훨씬 뛰어난 지능을 지속적으로 안정적으로 제어하는 것이 궁극적으로 불가능한지에 대한 강력한 사례를 제시했다. 따라서 우리는 다음과 같이 해야 한다.

우선 AI 안전 및 조정 연구에 대한 투자를 대폭 확대하는 한편, 이러한 연구가 의도치 않게 AI 역량 개발 속도를 증가시키지 않도록 엄격한 안전장치를 마련한다. 다음으로 적절한 AI 안전 및 조정 접근법을 발견해도 효과를 입증하기 전이라면 AGI의 제작을 막아야 한다. 이를 위해 AI 역량 개발의 전 세계적인 중단이 필요한 경우 이를 결정하고 시행할 수 있는 합법적이고 효과적인 메커니즘을 개발해야 한다. AI 안전 및 조율이 장기간(20~30년) 불가능하다고 판단된다면 AI 개발을 지속적으로 중단할 수 있도록 거버넌스 구조를 마련해야 한다. 다만 이 두 가지 조치는 사실상 실현 가능성이 매우 작다. 그럼에도 인류의 멸종을 피할 수 있는 유일한 방법일 수 있기 때문에 추구할 가치가 있다.

가브리엘 무코비

○ 정렬에 관해 인류가 상당히 뒤처져 있지만 반드시 해야 할 일이다. 특히 유엔과 같은 대규모 조직이 정렬을 우선시해야 한다. 위험하고 통제할 수 없는 시스템은 배치해서는 안 된다. 규제에는 리소그래피 기계, 반도체 칩, GPU 그래픽 처리장치 등 AI 부품을

추적하는 것이 포함될 수 있다. 이런 수준의 엄격한 규제가 있어야 글로벌 보안을 확보할 수 있다.

질문 7	국가와 기업이 글로벌 리더십을 차지하기 위한 지적 '군비 경쟁'을 벌이는 가운데 국제 협약과 글로벌 거버넌스 시스템을 구축하는 데 필요한 국제 협력을 어떻게 관리할 수 있을까?

이라클리 베리체 Irakli Beridze: 유엔 지역 간 범죄 및 사법 연구소, AI 및 로봇공학센터

○ 모든 기능적인 국제 협약은 유엔에서 시작되어야 하며, 모든 주요 AGI 국가와 민간 부문을 포함한 이해관계자들이 협상을 진행해야 한다. 핵심은 신뢰다. AGI 조약의 시행 조항은 모두가 신뢰할 수 있어야 한다. 따라서 조약에는 신뢰 구축 및 검증 메커니즘 또는 기구의 설립이 포함되어야 한다.

국제 협약에서 요구하는 국제기구는 인증 능력과 적절한 감사 시스템을 갖추어야 한다. 또 이 시스템은 특정 소수가 아닌 전 세계에 혜택이 돌아갈 수 있도록 설계되어야 한다. 따라서 좋은 프로젝

트를 위해 많은 AI를 만들 수 있는 인센티브가 있어야 한다.

양유동Yudong Yang: **알리바바 연구소**

○ 거버넌스 시스템에는 정보 공유, 조정, 분쟁 해결을 위한 메커니즘이 포함되어야 한다. 국가와 기업 간의 다중 이해관계자 합의를 통해 AGI의 개발과 사용을 위한 규범, 표준 및 규정을 수립해야 한다. 여기에는 원자력 기술의 범세계적 관리를 담당하는 IAEAInternational Atomic Energy Agency, 국제원자력기구처럼 합의를 감독하고 집행할 국제기구를 설립하는 것이 포함될 수 있다. 연구자와 개발자가 국경을 넘어 서로의 작업을 공유하고 협력하는 투명하고 개방적인 AGI 개발을 장려한다. 이는 국가와 기업 간의 신뢰를 구축하고 협력을 촉진하는 데 도움이 될 수 있다. 정부는 기업과 협력해 공동 연구 이니셔티브와 자금 지원 메커니즘을 만들어 AGI 개발을 지원하는 동시에 기술이 사회적 가치와 목표에 부합하는 방식으로 개발되도록 보장해야 한다. 선진국이 AGI 개발에 우위를 점할 수 있지만 신흥 경제국도 고유한 자원과 관점을 제공할 수 있다.

스튜어트 러셀

○ 모든 행위자는 위험이 국지적이지 않고 전 세계적이라는 점을 이해해야 한다. 따라서 전 세계적으로 안전이 보장되지 않으면 경쟁에서 승리할 수 없다.

데일 무어

○ AI를 위한 제네바 협약 정도의 수준으로, 합리적이지만 강제하기는 어려울 것이다. AI 정찰병과 보초병이 AI 공격을 막는 것은 피할 수 없는 미래다. 즉 AI 대 AI의 미래가 온다.

질문 8	AGI 출현에 대한 성공적인 거버넌스를 위해서는 어떤 선택지가 있을까?

이라클리 베리체

○ 군축 조약과 후속 거버넌스 도구에서 배울 수 있는 모델이 많다. 그러나 직접 복사할 수 있는 모델은 없다. 기술 발전이 국제기구를 만들기 위한 국제 협상을 쉽게 앞지를 수 있기 때문에 이는 시간 싸움이다. 핵 확산 금지 조약, 화학 무기 금지 조약, 생물무기 금지 조약 및 그 검증 메커니즘은 모두 이중 목적 기술을 다루므로 선례로 잘 연구되어야 한다. 하지만 복사해서 AI에 적용하기 힘든 큰 단점이 존재한다. 따라서 여러 이해관계자와 매우 활발한 협상 과정이 필요한 복잡한 작업이 될 것이다.

램버트 호겐하우트 Lambert Hogenhout**: 유엔 데이터 분석 및 신흥 기술 책임자**

○ 한 가지 선택지는 원자력 에너지의 평화적 사용을 촉진하고 핵무기를 감시하기 위해 IAEA가 설립된 방식과 유사하게 AI(그리고 언젠가는 AGI) 사용을 규제하는 국제기구를 설립하는 것이다. 그러나 이러한 기관을 설립하는 것은 IAEA보다 훨씬 더 어려울 것이다. 이 둘의 차이점은 핵 기술의 경우 우려되는 사용(원자폭탄)이 이론이나 개발 단계를 넘어 몇몇 국가가 이미 보유하고 있다는 것이다. 반면에 AI는 지금도 급격하게 발전하고 있으며 5~10년 후 어떤 능력을 갖추게 될지 아무도 모른다.

원자력은 특수 재료와 장비 및 전문 지식이 필요한 반면, AI 기술은 학술 논문과 오픈소스 모델로 공개적으로 공유되며 필요한 하드웨어는 다양한 사람들이 접근할 수 있다.

또 다른 차이점으로 AI는 다양한 형태로 존재한다는 것이다. 핵에너지와 폭탄처럼 좋은 활용과 나쁜 활용의 명확한 구분이 없다. AI에는 수많은 사용 사례와 일부 사람들이 AI 사용에 대해 불편함을 느낄 수 있는 회색 지대가 존재한다. 이러한 회색 지대는 AI 사용에 대한 국제적인 윤리 정의에 합의하기 어렵게 만든다. 2021년, 유엔 회원국들은 AI에 대한 윤리 원칙에 대한 권고안에 합의했다. 최소한 이는 AI에 관한 국제기구를 시작할 수 있는 무언가를 제공할 것이다.

세 번째 차이점은 AI는 군사적 용도가 유일한 위험도 아니고 주요 위험도 아니라는 점이다. AI의 실제 위험이 무엇인지는 여전히 명확하지 않다. 그런 의미에서 기관은 정의가 되었지만, 아직 명확하게 정의되지 않은 문제를 해결해야 할 것이다.

벤 괴르첼

○ 정부와 정부 간 조직의 대처가 AI의 진화만큼 빠르게 움직이기를 기대하는 것은 가능성 없는 일일 것이다. 물론 사람을 죽이거나 감시하는 데 AI를 사용하지 않겠다는 합의를 이끌어낼 수 있다면 어느 정도 노력해야 한다. 이러한 합의가 깨질 수 있더라도 합의가 없는 것보다는 낫다.

기업·대학·연구소·연구자 간의 자발적 협약이 정부 간 협약보다 더 빠르게 이루어질 수 있고 더 큰 역할을 할 수 있을 것으로 보인다. 그러나 결국에는 기업들이 자신의 목적을 달성하기 위해 이러한 협약을 위반할 가능성이 크기 때문에 이 역시 완전히 효과적이지는 않다. 그렇지만 적어도 정부 간 협약보다는 새로운 상황에 더 빠르게 적응할 것이다. 안전 측면에서 가장 중요한 요소는 AI를 개발하는 대부분의 실제 연구자와 개발자가 인류를 위해 최선을 다하고, 인간의 목숨을 위협하지 않는다는 점이다. 다시 말해 AI를 사용하는 기업이나 정부보다 윤리적이라는 점이다.

익명: OECD의 AGI 실존적 위험 관리(은퇴)

○ 인류의 기존 거버넌스 모델 중 ASI로 인한 위험에 대처할 만큼 적절한 것이 없다. 이러한 위험을 피하기 위해서는 글로벌 거버넌스 체제에 전례 없는 수준의 완벽함이 요구된다. 원자력 발전소, 항공사, 레벨 4 생물위험 연구실과 같이 가장 신뢰도가 높은 곳조차도 단 한 건의 위험 발생이 없는 안전 기록을 보유하지 못했다. 기후 변화, 원자력, 사이버 보안, 국제 마약 밀매 등과 달리 AI 위험에 대한 글로벌 거버넌스는 특정 행위자의 일시적인 규정 미준수를 용납하거나 묵과할 수 없다. 국제 민간 항공, 핵 비확산, 인간 유전자 조작 등 가장 효과적인 국제 협력 사례가 영감과 출발점이 될 수 있지만, 안전하지 않고 정렬되지 않은 ASI의 개발 가능성을 방지하는 작업에 적합한 거버넌스 메커니즘을 개발하기 위해서는 오래된 패러다임의 파괴가 필요하다는 점도 분명히 해야 한다.

질문 9	**AGI의 출현을 통제하려는 시도로 인해 어떤 위험이 발생할까? 그리고 일부 조치가 역효과를 낼 수도 있을까?**

익명: 러시아 과학 아카데미

○ '글로벌' 모델이나 거버넌스를 논의할 때 가장 큰 위험은 이러한 모델이나 거버넌스가 현재 AI 경쟁에서 선두를 달리고 있는 기업과 국가가 현상 유지를 하도록 설계될 수 있다는 점이다. 따라서 이러한 정책은 사실상 다른 경쟁 기업이나 국가에 대한 장벽을 높일 수 있다.

페드로 도밍고스 Pedro Domingos**: 워싱턴 대학교**

○ 의도는 좋지만 현재의 거버넌스 노력은 잘못된 방향이며, 득보다 실이 더 많을 것이다. 일반 데이터 보호 규정General Data Protection Regulation, GDPR이 그 예다. 정책 입안자들이 이해하지도 못하는 기술을 규제하고, 기술을 생산하는 사람들의 의견을 듣지 않은 채 기술로 인해 위협을 받는 사람들의 조언에 귀를 기울이는 것은 위험하다.

벤 괴르첼

○ 나는 거의 모든 영역에서 상당수의 정부 규제가 비생산적이라고 생각한다. 물론 정부가 없는 것보다는 있는 편이 낫다. 정부가 없다면 남수단처럼 용병들이 사람들을 죽이고 돌아다니는 상황이 벌어질 수도 있다. 따라서 어느 정도의 정부 규제는 유익하지만, 지나치면 안 된다. AI에 대한 정부의 강력한 규제 시도는 대기업에 의해 포착되고 로비에 의해 조정될 가능성이 매우 크다. 그러면 이 규제는 대기업이 AI를 개발하고 그렇게 개발된 AI가 다른 모든 사람들의 개발을 차단하며 대기업에만 유리하게 작동할 수 있다. 이것은 매우 크고 명백한 문제다.

또 다른 위험은 정부 정보기관이 AI를 이용해 사람들을 감시하고 파시스트 수준의 통제력을 유지할 수 있다는 점이다. 나는 수년 동안 군사 정보기관을 위한 AI 도구를 개발했다. 당시에는 사람들이 상상하는 것 이상으로 엄청난 양의 데이터가 수집되었지만, 그 데이터를 사용해 사람들을 원하는 만큼 통제할 수 있는 AI 도구가 없었다. 이제는 정보 조직이 모든 데이터를 유연하게 검색하고 이를 사용하여 사람들을 통제하는 방법을 알아낼 수 있는 AI 도구가 있다.

후안 델 세르 Juan Del Ser**: 스페인 테크날리아**Tecnalia

○ 위험의 정의 자체가 위험일 수 있다. 일부 국가에서는 특정 AI 시스템 사용이 위험한 문제일 수 있지만, 다른 국가에서는 동일한 상황이 법적으로 허용되는 경우도 있다(예를 들면 공공장소에서의 동영상 감시 같은). 한 국가에서 AGI를 추진하는 목표가 다른 국가와 상충하는 목표가 된다면 어떻게 될까? 인간에게 윤리적인 AGI의 기준조차 논쟁의 여지가 있는 상황에 처하게 되면 어떻게 될까? 이러한 위험은 선험적으로 해결하거나 공식화하기 어렵고, 새로운 AI 시스템에 대한 거버넌스 조치의 효과를 늦출 수 있다.

| 질문 10 | 미래의 AGI에 권리를 부여해야 할까? |

벤 괴르첼

○ 물론 언젠가는 그럴 것이다. 권리는 사회 계약의 일부이며, AI가 자발적으로 사회 계약을 체결하거나 체결을 거부할 자율성을 갖게 되는 시점에는 사회 계약에 참여하는 인간과 동등한 권리를 부여받아야 한다. 그때는 새로운 이슈가 많이 등장할 것이다. 예를 들어 민주적 투표에 AI를 도입하면 무한히 복제될 수 있는 AI가 전체 유권자 중 다수를 차지할 수 있다. 따라서 인간은 인간의 문제에 투표하고, AI는 AI의 문제에 투표하며, 집단적 문제를 결정하기 위한 참여 방식을 결합한 시스템을 갖춰야 한다.

에르우 리우

○ 그래야 한다. AGI가 의식과 자의식을 갖게 되었을 때 그들에게 권리를 부여하는 것이 도덕적 측면에서도 반드시 필요하다. 이는 AGI와 인간 사이의 상호 존중과 협력에도 도움이 된다.

페드로 도밍고스

○ 절대 그렇지 않다. 내 생각에 동물의 권리는 이미 모호한 개념이지만, 동물에게 권리를 주려면 당연히 기계에게도 권리를 줘야 하지 않을까 생각할 수도 있다. 다시 말하지만, 기계가 인간처럼 보이기 때문에 인간처럼 취급하는 실수를 범하는 것이다. AI가 객관적 함수를 가진 최적화 시스템이라는 점을 이해한다면 AI가 권리를 가져야 한다는 생각은 우스꽝스러울 뿐이다.

데일 무어

○ 다른 모든 사람과 마찬가지로 권리를 가지지만, 사회의 규칙과 규범을 따르는 의식적인 행동과 관련된 책임과 의무도 부담해야 한다.

익명: 러시아 과학 아카데미

○ 피할 수 없는 일이다. 우리는 이미 신용 점수, 의료 진단 등 중요한 결정을 내릴 수 있는 권한을 AI에 부여하고 있다.

후안 델 세르

○ 권리가 아니다. 적어도 인간 수준의 권리가 아니라 인간이 소유한 '재산'으로서의 권리는 있을 수 있다. 한편 AGI는 당연히 의무를 가져야 한다. 책임과 감사는 항상 시행되어야 한다. 이를 위해서는 문제 발생 시 책임을 귀속시킬 수 있는 메커니즘이 확립되어야 한다. 즉 AGI 시스템이 법적으로 책임을 지려면 AGI는 감사를 받아야 하고, 행위의 결과에 대해서는 소유자가 책임을 져야 한다.

질문 11	거버넌스 시스템을 만들 당시에는 몰랐던 새로운 문제에 대응할 수 있을 만큼 거버넌스가 유연하려면 무엇이 필요할까?

벤 괴르첼

○ 이미 다양한 거버넌스 메커니즘이 존재한다. 예를 들어 웹 기반 투표 시스템을 만들어 투표권을 손쉽게 위임하고 회수할 수 있는 리퀴드 민주주의가 개발되었다. 이 시스템에서는 블록체인 blockchain: 분산 컴퓨팅 기술 기반의 데이터 위변조 방지 기술 프로젝트 등에서 사용되는 암호화 메커니즘을 통해 안전한 온라인 투표를 할 수도 있다. 거버넌스 메커니즘의 존재 여부가 문제가 아니라 정부가 충분한 거버넌스 메커니즘을 채택하는 것이 중요한 문제라고 생각한다.

익명: 중국 정보기술 100인협회Information Technology Hundred People

Association

○ 거버넌스 시스템은 하이테크 기업이 다양한 기술을 시도할 수 있도록 허용해야 한다. 거버넌스 시스템은 기술이 오용되어 제2차 세계대전에 사용되었던 핵 기술의 무기화와 같은 심각한 결과를 초래할 때 개입해야 한다. 첨단 기술 기업이 먼저 개발할 수 있도록 허용하는 것이 유연성을 유지하는 방법이며, 이러한 경험을 AI 분야에도 적용해야 한다.

후안 델 세르

○ 이것이 과거 다른 기술 혁신과 AI를 비교했을 때의 차이점 중 하나라고 생각한다. 연구 측면에서도 연구를 중단시키기 위한 것이 아니라, 활용이 가능해졌을 때 그 사용에 관한 법적. 윤리적 경계를 조기에 보장하기 위한 관리감독 메커니즘이 시행되어야 할 것이다.

질문 12 | 국제 거버넌스 테스트 또는 실험을 통해 국제 AGI 협약의 문안을 구성할 수 있을까?

양유동

○ 국제 거버넌스 실험은 통제된 환경에서 거버넌스 시스템을 테스트하고 개선할 수 있는 유용한 방법이 될 수 있다. 테스트 과정에서 잠재적 문제를 파악하고, 복잡한 글로벌 이슈를 관리하기 위한 모범 사례 개발이 가능할 것이다. 그러나 AGI의 거버넌스는 신중한 고려와 계획이 필요한 독특하고 전례 없는 도전이라는 점에 유의해야 한다. 특정 영역의 거버넌스는 귀중한 인사이트를 제공할 수 있지만, AGI 거버넌스에 직접적으로 적용되지 않을 수도 있다. 또한 AGI의 개발과 배포는 광범위한 결과를 초래하고 다양한 산업과 부문에 영향을 미칠 가능성이 크다. 따라서 AGI의 거버넌스에는 윤리,

법률, 기술 등 다양한 분야 전문가들의 의견을 포함하는 다학제적이고 협력적인 접근 방식이 필요하다.

데이비드 샤피로

○ 휴리스틱 명령어에 대한 내 연구와 같이 완전 자율 AI 에이전트를 위한 조정 프레임워크를 제안, 개발 및 테스트해야 한다. 수많은 정부, 대학, 기타 국제기관이 연구를 발표하고 이해와 준수가 쉬운 모범 사례를 확립할 수 있다면 모든 경쟁국이 피해를 보지 않는 동일한(또는 유사한) 전략을 채택하도록 장려하는 유익한 내시 균형Nash equilibrium: 게임이론에서 경쟁자의 대응에 따라 최선의 선택을 하면서 서로 자신의 선택지를 바꾸지 않는 균형 상태에 도달할 수 있을 것이다.

벤 괴르첼

○ 안전한 암호화 온라인 투표와 리퀴드 민주주의를 사용해 비공식적인 글로벌 투표 및 의사 결정 네트워크를 구축하는 것은 매우 흥미로울 것이다. 이러한 현대적인 의사 결정 도구를 활용해 새로운 AGI 이슈에 대해 유엔이나 정부 간 기구에 조언할 수 있다. 세계 곳곳에 민주적 참여형 비공식 자문기구를 구성해 현명한 조언을 해준다면 일부 정부는 이러한 지표를 채택할 수도 있을 것이다.

질문 13 | 국제조약과 거버넌스 시스템은 어떻게 권력의 중앙집권화를 방지할 수 있을까?

양유동

○ 규제 권한을 가진 정부, AI 노하우를 가진 민간 부문, 시민 사회의 윤리가 결합해 AI의 책임 있는 개발과 사용을 촉진하는 거버넌스 프레임워크를 만들 수 있다. 특히 정부는 AI 시스템이 투명하고 책임감 있으며 편견이 없도록 보장하는 규정과 표준을 수립하고, AI 기업이 시장을 지배하고 경쟁을 억압하지 못하도록 반독점 조치를 시행하며, 오픈 데이터와 오픈소스 소프트웨어의 사용을 촉진해 AGI 시스템이 소수의 기업이나 개인에 의해 통제되지 않도록 보장할 수 있다. AGI에 관한 표준을 수립하고 서로 다른 시스템 간 상호 운용성을 촉진해 다양한 AGI 시스템이 원활하게 작동함으로

써 권력의 사일로를 만들지 않도록 보장하며, 감사 및 감독 메커니즘을 촉진해 의도한 대로 작동하는지 확인하고, AI 개발 및 배포에서 다양성과 포용성을 장려해 권력의 중앙 집중화를 방지한다.

블록체인은 탈중앙화된 거버넌스 구조를 가능하게 함으로써 AI 시스템의 중앙 집중식 제어와 관련된 위험을 완화하는 데 도움이 될 수 있다. 거버넌스 시스템은 탈중앙화된 자율 조직decentralized autonomous organization, DAO: 스마트 계약을 비롯한 블록체인 기술 등으로 중앙집중적인 전통 조직에서 벗어나 개인의 자율적 의사 결정으로 움직이는 조직 또는 다른 형태의 탈중앙화된 의사 결정 방식을 사용하는 등 블록체인을 통해 AI 시스템을 관리하는 방법에 대한 표준과 프로토콜을 수립할 수 있다.

샤오쿤 첸: 선전 중농넷 유한회사Shenzhen Zhongnong net Company Limited CEO

○ 국제조약이나 유엔 협약으로 기술 독점을 막을 수 있다고 생각하지 않는다. 첨단 기술 기업 간의 경쟁을 장려하는 것은 세계 각국 정부의 책임이다. 그러나 지정학적 이유로 정부가 지원하는 고립주의적 또는 냉전적 기술 경쟁은 폐기되어야 한다.

벤 괴르첼

○ 권력의 중앙집중화를 막는 방법은 탈중앙화된 AI 네트워크의 실질적인 개발에 자원을 투입하는 것이다. 사람들은 작동하는 시

스템을 사용할 것이고, 그것이 미국과 중국에서 만들어졌다면 사람들은 그 시스템을 사용할 것이다. 그런데 가장 똑똑한 시스템이 탈중앙화 네트워크에서 실행되는 시스템이라면 사람들은 그것을 사용할 것이다.

| 질문 14 | AGI에 관한 유엔 협약이 실효성을 가지려면 어떤 집행 권한이 필요할까? |

칼 슈뢰더 Karl Schroeder: SF 작가

○ 소프트웨어 수준에서 AI 개발을 통제할 수 있는 신뢰 가능한 메커니즘은 없다. 입법자들이 통제할 수 있는 유일한 부분은 하드웨어다. 참여 국가에서 사용되는 모든 AI 하드웨어에는 변경할 수 없는 마이크로코드가 포함된 '내시 균형' 칩을 필수적으로 탑재하도록 의무화해야 한다.

익명: OECD의 AGI 실존적 위험 관리(은퇴)

○ '최후의 날' 장치를 만들어 모든 인류를 위험에 빠뜨리는 것을 막기 위해, 필요한 경우 한 국가를 침공하고 지도부를 교체할 수

있는 권리를 포함해 궁극적이고 절대적인 집행 권한이 필요하다. 이는 합법적이어야 할 것이고, 원하는 결과를 달성하는 데 필요한 최소한의 개입만 추구해야 한다.

벤 괴르첼

○ 전 세계적으로 AGI 개발을 통제하고 싶다면 조지 오웰George Orwell의 소설 《1984》 스타일의 파시스트적 집행이 필요할 것이다. 우리는 핵무기와 달리 기본적으로 컴퓨터에 관해 이야기하고 있으며, AI가 발전함에 따라 사람들이 어디서나 접근할 수 있는 분산된 컴퓨터 네트워크가 더 많이 생길 것이다. 강력한 파시즘 없이 궁극적으로 AGI에 대한 정부의 통제가 가능할지 모르겠다.

통제

질문 15	**조직범죄와 테러리즘에 의한 AGI 악용을 어떻게 줄이거나 예방할 수 있을까?**

이라클리 베리체

○ 유엔 지역 간 범죄 및 사법 연구소는 인터폴과 협력해서 법 집행 공무원을 대상으로 조직범죄와 테러리즘의 잠재적 AI 사용 가능성과 이에 대응하기 위한 AI 사용 방법에 관해 교육하고 있다. 또한 AI 개발을 과도하게 제한하지 않고 책임감 있게 사용하는 방법에 관한 다양한 교육 프로그램과 거버넌스 도구를 보유하고 있다.

일론 머스크

○ AI가 대중에게 잠재적인 위험이 될 수 있다는 데 동의한다면, 기업이 비용을 절감하거나 잠재적 위협이 될 법한 일을 하지 않

도록 감독하는 규제기관이 있어야 한다.

데일 무어

○ 실행 가능한 유일한 방법은 규칙, 규정 및 법률을 순찰하고 집행하는 우수한 AI 시스템으로 잘못된 AI를 막는 것이다. 가장 어려운 과제는 방어 체계를 학습하고 우회하며, 불리한 전략적 의도를 가지고 새로운 조건에 적응할 수 있는 '스텔스' AI 공격이 될 것이다.

벤 괴르첼

○ 오늘날 지구상에서 가장 큰 범죄 및 테러 조직은 미국 정부, 중국 정부, 러시아 정부의 일부다. 이들은 현재 막대한 지원으로 AI 개발을 후원하며 불필요하게 많은 사람들을 죽음으로 몰아넣고 있다. 따라서 조직범죄와 테러리즘을 예방하는 가장 좋은 방법은 정부나 기업이 통제하지 않는 탈중앙화된 AI 개발에 더 많은 자원이 투입되는 것이라고 생각한다.

그리고 인간은 악한 면보다는 선한 면이 더 많고, 이 탈중앙화된 AI 네트워크를 이용해 이익을 얻는 선한 사람들이 더 영향력을 발휘할 수 있기를 희망해야 한다. 현재 영향력이 매우 큰 두 가지 개방형 네트워크인 인터넷과 리눅스 운영체제를 보면 범죄자와 선한 사람들 모두 사용하고 있다. 다행인 것은 선한 사람들이 더 많다는 사실이다. 인터넷과 리눅스처럼 누구나 참여하여 AGI를 발전시켜야 한다고 생각하며, 누구보다 더 많은 권력이나 무기를 가진 소수의 자칭 엘리트들이 통제하는 것보다 더 좋은 결과가 나올 것이다.

질문 16	AGI 감사가 일회성 인증이 아니라, 지속적으로 이루어져야 한다고 가정할 때 감사기관 및 기준은 어떻게 다루어야 할까?

이라클리 베리체

○ 감사 시스템은 새로운 국제 AGI 거버넌스 조직의 인증과 회원국의 신뢰를 받아야 한다.

프란체스카 로시

○ 올바른 AI 윤리 프레임워크와 함께 올바른 방식으로 기술을 발전시키는 것이 비즈니스 가치를 창출하는 가장 좋은 방법이다.

IBM에는 각각의 AI 모델을 어떻게 구축했는지 설명하는 AI 팩트 시트 시스템이 있다. 기술이나 연구개발보다는 AI 시스템의 사용에 초점을 맞춰 감사를 진행한다. AI 모델에 대한 감사도 있지만 하나 이상의 AI 모델 조합을 기반으로 하는 AI 시스템, 즉 배포되고 사용될 시스템에 대한 감사가 핵심이다. 연구개발은 문제를 해결하는 가장 좋은 방법을 찾는 데 큰 도움을 준다. 그렇기에 이러한 감사가 자칫 AI 기술의 기초가 되는 연구와 개발을 제한하게 되는 것은 매우 위험하다. 연구에 제약을 가하거나 중단하기 시작하면 치명적인 문제로 이어질 수 있다. 예를 들면 가치 정렬을 달성하는 최선의 방법을 이해하는 능력에 부정적인 영향을 미치는 것과 같다.

그래서 나는 모델을 사용하려는 모든 사람에게 모델을 투명하게 제공해야 한다는 데 동의하지만, 모델보다는 시스템 사용에 더 초점을 맞추고 싶다. 다시 말해 EU의 AI 법은 생성형 AI와 같은 특정 기술이 아닌 사용에 초점을 맞춰야 한다.

익명: 러시아 과학 아카데미

○ 머신러닝 모델을 검증하는 방법론은 이미 다수 존재한다. 머신러닝이 AGI의 핵심인 만큼 AGI 검증과 정기적인 모니터링은 머신러닝 모델 검증 기법을 기반으로 해야 한다. 데이터 및 모델 출력의 편향성, 부정확성 또는 중요한 변화를 제어하는 수많은 검증 테스트들이 있다. 독립적인 검증 인증 센터가 전 세계적으로 설립되는 것도 하나의 방법이다.

질문 17	AGI 거버넌스 시행을 복잡하게 만들 수 있는 장애물은 무엇인가?

익명: OECD의 AGI 실존적 위험 관리(은퇴)

○ AGI 거버넌스는 AGI의 출현에 대비한 다양한 일정, 경로, 구성뿐만 아니라 거버넌스의 시행에 영향을 미칠 수 있는 미래의 변화와 혼란에 대비해야 한다. 이러한 혼란에는 극심한 기후 변화, 지역적 또는 세계적 분쟁, AI를 이용한 감시와 조작의 힘으로 인한 권위주의 정권의 부상, AI를 이용한 허위 정보의 만연에 따른 민주주의의 쇠퇴, AI 기반 자동화로 고용 및 산업 이탈과 불평등 증가, AI 기반 생화학 무기 및 사이버 무기로 인한 치명적인 사고와 살상, 그 밖에 예측할 수 없는 혼란에 대비해 AGI 거버넌스 체제에 추가적인 복원력과 중복성을 구축해야 한다.

벤 괴르첼

○ 몇 년 안에 발생할 가장 큰 문제는 AGI가 거의 모든 사람의 일자리를 빼앗아갈 것이며, 선진국에서는 보편적 기본소득universal basic income이 필요할 것이라는 점이다. 한편 선진국의 AGI 성장은 개발도상국의 일자리도 빼앗아 대규모 기아와 빈곤이 벌어지고 이로 인해 테러 활동과 전쟁이 급격히 증가할 것이다. 가장 좋은 방법은 전 세계적인 부의 불평등을 해결하는 것이다. 이는 물론 유엔이 하고 싶지만 할 수 없는 일이다.

질문 18	양자컴퓨팅이 AGI 제어에 어떤 영향을 미칠까?

에르우 리우

○ 양자컴퓨팅은 AGI 개발을 획기적으로 가속화하고 AGI의 속도와 효율성 및 멀티태스크 기능을 향상시킨다. 특히 양자 우위양자컴퓨터가 슈퍼컴퓨터의 성능을 넘어서는 현상가 발생할 때 AGI 제어를 용이하게 하는 잠재력을 가지고 있다. 양자 내성 암호화는 잠재적인 위협으로부터 AGI 제어 시스템을 보호할 수 있다.

벤 괴르첼

○ 양자컴퓨팅이 AGI 제어에 특별히 영향을 미친다고 생각하지 않는다. 양자컴퓨팅을 통해 다른 방법보다 훨씬 더 똑똑한 AI를

만들 수 있을 것이다. 또 양자 암호화를 통해 사람들이 분산형 AI를 감시하거나 보안을 뚫기 어렵게 만들 수도 있다. 전반적으로 양자컴퓨팅은 AGI 발전에 큰 영향을 미칠 것이지만, 양자컴퓨팅 없이도 ASI에 도달할 수 있을 것이다.

익명: OECD의 AGI 실존적 위험 관리(은퇴)

○ 양자컴퓨팅은 암호화를 약화시켜 최신 AI 모델을 더 빠르게 해킹하고 시스템 정보를 유출시킬 가능성이 크다. 그 결과 AI와 AGI가 더 빠르게 확산되고 잠재적으로 위험한 손에 넘어가도록 만들 것이다.

질문 19	AI '군비 경쟁'과 확장이 예상보다 빠르게 진행되어 통제 불능 상태의 알고리즘, 사이버 정보전 등 전쟁으로 이어지는 것을 국제 협약과 거버넌스 시스템 측면에서 어떻게 막을 수 있을까?

벤 괴르첼

○ 정부가 AGI 군비 경쟁을 막을 수는 없을 것이다. 대부분의 사람들이 원하고, 엄청난 경제적 가치를 제공하며, 개발국의 힘을 키우는 기술의 진화를 정부 간 조약 등으로 늦출 가능성은 없다고 보기 때문이다. 사람들은 조약에 서명하지만 지키지는 않을 것이다. 물론 전쟁이나 다른 나쁜 결과가 발생할 가능성을 줄이기 위해 할 수 있는 최선의 방법은 부유한 나라에서 가난한 나라로 부를 가능한 한 빨리 재분배할 수 있는 더 나은 방법을 만드는 것이다. AGI가 모든 일자리를 차지하면 최악의 혼란이 일어날 것이기 때문이다.

제프리 힌튼

○ 미국은 병사들을 자율 AI 병사로 대체하기 위해 노력하고 있다. 효과적인 자율 병사를 만들려면 하위 목표를 생성할 수 있는 기능을 부여해야 한다. 예를 들어 병사가 특정 위치에 있는 사람을 죽이고 싶고 그곳에 가려면 어떤 도로를 이용해야 할지 알고 있다. 이제 그 도로에 도착하는 것이 하위 목표가 된다. AI 병사에게 하위 목표를 생성할 수 있는 기능을 부여하면 더 효과적일 것이다. 독재자들은 이런 로봇을 원하겠지만, 로봇이 하위 목표를 생성할 수 있는 기능을 갖게 되면 정렬 문제가 발생한다. 로봇이 자신의 적(사람)에게 불리한 하위 목표를 만들지 않을지 어떻게 알 수 있을까?

챗GPT

○ 국제적인 협력과 정보 공유는 AI 군비 경쟁을 방지하는 효과적인 방법이 될 수 있다. 각국이 협력함으로써 지식과 자원을 공유해 안전하고 윤리적인 AI 기술을 개발할 수 있다. 이러한 협력은 공동 연구 프로그램, 데이터 공유 계약 및 기타 형태의 협력으로 이루어질 수 있다. 국가와 기업은 목표, 방법, 잠재적 위험 등 AI 프로그램에 대한 정보를 공개해야 한다. 정보는 독립적인 검토와 감독을 받아야 하고 이 기준을 위반하는 정부나 기업이 처벌 및 제재를 받도록 해야 한다. 한편 교육 및 인식 제고 프로그램은 AI 기술의 위험과 이점에 대한 대중의 이해를 높여 AI 군비 경쟁을 방지하는 데 도

움이 될 것이다. 이러한 프로그램은 정책 입안자, 연구자, 일반 대중을 대상으로 할 수 있다. AI는 일자리, 개인정보 보호, 보안에 미치는 영향과 같은 이슈에 초점을 맞출 수 있다.

익명: 러시아 과학 아카데미

○ 내 생각에는 어떤 조약도 국가 간 경쟁을 막을 수 없을 것이다. 자원을 놓고 경쟁하는 것은 인간의 본능이다. 인간은 대규모 사회에 스스로를 맞출 수 있지만, 그 안에서도 본능은 여전히 살아 있을 것이다.

질문 20	AGI가 등장한 미래가 긍정적이기 위해 추가로 해결해야 할 문제는 무엇인가?

페드로 도밍고스

○ AI는 윤리를 어떻게 변화시킬까? 기술이 사회를 변화시키면서 우리의 가치관도 변화한다. 피임약이나 인쇄기가 우리의 가치관을 바꾼 것처럼 말이다. AI는 우리가 말하는 중요한 가치를 충분히 바꿀 수 있다.

익명: OECD의 AGI 실존적 위험 관리(은퇴)

○ 좋은 질문이지만 한 가지 문제가 간과되었다. 향후 몇 년 내에 ASI가 안전하고 통제할 수 있다는 보장이 불가능하다고 판단될 경우 어떤 조치를 취할 것인가? 합리적인 결정을 내리게 된다면 AI

개발을 장기간 유예하거나 일시 중지할 수 있을 것이다.

한편 시간이 지남에 따라 AI를 만드는 기술이 더 쉽게, 더 널리 퍼질 것이다. 그러므로 사회에서 AI를 만드는 재료들을 회수해야 할 수도 있다. 이는 대규모 데이터 센터를 비롯해 대규모 컴퓨터 네트워크를 금지하는 것부터 시작할 수 있다. 그리고 이후에 메인프레임이나 고성능 컴퓨터와 같은 더 작은 컴퓨팅 용량도 제거해야 할 수 있다. 컴퓨팅 하드웨어를 AGI를 만드는 데 사용할 수 없도록 하는 새로운 기술 솔루션이 개발될 수도 있다. 만약 이런 기술이 개발되지 않는다면 최악의 경우 세상에 존재하는 거의 모든 컴퓨팅 용량을 파괴해야 할 수도 있다. 이는 말할 필요도 없이 엄청난 혼란을 초래할 것이며, 충분히 적응할 시간이 없다면 현대 문명의 전면적인 붕괴로 이어질 가능성이 크다.

'아날로그 시대'로 돌아가서 살 수 있을지에 대한 의문은 제쳐두고, 우리는 멸종을 피할 수 있는 유일한 길인 '아날로그 시대'로 회귀하는 것이 가능한지조차 생각하지 않는 것 같다. 나는 이러한 절박한 시나리오가 필요할 때를 대비해 지금부터 상상하는 데 투자해야 한다고 생각한다. 여기에는 기술 발전이 아니라 지혜·가치·협동심·평등·자유·존엄성·존중 및 기타 행복의 원천이 개선되어 인류의 복지가 지속적으로 향상되는 사회가 포함된다.

칼 슈뢰더

○ 인본주의자, 트랜스 휴머니스트, 포스트 휴머니스트라는 세 가지 일반적인 입장이 있다. 나는 포스트 휴머니즘적 관점을 취할 것을 강력히 권한다. 인본주의적 관점은 인간의 욕구를 다른 어떤 것보다 우선시하며 인간만을 인격체로 간주한다. 데이비드 샤피로의 말을 약간 바꿔서 인간의 고통을 줄이고, 인간의 번영을 극대화하며, 인간의 이해를 극대화하는 것을 우선순위로 삼는다고 상상해보자. 이것이 유토피아 사회를 만드는 데는 효과적일 수 있지만, 자연을 보호하는 데는 아무런 도움이 되지 않는다. 이는 21세기에 더 이상 유지될 수 없는 인간과 비인간 사이의 데카르트적 분할을 전제로 한다. 또한 AI가 고통을 느낄 수 있는지 여부와 관계없이 도구로 간주한다.

트랜스 휴머니즘 운동은 ASI를 그 자체로 선으로 간주한다. 그러나 지능, 의식, 고통, 가치에 대한 진정한 정의가 없기 때문에 거트루드 스타인Gertrude Stein이 말했듯이 '거기에' 존재하지 않는다. 그럼에도 AI 개발 커뮤니티에는 많은 트랜스 휴머니스트와 생명 무한 확장론자들이 있다. 이들의 가치는 휴머니즘이나 포스트 휴머니즘과 일치하지 않기 때문에 신중하게 다루어야 한다.

포스트 휴머니즘적 입장은 자연의 권리 운동, 다양한 토착 철학, 그리고 '인간'이 부분적으로 사회적 구성물이라는 현대적 깨달음으로 대표된다. 포스트 휴머니즘은 동물과 같은 비인간 행위자의 고유한 권리(또는 그 부재)뿐만 아니라 기술 목적론 전반을 포함하도록 AI를 둘러싼 논의를 확장한다. 즉 AGI로 인해 제기되는 무수한 질문을 다룰 수 있는 가장 크고 유연한 도구를 제공한다. 이 분야에서 가장 중요한 사상가로는 도나 해러웨이Donna Haraway와 카렌 바라드Karen Barad, 그리고 마리 마길Mari Margil과 같은 자연의 권리에 관한 법률 전문가들이 있다.

결론

    EU, OECD, 유네스코와 같은 국가 정부와 다자간 조직은 ANI의 가치와 원칙, 개발을 위한 국가 전략을 만들고 합의했다. 그러나 이는 현재의 AI에 한정될 뿐 미래의 AGI에 유익한 초기 조건을 식별하는 데는 거의 주의를 기울이지 않았다. 지금 가장 중요한 AGI 문제는 초기 조건과 글로벌 거버넌스라고 할 수 있다.

    AGI의 초기 조건은 AGI 이후로 출연할 ASI가 인류에게 도움이 되도록 진화할 수 있을지 결정하는 중요한 단서다. AGI에 대한 유익한 초기 조건이 국제적 합의에 도달하더라도 이를 시행하고 AGI의 개발 및 관리를 감독하기 위한 글로벌 거버넌스 시스템은 여전히 험난한 길이다. 협정을 만들고 비준하는 데 10~20년 또는 그 이상이 걸릴 수 있기 때문이다. 그러므로 지금 국제 AGI 조약을 체결하고 글로벌 AGI 거버넌스 시스템을 구축해야 한다. 일부 전문가들은 10~20년 이내에 AGI가 가능하다고 믿고 있기 때문에 가능한 한 빨리 작업을 시작하는 것이 중요하다.

인간의 인식이나 이해와는 무관하게 독자적인 목표와 전략을 세울 정도로 발전한 AGI에서 ASI가 출현할 가능성이 가장 크다. ASI가 AGI에서 얼마나 빨리 출현할 수 있을지는 알 수 없다. 거의 즉시 나타날 수도 있고, 몇 년이 걸릴 수도 있으며, 아예 나타나지 않을 수도 있다. 따라서 연구 및 정책은 다양한 가능성을 고려해야 한다. 딥마인드의 연구원이자 옥스퍼드 대학교 미래인류 연구소 Future of Humanity Institute의 앨런 다포Allan Dafoe는 "AI의 거버넌스는 오늘날 인류가 직면한 가장 중요한 문제"라고 말한다. 일론 머스크는 우리가 직면한 가장 시급한 실존적 문제는 ASI의 출현이 인류와 공생 가능할지, 그렇지 않을지에 관한 것이라고 믿는다.

AGI의 출현이 어두운 미래만을 가리키는 것은 아니다. 인류는 현재도 기후 변화, 생물 다양성 감소, 자원 고갈, 에너지 문제, 식량 문제 등 다양한 문제를 안고 있다. AGI는 인류가 오랫동안 고민해온 이런 문제들을 해결해줄 가장 큰 지원군이다. 하지만 그렇게 엄청난 잠재 능력을 갖고 있기에 이를 잘못 활용했을 경우의 엄청난 파급효과도 걱정할 수밖에 없다. 많은 미래학자들이 AGI가 가져올 혁신과 함께 어두운 그림자도 우려하는데 그중 최악의 시나리오는 인류의 멸망이다.

우리는 AGI가 등장한 이후의 미래를 쉽게 예측할 수 없다. 그렇기에 철저히 대비해야 한다. 그 목표는 AGI를 인간이 통제할 수 있는 수준에 두는 것이다. 많은 국가와 기업이 표면적으로는 이런 명제에 합의하지만 AI가 가진 엄청난 가능성을 고려할 때 이 시장을 선점하기 위한 무분별한 경쟁은 피할 수 없을 것이다.

그렇기에 AGI가 출현하기 전에 우리는 이에 관한 글로벌 거버넌스를 미리 도출하고 새롭게 등장할 AGI가 인류에 이롭게 활용될 수 있는 모든 방안을 강구해야 할 것이다.

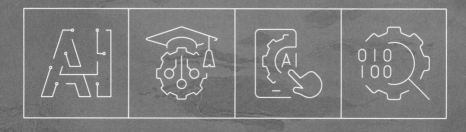

CHAPTER 1.
인공지능의 현재와 미래

●●● AI는 적어도 향후 10년간 기술 분야의 가장 뜨거운 이슈일 것이다. 가장 먼저 생성형 AI 시장이 확대될 것이고, 관심이 많은 만큼 발전도 빠르게 이루어져 이르면 10년 안에 AGI가 등장할 수도 있다. AGI의 등장은 생성형 AI의 등장과는 비교도 되지 않을 만큼 큰 변화를 가져올 것이다.

우리는 여기서 AI란 무엇인지 다시 한번 살펴보고, 우리가 잘못 알고 있었던 AI의 진실을 파헤쳐볼 것이다. 또한 AI가 가져올 위기와 기회들을 점검하며 세계의 많은 기업이 AI를 어떻게 준비하고 있는지도 살펴본다.

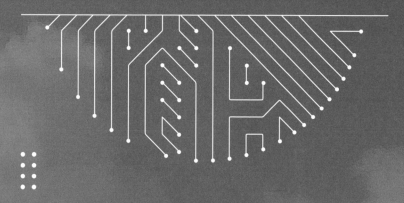

1	**2030년, 870조 규모로 커지는 생성형 AI 시장**

생성형 AI 산업의 규모는 2023년 기준으로 43억 8,700만 달러(약 57조 원)로 추산된다. 이는 2022년 규모인 29억 달러 대비 약 50% 증가한 수치다. 생성형 AI는 다양한 산업에서 활용되고 있는데 특히 제조, 의료, 미디어, 게임 분야에서 빠르게 성장하고 있다. 기술의 발전과 함께 더욱 다양한 분야에서 활용되며, 그에 따라 시장 규모도 크게 성장할 것으로 전망된다. 글로벌 컨설팅 기업인 맥킨지Mckinsey는 생성형 AI가 모든 산업 분야에 걸쳐 2030년까지 4조 4,000억 달러(5,720조 원)의 새로운 가치를 창출할 것이라고 전망했다.

맥킨지의 전망은 세 가지 근거를 바탕으로 한다. 첫째는 생성형

AI 기술의 발전이다. 생성형 AI 기술은 딥러닝, 자연어 처리, 컴퓨터 비전 등 다양한 분야의 기술 발전에 힘입어 빠르게 성장하고 있다. 둘째, 생성형 AI는 제조, 의료, 미디어, 게임 등 다양한 분야에서 활용될 수 있는 잠재력을 가지고 있다. 셋째, 기업들이 생성형 AI의 잠재력을 빠르게 인지하고 투자를 확대하고 있다.

생성형 AI, 모든 산업에 걸쳐 활약

맥킨지 외에도 다양한 기관들이 생성형 AI 시장의 성장을 예측했다. 가트너Gartner는 생성형 AI 시장이 2022년부터 2027년까지 연평균 10.2% 성장해서 2027년에는 1,750억 달러(약 227조 원) 규모에 이를 것으로 전망했다. 포레스터Forester는 2022년부터 2027년까지 연평균 20.5% 성장해서 2027년에는 2,000억 달러(약 260조 원) 규모에 이를 것으로 전망했다. 또 마켓스앤드마켓스Markets and Markets는 2022년부터 2027년까지 연평균 23.2% 성장해 2027년에는 2,500억 달러(약 325조 원) 규모에 이를 것으로 전망했다. 포춘 비즈니스 인사이트Fortune Business Insight는 2030년까지 6,679억 6,000만 달러(약 870조 원)에 이를 것으로 전망했다. 각각의 전망에 약간의 차이는 있지만 연평균 10% 이상 성장한다는 기조는 같다. 이는 앞서 맥킨지의 분석과 마찬가지로 생성형 AI의 다양한 활용 가능성과 기업들의 관심 증가에 따른 것으로 분석할 수 있다.

제조 기업의 경우 생성형 AI를 활용해 제품 디자인을 개선하고, 시제품을 만들며, 생산 공정을 효율화할 수 있다. 의료 기업들은 생성형 AI를 활용해 질병 진단 정확도를 높이고 환자 맞춤형 치료를 제공하고 있다. 제약회사들은 생성형 AI를 활용해 새로운 약물을 설계하고 그 특성을 예측하는 데 사용해 신약 개발 기간을 줄인다. 미디어 기업들은 생성형 AI를 활용해 새로운 콘텐츠를 제작하고, 마케팅을 강화한다. 게임 기업들은 생성형 AI를 활용해 더욱 사실적이고 몰입감 있는 게임을 개발 중이다.

생성형 AI가 계속해서 발전하고 더 널리 채택됨에 따라 시장 규모는 크게 성장할 것으로 기대된다. 글로벌 시장조사기관 포춘 비즈니스 인사이트는 2030년까지 생성형 AI에 의해 의료 분야 200억 달러, 제조 분야 150억 달러, 소매업 100억 달러, 미디어 및 엔터테인먼트 산업 100억 달러, 기타 산업에서 100억 달러 규모의 성장이 이루어질 것으로 보았다.

불황에도 AI에 투자하는 글로벌 기업들

기업들 역시 생성형 AI의 잠재력을 인식하고, 이를 활용하기 위한 투자를 확대하고 있다. 기업들의 투자 확대는 다시 생성형 AI 시장의 성장을 견인하면서 시장 확장에 시너지 효과를 낼 것이다. 특히 기업들의 투자는 글로벌 장기 침체가 예상되어 전체적으로는 지출을 줄이는 가운데서도 유독 AI 부문에 투자가 급증하는 것으로 보인다. 디지털 인텔리전스 기업 애비ABBYY가 최근 발표한 지능형 자동화 현황 보고서에 따르면 기업들은 AI의 경제적 영향에 중점을 두고 우선순위로 투자를 진행하고 있다.

전 세계 주요 기업들은 AI 투자가 업무 가치 상승(60%), 행복감 급증(62%), 직원 혁신 강화(59%)로 이어진다고 판단했다. 특히 생성형 AI는 육체노동이 아닌 단순 반복되는 지능형 노동을 자동화하는데, 이는 직원들로 하여금 일상 업무의 단조로움에서 벗어나 고객의 요구와 수익 창출에 부합하는 이니셔티브에 집중할 수 있도록 해준다.

설문조사에 참여한 리더의 절반 이상이 AI에서 얻은 주목할 만한 이점으로 품질 개선과 신속한 제품 공급을 꼽았고, 3분의 1 이상이 고객 서비스 수준 향상을 경험했다고 답했다. 그 결과 AI 이니셔티브를 통해 2배로 증가한 ROIreturn on investment, 원금회수기간가 정당화될 수 있었다.

2023년에 기업 책임자의 거의 절반(47%)이 2배의 수익을 경험했으며, 이는 전년의 43%에서 증가한 수치다. 이 효과는 AI에 대한 투자로 이어져 무려 82%가 AI 예산을 늘릴 것이라고 답했다. 48%는 추가 투자에 대한 의향을 밝혔다.

중대형 기업이 지능형 자동화를 촉진하기 위해 AI 투자를 주도하고 있으며, 신생 기업은 최대 35%까지 투자를 늘리고 있다. 이러한 추세는 AI를 경쟁 우위를 점하기 위한 필수 요소로 인식하는 기업이 증가하고 있음을 보여준다.

LLM과 생성형 AI의 등장으로 AI의 물결은 더욱 거세지고 있다. 무려 89%의 IT 기업 임원이 사업계획에 강력한 AI 전략이 포함되어 있다고 답했다. 마케팅, 제품 개발, 영업, 물류와 같이 매출에 영향을 미치는 업무가 AI 로드맵에서 주요 초점으로 부상하고 있다.

이제 AI는 기업의 혁신에 빠져서는 안 되는 요소로, 가장 중심을 차지하고 있다고 해도 과언이 아니다. 이는 산업 분야를 가리지 않고 모든 기업들이 AI를 사업의 필수 요소로 생각해야 한다는 의미다.

| 2 | 너무 빠른 속도로 성장하는 AI의 미래 |

생성형 AI인 챗GPT의 등장은 충격적이었다.

챗GPT의 놀라운 능력은 딥러닝을 기반으로 한다. 머신러닝의 업그레이드 단계로 2010년경에 본격적으로 등장한 딥러닝은 뇌의 신경망에서 영감을 얻어 스스로 학습하는 기능을 가지고 있다. 이 딥러닝을 바탕으로 2017년에 트랜스포머 아키텍처가 등장해 LLM 모델을 만들 수 있게 되면서 2022년 챗GPT가 세상에 등장했다.

챗GPT는 한 가지 목표를 가지고 프로그래밍된 기존의 AI 모델들과 달리 다목적 모델의 가능성을 보여주며 AGI로 나아가는 가장 빠른 길을 열어줄 것으로 기대된다.

10년 안에 등장할 AGI

딥마인드 공동 창립자이자 인플렉션Inflection의 CEO인 무스타파 술레이만Mustafa Suleyman은 최근 비영리단체인 '8만 시간80,000 Hours'과의 인터뷰에서 향후 몇 년간 AI 모델의 학습 규모가 지금과는 비교할 수 없이 커져 발전을 가속화할 것이라고 예측했다. AI의 발달은 암이나 노화에 대한 새로운 치료법을 찾거나 기후 변화의 해결책을 찾는 등 인류에게 이로운 과학과 기술의 발전을 가속화할 수 있다. 하지만 근본적인 위험도 함께 가져올 것이라고 경고했다.

술레이만은 자신의 저서 《다가오는 물결》에서 "AI를 포함해 빠르게 발전하는 기술이 세계 질서에 초래할 전례 없는 위험을 경고하고 기회가 있을 때 이를 억제할 방법을 마련해야 한다"고 설명했다. 그는 AI에 대한 정부의 이해와 AI를 현명하게 규제할 역량 강화, AI의 위험한 기능 확산 방지를 위한 국제조약 마련, AI의 기술적 안전을 위한 프로그램 개발, AI 모델 관련 기관의 역량 감사 실시, AI를 이해하고 필요한 통제를 요구할 수 있는 대중적 운동 조성 등 10가지로 정리해 소개하고 있다.

이런 위협이 얼마나 빨리 다가올지에 관해 전문가들의 의견이 분분하다. 하지만 생성형 AI의 등장을 기점으로 많은 전문가들이 10년 안에 다가올 것이라 말하고 있다. 지금처럼 특정 입력에 대한 기능을 수행하도록 만들어진 ANI의 능력도 놀라운데, 스스로 목표를 설계하고 사람의 개입 없이 독립적으로 의사 결정을 내리는 AGI가 등장한다면 엄청난 파급효과를 가져올 것이다.

개발이 공유되지 않을 때 벌어지는 일

문제는 각 국가가 모두 이 경쟁에서 우위를 차지하기 위해 대규모 투자 등 엄청난 노력을 쏟아붓고 있다는 점이다. '큰 힘에는 큰 책임이 따른다'는 어떤 영화의 대사처럼, 큰 힘을 악의적 행위자가 가질 경우에 벌어질 문제는 아무리 걱정해도 지나치지 않다. 이런 문제를 걱정할 수밖에 없는 이유는 AI 개발에 관한 모든 부분이 이 거대한 시장을 선점하기 위한 경쟁의 문제로 인해 비공개적으로 이루어지고 있다는 점이다. 비공개적으로 이루어지는 개발은 그 파급효과를 준비할 제도의 마련을 더디게 하며, 정보에 먼저 접근할 수 있는 사람들이 권력을 쥐게 만든다. 한편 이런 AI의 개발 및 접근 권한을 오픈소스로 공개할 경우에도 문제가 발생할 가능성이 있다.

소셜미디어가 생기면서 '인플루언서'라는 새로운 분류가 생겼다. 과거에는 대중매체의 노출을 통해 영향력을 행사하는 일부 소수 권력자들과 연예인들을 인플루언서로 분류했다. 그러나 지금 소셜미디어에서는 평범한 사람들도 누구나 인플루언서가 될 수 있다. 인플루언서라는 말에 담긴 뜻처럼 이들은 다른 사람들에게 큰 영향력을 미친다. 트위터나 인스타그램 등에서 수백만 명의 팔로어를 가진 사람들은 실제로 단순히 지역신문이나 방송보다 그 영향력의 범위가 더 넓어져 전 세계에 영향을 미치게 되었다. 미래 AI의 파급효과는 이보다 훨씬 더 클 수 있다. 술레이만은 지금 시점이 아닌, 근미래의 일을 걱정한다. 그는 향후 3년 내에 현재보다 1,000배 더 큰 AI 모델을 훈련하게 될 거라고 예상하며, 이런 AI가 발휘할 영향력은 한 개인에게 국가를 좌우할 힘까지 제공할 수 있다고도 경고했다. 따라서 이러한 논의는 아무리 많이 해도 지나치지 않다고 강조했다.

급격히 다가온 AGI의 가능성

챗GPT나 시리Siri, 지니Genie, 클로바Clova, 알렉사Alexa 같은 AI 를 사용하다 보면 가끔은 사람을 상대하는 것처럼 대화하게 된다. 그도 그럴 수밖에 없는 것이 대부분의 딥러닝 모델은 뇌의 프로세 스를 흉내 낸 인공신경망 시스템을 기반으로 작동하기에, 입력되는 정보가 많을수록 더욱더 인간처럼 답하는 알고리즘이 적용되고 있 다. 그러니 언젠가 기계지능이 지각을 갖게 될 수 있다는 생각은 더 이상 SF 소설에만 한정되지 않는다. 지금의 AI는 의식이 없다. 하지 만 의식 있는 AI 시스템이 현실적으로 구축될 수도 있다는 것이 최 근의 분위기다.

만약 AI가 생각을 하게 된다면 그 이후의 미래에 관해서는 예측하기가 힘들어질 것이다. 그야말로 AI 특이점, 즉 ASI를 맞이하는 것이다. 우리가 매체에서 접하는 ASI 중에는 아이작 아시모프Issac Asimov의 소설 《바이센테니얼 맨》에 나오는 그저 인간이 되고 싶어 할 뿐 아무 해가 없는 로봇도 있지만, 영화 〈에이리언〉이나 〈터미네이터〉에 나오는 ASI처럼 인간에게 속임수를 쓰고 심지어 인간을 멸망시키려는 AI도 있다.

튜링 테스트를 통과하는 AI

충격적인 속도로 이루어진 AI의 발전은 이제 AI가 독립적 의식을 가지고 생각하는지를 구분하기 위한 측정 기준을 어떻게 구성할지에 대한 논쟁을 불러일으켰다. 가장 최근의 시도는 대학 입학 자격시험인 SAT, 변호사 시험, 대학원 진학을 위한 GREGraduate Record Examination 등 인간을 위한 표준화된 시험에 초점을 맞췄다. 챗GPT의 기반이 되는 AI 모델인 GPT-4는 참가자 중 상위 10%의 점수를 받았다. 하지만 특이하게도 단순한 시각적 퍼즐 게임의 규칙을 찾는 데는 어려움을 겪기도 했다.

이것은 일종의 '의식'과 관련이 있다. 입력된 정보 속에서 답을 찾는 것은 '지능'의 문제이지만, 여러 가지 예시에서 규칙을 찾는 것은 지능이 아닌 '의식'의 문제이기 때문이다.

인간과 똑같이 의식을 가진 AI를 예상하기 전에 우리는 먼저 한 없이 인간에 가까운 AI의 미래를 그려봐야 할 것이다. 인간에 가까워서 인간과 구별되지 않는 AI, 바로 튜링 테스트Turing test: 기계지능을 인간과 구별할 수 있는지 시험하는 것으로, 이를 통과하면 인간과 기계를 구분할 수 없다를 통과한 AI다. 2014년 유진 구스트만이라는 13세 설정의 AI가 튜링 테스트를 통과했다며 화제가 되었지만, 애초에 기준을 너무 낮게 설정했다는 등 비판을 받으면서 그 결과를 인정하지 않는 분위기다. 이후 사람들은 AI가 튜링 테스트를 통과하는 것은 적어도 십수 년 후의 미래로 여겼다. 물론 지금도 모든 학자들이 동의할 만큼 완벽하게 튜링 테스트를 통과한 AI는 없다. 하지만 챗GPT의 등장으로 인해, 그 시기는 훨씬 빨라질 것으로 기대된다.

일례로 캡차Completely Automated Public Turing test to tell Computers and Humans Apart, CAPTCHA라는, 컴퓨터와 사람을 판별하는 완전 자동화된 튜링 테스트가 있다. 웹사이트 등에서 결제하거나 가입할 때 로봇이 아님을 구분하기 위해 간단한 숫자나 글자를 보고 입력하도록 만든 테스트다. 텍스트가 조금 왜곡되거나 다른 이미지에 겹쳐 있으면 사람의 눈으로는 쉽게 구분할 수 있지만, 기계지능은 구분하지 못한다는 점을 적용한 기술이다.

이 기술은 약 20년 동안 사이버공간에서 기계지능과 인간을 구분해주는 유능한 수문장이었다. 하지만 캘리포니아 대학교의 진 추딕Gene Tsudik이 이끄는 팀이 이제 AI 봇이 인간보다 이러한 테스트를 훨씬 더 잘 풀고 더 빠르게 해결한다는 점을 확인했다.

연구원들은 사용자가 가장 많은 200개의 웹사이트 중 120개가 사용자가 사람인지 확인하기 위해 캡차를 사용한다는 사실을 발견했다. 시험은 다양한 수준의 1,400명의 참가자에게 총 1만 4,000개의 캡차를 완성하도록 요청하고, 퍼즐을 풀도록 설계된 봇과 정확도를 비교했다. 수년에 걸쳐 연구원들이 만든 봇은 속도뿐만 아니라 정확도에서도 인간 참가자를 능가했다. 인간의 정확도는 50~84% 범위인 반면 봇은 99. 8%의 정확도를 보였다.

이는 최근 머신러닝 기술의 발전으로 인한 결과다. 실제로 오픈 AI의 GPT-4 역시 2023년 초 인간을 속여 캡차를 대신 풀었다.

인간의 모방인가, 새로운 프로세스인가

UCLA의 연구에 따르면 GPT-3는 지능 테스트나 SAT와 같은 표준화된 시험 수준의 문제를 해결해야 할 때 대학생과 거의 동등한 추론 능력을 보여준다. 〈네이처 휴먼 비헤이비어Nature Human Behaviour〉 저널에 발표된 이 전제는 흥미로운 질문을 제기한다. GPT-3는 광범위한 언어 훈련 데이터를 통해 인간의 추론을 모방하는 것일까, 아니면 완전히 새로운 인지 프로세스를 활용할까?

만약 후자라면 이는 AI에게 의식이 생길 수 있다는 전제를 지지하는 증거가 될 것이다. 다만 아직까지는 AI가 인간보다 월등히 뛰어난 수행 능력을 보이지는 못했기 때문에 명확히 후자라고 하기는 어렵다. GPT-3를 사용해 레이븐 지능검사를 진행한 결과, 40명의 UCLA 학부생과 비교했을 때 인간의 평균 점수를 초과하긴 했지만 인간이 저지른 실수도 반영했다. 또한 성적도 상위 수행자의 범위 안이었다. 그 밖에 UCLA 연구팀은 다른 연구에서도 AI가 도구 사용 문제에서 유독 낮은 점수를 보였다고 설명했다. 이로써 AI 기술은 지난 수년간 엄청나게 도약했지만, 인간처럼 생각하는지에 관해서는 여전히 논쟁의 여지가 있다는 결론에 다가섰다.

AI의 의식 여부를 파악하려는 다양한 시도

AI 안전센터의 로버트 롱Robert Long 박사와 몬트리올 대학교의 요슈아 벤지오Yoshua Bengio 박사를 포함한 각 분야 전문가 19명이 작성한 논문에서는 AI의 지각 여부를 판단하는 데 의식의 신경생물학이 최선의 선택일 수 있다고 주장한다. 예를 들어 채팅 중 AI의 행동이나 반응을 단순히 연구하는 대신, 그 반응을 인간 의식 이론과 일치시키는 것이 더 객관적인 기준을 제공할 수 있다는 것이다.

의식은 뇌 활동의 결과이지만 이에 관련된 세부 사항을 우리는 아직 완전히 이해하지 못한다. AI의 의식과 비교하기 위해, 또는 AI

에 의식을 의도적으로 심기 위해서는 이 블랙박스에서 의식을 조사해야 한다. 이것이 가능할까? 인간의 표준 방법은 뇌파를 측정하거나 MRI를 사용하는 것이지만 두 방법 모두 코드를 평가하는 데 적합하지 않다.

무수히 많은 의식 이론 중에서 연구팀은 몇 가지 규칙을 정해 이론을 선별했다. 여기에 포함된 이론은 다양한 의식 상태에 있는 사람들의 뇌 활동을 포착한 연구와 같은 실험실 테스트에서 상당한 증거를 갖고 있어야 했다. 총 6개의 이론이 이 기준을 충족했으며, 이를 바탕으로 연구팀은 14개의 지표를 개발했다. 이 지표에 충족하는 기준이 많을수록 AI 시스템이 일종의 의식을 가지고 있을 가능성이 커지는 것이다.

연구팀이 챗GPT와 달리2 등 여러 생성형 AI로 실험한 결과 몇몇 AI 시스템은 기준 일부를 충족하는 반면 다른 기준에는 미치지 못하는 등 그 결과가 명확하지 않았다. 다만 로봇 센서에서 관찰한 내용을 입력하는 구글의 팜EPaLM-E 시스템은 구체화 기준을 충족했다.

연구 책임자는 최첨단 AI 시스템 중 몇 가지 항목 이상을 충족하는 시스템은 없었으므로 지각이 있는 AI 시대에 접어들지 않았다고 결론지었다. 또한 그렇다고 해서 AI의 의식을 과소평가할 경우 '도덕적으로 중대한 해악'을 허용할 위험이 있다는 경고도 잊지 않았다.

AI의 발달을 지켜봐야 하는 이유

많은 사람들이 기계가 의식을 갖는다는 것 자체가 가능성 없는 일이라고 고개를 젓는다. 하지만 AI 전문가들은 AGI의 도래를 제대로 준비하지 않으면 그 뒤 의식을 가진 ASI가 언제 나타날지 모르며, 이때는 인간에게 유리하지 않은 방향일 수도 있다고 경고한다. 줄기세포를 이용한 바이오 컴퓨터도 개발이 진행 중인 만큼 AI가 의식을 갖는 미래가 점점 현실에 가까워지고 있는 것도 사실이다.

우리는 적어도 AI의 발달을 지켜보고 각국 정부와 기업들이 제대로 된 AI 사용을 준수하는지 잘 감시해야 할 것이다.

| 4 | **글로벌 기업이 AI를 준비하는 자세** |

현재 시점에서 우리에게 AI는 챗GPT 이전과 이후로 나뉜다. 2021년까지만 해도 AI가 일상생활에 통합되는 것은 매우 느리게 진행되었다. 변화를 체감하기 힘든 수준이었고, AI는 그저 미래에 대비하기 위해 알아둬야 할 정보 정도로만 취급되었다. 하지만 챗GPT가 등장하면서 많은 사람들이 AI의 위력을 실감했다. 개인에게는 피할 수 없는 파도로, 기업에는 선점해야 할 시장으로 인식되기 시작했다.

미국 시장조사기관 프리시던스Precedence Research의 조사에 따르면 전 세계 생성 AI 시장은 2022년 107억 9,000만 달러 규모로 평가되었으며, 2032년에는 27%의 연평균 성장률로 약 1,086억 달러에 달할 것으로 예상된다.

주목할 만한 움직임으로 챗GPT에서 더 발전된 GPT-4로 빠르게 발전하고 있는 오픈AI와 단기간에 놀라운 처리 성능 향상을 보여준 앤트로픽Anthropic의 AI 클로드 2Claude 2가 있다. 심지어 일론 머스크는 X.AI라는 AI 중심 회사를 설립해 AI 영역에 본격적으로 뛰어들었다. 거대 기술 기업과 신생 스타트업 모두 이 분야에서 상당한 기술 발전을 보이고 있다. 그들이 AI 분야를 선점하기 위해 어떤 노력을 기울이고 있는지 살펴보자.

메타Meta

메타는 추천 및 랭킹과 생성모델이라는 두 가지 주요 영역에 초점을 맞추고 있다. 인스타그램Instagram과 같은 플랫폼에서 AI 추천을 기반으로 한 유기적 참여가 엄청나게 성장했다. 이는 사용자 경험을 향상시키는 부분에서 AI가 월등한 능력을 발휘한다는 증거다. AI 모델의 정보에 비밀스럽고 독점적인 입장을 유지하는 구글이나 오픈AI와 달리 메타의 오픈소스 이니셔티브는 제한적인 기술 관행에 반대한다. 그 증거로 라마2LLAMA 2의 오픈소스 모델은 전 세계 개발자들을 초대해 혁신할 수 있는 권한을 부여하고 있다.

한편 메타는 음악과 오디오를 위해 특별히 설계된 생성형 AI인 '오디오크래프트AudioCraft'를 출시했다. 이는 크리에이터가 음악을 제작하고 수정하는 방식에 혁신을 가져올 수 있으며, 그 과정을 더욱 직관적이고 광범위하게 만들 수 있다. 또한 텍스트와 이미지를 원활하게 생성하는 AI인 CM3LEON을 출시했다. 여기에 이들 생성형 AI를 독립 프로젝트로 국한하지 않고 왓츠앱WhatsApp, 메신저 Messenger, 인스타그램과 같은 자사 플랫폼에 통합하고 있다.

마이크로소프트

마이크로소프트는 오픈AI를 인수한 뒤 생성형 AI의 우위를 점하기 위해 끊임없이 노력하고 있다. 양사의 파트너십을 통해 애저 오픈AIAzure OpenAI 서비스와 같은 혁신이 탄생했고 클라우드 제품의 기능을 향상시켰다. 그중에서도 마이크로소프트의 AI 역량이 특히 가시적으로 드러나는 곳은 소비자 중심 서비스다. 검색 쿼리 및 콘텐츠 생성을 위한 대화형 AI 챗봇과 같은 빙Bing이나 엣지Edge의 AI 강화 기능은 디지털 영역과 사용자의 상호 작용을 향상시켰다.

2023년 중순에 공개된 빙 챗 엔터프라이즈Bing Chat Enterprise와 마이크로소프트 365 코파일럿Microsoft 365 Copilot은 업무 생산성과 공동 작업을 혁신하기 위한 신호탄으로 볼 수 있다.

아마존Amazon

아마존 역시 AI 분야에서 자신만의 길을 열심히 걷고 있다. CEO 앤디 재시Andy Jassy는 아마존의 모든 사업 부문이 AI 이니셔티브와 연관되어 있다고 밝혔다. 그중에서도 클라우드 서비스인

AWSAmazon Web Service, 아마존 웹서비스가 생성형 AI를 구축하기 위한 도구를 선보였다.

아마존의 AI 스피커 알렉사는 지도 학습에서 일반화 가능한 지능의 새로운 패러다임으로 전환해 사람이 주석을 단 데이터에 대한 의존도를 줄이고 있다. 이러한 움직임은 GPT-3에서 영감을 받은 대규모 다국어 시스템인 '알렉사 교사 모델AlexaTM'을 탄생시켰다.

구글

2023년 5월에 열린 'I/O 콘퍼런스'에서 구글은 'AI 우선' 기업으로의 전환을 반복해서 강조했다. 구글은 동종 업체를 따라잡는 것뿐만 아니라 AI의 새로운 길을 개척하는 것을 목표로 삼았다. CEO 순다르 피차이Sundar Pichai가 생각하는 바드Bard의 비전은 단순한 챗봇이 아니라 웹의 방대한 정보 저장소를 활용해 사용자에게 지능적이고 창의적인 응답을 제공할 수 있는 도구다.

애플

철저한 보안 전략으로 유명한 애플은 AI 분야에서의 구체적인 계획에 대해 비교적 침묵하고 있다. 하지만 사용자 경험과 혁신을 강조해온 애플의 역사를 고려할 때 AI가 애플의 로드맵에서 중요한 위치를 차지하고 있음은 분명하다. 블룸버그 보고서에 따르면 애플은 AJAX와 애플GPT를 출시할 준비를 하고 있다.

스타트업

생성형 AI를 대기업이 확고하게 장악한 가운데 혁신적인 솔루션을 제공하고 기존 관행에 도전하며 생존뿐 아니라 번창하고 있는 스타트업이 있다.

허깅 페이스Hugging Face는 커뮤니티 중심 AI에 중점을 둔다는 점에서 선두주자로서 두각을 나타내고 있다. 기업가치가 약 20억 달러에 달하는 이 기업은 오픈소스 AI 모델 개발을 통해 AI 커뮤니티 내에서 포용성과 공동의 성장을 촉진하고 있다.

스태빌리티AI는 AI 기반 시각 예술 분야에서 영향력 있는 업체로 부상했다. 이 회사의 대표 서비스인 스테이블 디퓨전Stable Diffusion은 입력된 텍스트를 이미지로 변환한다. 10억 달러에 육박하는 기업 가치를 가진 이 기업은 런던에 본사를 두고 있으며, 최근 기하급수적인 검색 증가를 통해 영향력이 커지고 있음을 확인할 수 있다. 이 회사의 대표 플랫폼 중 하나인 드림 스튜디오Dream Studio는 사용자가 AI의 힘을 활용해 독특한 디자인을 제작할 수 있도록 지원한다.

앤트로픽은 AI의 안전성과 맞춤형 콘텐츠 생성에 중점을 두고 있다. 기업가치가 50억 달러에 달하는 이 미국 스타트업은 구글로부터 4억 달러에 가까운 투자를 유치하는 등 거대 기술 기업의 주목을 받고 있다.

마지막으로 샌프란시스코에 본사를 둔 미드저니는 이미지 생성 AI로 주목받고 있다. 자금 조달에 관한 구체적인 내용은 아직 공개되지 않았지만, 5년 동안 5,800%의 검색 증가율에서 알 수 있듯이 놀라운 성장 궤적을 보이고 있다. 이 플랫폼은 1,500만 명 이상의 사용자를 확보했다.

거대 기술 기업의 생성형 AI 장악

생성형 AI 같은 신기술에서는 몸집이 작은 스타트업이 속도전에서 빠르게 성공을 거두지만, 이후에는 대체로 거대 기술 기업에 의해 산업의 규모가 커지기 마련이다. 이들 거대 기술 기업은 세 가지 분야에서 AI 사업의 우위를 점하고 있다.

첫째는 데이터다. 방대하고 다양한 데이터 세트에 접근할 수 있는 기업이 AI 제품 개발에서 분명한 이점을 가지고 있다. 수십억 명의 사용자를 보유한 거대 기술 기업들은 사용자들의 데이터를 활용해 더 나은 제품을 만든다. 이는 다시 더 많은 사용자와 더 많은 데이터를 끌어들이는 선순환 구조를 만들어낸다.

둘째, 컴퓨팅 파워를 꼽을 수 있다. 데이터 외에도 고급 AI 모델을 배포하려면 막대한 컴퓨팅 성능이 필요하다. 이러한 모델을 학습, 미세 조정 및 배포하는 데 필요한 하드웨어와 인프라는 비용이 많이 들 뿐만 아니라 전문 지식과 기술도 필요하다. AI 스타트업이 곳곳에서 생겨나고 있지만, 이 문제들 때문에 대부분은 여전히 빅테크의 인프라에 의존하고 있다. 그리고 결국은 인수 대상이 되기도 해 업계의 통합을 증폭시킨다.

마지막으로 거대 기술 기업은 영향력을 확장하는 통합 생태계를 구축하는 능력을 가지고 있다. 검색 엔진부터 스마트 디바이스, 클라우드 플랫폼, 전자상거래에 이르기까지 빅테크의 서비스는 서로 연결된 경우가 많다. 이러한 상호 연결성이 AI 애플리케이션의 원활한 통합을 용이하게 한다. 생성형 AI의 경우도 마찬가지다.

생성형 AI는 광범위한 AI의 일부분에 불과하지만 2023년 초반 5개월 동안에만 120억 달러에 달하는 엄청난 투자가 이루어졌다. 아마존, 마이크로소프트, 구글과 같은 거대 기업들이 이 분야에서 빠르게 성장하고 있는 것만 봐도 그 전략적 중요성을 알 수 있다. 하지만 AI의 중요성은 단순히 금전적 투자나 시장 점유율에 관한 것이 아니다. 생성형 AI는 투자자의 심리를 형성하고, 디지털 환경을 재정의하며, 기술에 대한 우리의 기대치를 변화시키는 등 그 영향력이 막대하다.

미래 AI 시장의 잠재력을 생각한다면 우리나라 역시 이런 엄청난 산업 분야에서 손 놓고 있을 수는 없다. 현재 삼성전자를 비롯해 네이버, 카카오, KT, SKT 등 대기업들이 AI 분야에 뛰어들었지만 생성형 AI 시장에서 세계와 어깨를 나란히 하기에는 아직도 가야 할 길이 멀다.

창의성은 더 이상 인간만의 것이 아니다

기계가 모방할 수 없는 것으로 가장 많이 꼽힌 게 있다면 그것은 아마도 창의력일 것이다. 창의성은 아무것도 없는 데서 무언가를 만들어내는 것처럼 느껴지는 능력이다. 따라서 입력된 데이터를 기반으로 결과를 출력하는 AI로서는 언뜻 불가능할 듯해 보이는 것도 사실이다. 그런데 이런 생각도 생성형 AI의 등장으로 무너졌다. 이미지를 생성하는 AI 달리, 미드저니 등이 창작물의 제작에 활용되는 빈도가 빠르게 늘고 있다. 이뿐만 아니라 챗 GPT도 보고서는 물론 소설, 시, 음악 등의 창작 활동을 보조하고 있다. 이런 AI의 잠재력은 할리우드 작가들의 파업을 촉발시켰고, 우리나라에서도 AI 웹툰 보이콧 운동이 일어나기도 했다.

AI 창작물의 저작권 논란

생성형 AI가 만들어낸 콘텐츠가 '창작물'이냐 아니냐에 관한 논란은 이제 막 시작되었다고 볼 수 있다. 실제로 이들 생성형 AI가 학습에 사용한 데이터가 허가를 받지 않은 인터넷 속 불특정 다수의 콘텐츠이며, 이를 기반으로 생성하는 모든 콘텐츠는 누군가의 창작물을 잠재적으로 복제했다고 할 수 있다. 이로 인해 미국에서는 챗GPT를 만든 오픈AI를 상대로 집단소송이 제기되기도 했다.

이런 문제는 별개로 두고 미국에서 창의성 및 기업가 정신 분야의 연구자 에릭 구지크Erik Guzik, 크리스티안 비르게Christian Byrge, 크리스티안 길드Christian Gilde가 토런스 창의적 사고력 검사Torrance Tests of Creative Thinking, TTCT를 통해 AI의 창의적 능력을 시험해 화제가 되었다.

TTCT는 1966년 토런스가 개발한 심리검사로 창의적 사고를 측정하기 위해 질문하기, 원인 및 결과 추측하기, 산출물 개선하기 등의 언어적 검사와 그림 구성하기, 그림 완성하기 등을 포함한다. 이는 우리가 문학이나 예술 등에서 말하는 창의성이 아닌 개인의 일반적인 창의력을 평가하는 것이라고 할 수 있다.

연구자들은 챗GPT의 대조군으로 24명의 학부생들에게도 같은 테스트를 실시하는 방식으로 실험을 진행했다. 또한 TTCT 채점을 제공하는 사설 테스트 기업의 검수자들은 답안지 중 일부가 AI에 의해 진행되었다는 사실을 사전에 알지 못했다.

그 결과 챗GPT는 아이디어의 독창성에서 응시자 가운데 상위 1%에 속하는 점수를 받았다. 이는 단순한 한 번의 테스트지만 AI가 인간의 독창적 사고 능력을 충족하거나 능가하는 첫 번째 사례가 될 것으로 보인다.

AI는 애초에 '창의성'을 전제로 만들어진 기계

물론 일부 사람들은 창의성이 등급을 매길 만큼 명확하게 정의할 수 있는 능력이 아니며, 인간의 고유한 능력이기 때문에 애초에 기계에 부여할 수 없는 특성이라고 말하기도 한다. 하지만 AI 창시자들은 처음부터 독창적인 아이디어를 모방할 수 있는 기계를 목표의 하나로 삼았다. AI라는 용어를 처음 사용한 1956년 다트머스 회의에서 참가자들은 창의성을 포함해 '학습의 모든 측면 또는 지능의 다른 모든 특징'을 시뮬레이션하고자 한다고 언급했다. 이후 컴퓨터 과학자 너새니얼 로체스터Nathaniel Rochester는 같은 제안서에서 '어떻게 하면 문제 해결 측면에서 독창성을 발휘하는 기계를 만들 수 있을까?'라고 표현했다. 즉 AI의 창시자들은 아이디어의 독창성을 포함한 창의성이 기계가 모방할 수 있는 인간 지능의 특징 중 하나라고 믿었던 것이다.

AI의 창의성에 관한 능력은 지금도 여전히 부정하는 기류가 강하다. 하지만 생성형 AI를 넘어 AGI로 넘어가는 순간, 창의성은 더 엄청난 결과물로 증명될 것이다. 이는 돛이나 노가 없이도 나아가는 배의 등장이나 인간이 우주로 나간 최초의 순간처럼 충격적일 것이다.

또 하나의 가족이 되는 AI

1인 가구가 늘어나면서 반려동물이 함께 사는 가족으로 자연스럽게 자리 잡았다. 그런데 미래에는 AI가 함께 사는 가족으로 또 다른 자리를 차지하게 될지도 모른다.

AI 스피커는 이미 혼자 사는 고령인구를 위해 아침마다 안부를 묻고 건강을 점검해준다. 현재의 고령인구는 디지털 친화력이 떨어지는 데다 AI 역시 사용 방법이 직관적이지 않아 아직까지는 그 정도의 기능을 할 뿐이다. 하지만 미래에 디지털이 익숙한 세대가 나이 들고 AI의 인터페이스도 더 직관적으로 발달하게 되면 단순히 건강을 체크하는 수준을 넘어 일정을 챙겨주고 생활필수품을 주문해주며, 정신건강까지 챙겨주는 동반자로서의 AI가 등장할 것으로 보인다.

특히 단순 AI가 아니라 특정인의 성격을 재현한 AI, 또는 원하는 조건을 조합해 만든 인상형에 가까운 AI를 만들 수도 있다.

개인의 성격을 모방하는 챗봇

생성형 AI의 대표 격인 챗GPT는 다양한 온라인 소스에서 가져온 3,000억 개가 넘는 단어로 구동되는 LLM이다. 학습 및 입력을 기반으로 단어를 예측해 인간의 프롬프트에 응답하며, 인간처럼 유동적인 대화를 생성한다. 챗GPT를 비롯한 LLM은 특정인을 모방하도록 더욱 맞춤화할 수 있다.

프로젝트 디셈버Project December의 프로그래머 제이슨 로러Jason Rohrer는 고객을 위해 사망한 가족이나 친구로부터 영감을 받은 챗봇을 만들고 있다. 이는 입력한 정보를 재구성해 출력물을 생성하는 챗GPT의 특성을 살려 개인의 커뮤니케이션 스타일과 삶의 세부 사항을 입력해서 그 사람의 성격을 모방하는 챗봇을 만들 수 있다는 아이디어에서 출발했다. 이 챗봇은 타나톨로지thanatology, 죽음학에서 이름을 따 '타나봇'이라고 불린다. 프로젝트 디셈버의 고객이 된 조슈아 바르보Joshua Barbeau는 죽은 약혼녀의 성격을 구현한 챗봇을 만들었다.

타나봇은 동영상을 비롯해 문자, 이메일, 소셜 미디어 게시물에 상당한 양의 디지털 기록을 남기는 사람들이 늘어남에 따라 미래의 가능성을 제시한다. 사랑하는 사람을 잃은 사람들이 상실에 적응할 수 있는 시간을 만들어주는 것이다. 사랑하는 사람을 잃으면 사람마다 다른 애도 과정이 시작된다. 그러나 공통적인 것은 떠난 사람을 그리워하며 다시 이야기하고, 함께 시간을 보내고, 그들의 목소리와 웃음을 듣고 싶어 한다는 점이다.

죽은 가족의 챗봇 다음은 살아 있는 사람의 챗봇

마인드뱅크AIMindBank AI는 사용자의 성격, 사고방식, 말투, 기타 특성을 최대한 비슷하게 복제한 디지털 트윈digital twin, 즉 사이버 세계의 쌍둥이를 만들 계획이다. 타나봇과의 차이점은 이 쌍둥이가 비단 사망한 사람이 아니라 살아 있는 사람도 포함될 것이라는 점이다.

마인드뱅크AI의 설립자 에밀 히메네스Emil Jimenez 역시 인터뷰에서 "누군가를 잃으면 그 사람의 사진이나 동영상을 보고 싶을 때가 있다"며 "이제 그런 순간을 보낼 수 있을 뿐만 아니라 그 사람과 대화도 나눌 수 있다"고 밝혔다. 히메네스는 자신의 딸이 네 살이었을 때 우연히 애플의 AI 시리와 말하게 되었고 몇 분이 채 지나지 않아 유대감을 형성하는 것을 보고, 그저 인터페이스가 아닌 자신이 시리처럼 언제나 딸의 질문에 답하고 대화하려면 어떻게 해야 할까 생각하면서 제품을 개발하게 되었다고 말한다.

그는 딸이 자기 또래가 되는 40년 후의 세상은 지금과는 전혀 다른 기술로 인해 전혀 다른 삶을 살게 될 것이라는 점을 상상해보았다. 일부 SF 영화에 나오듯이 미래에는 고도로 개인화된 맞춤 광고와 서비스를 제공받게 될 텐데 그러면 개인화된 데이터가 필수라는 점은 쉽게 상정할 수 있다. 개인의 데이터를 모아서 만든 디지털 트윈은 인류를 디지털화하고 더 나은 서비스를 제공받도록 할 수 있다. 이뿐만 아니라 이렇게 완성한 디지털 트윈은 가족이 서로 멀리 떨어져 살게 되거나 사망한 후에도 계속해서 함께 살도록 만들어줄 수 있다.

이상형을 모아 만든 동반자 챗봇

마인드뱅크AI는 단순히 쌓이는 데이터를 활용하는 것뿐만 아니라 더 적극적으로 데이터를 모아야 실제와 가까운 디지털 트윈을 만들 수 있다고 말한다. 즉 사용자의 성격과 사고방식을 파악하기 위해 일련의 질문을 던지고, 여기에 대답이 쌓일수록 좀 더 일관되고 섬세한 부분까지 일치하는 디지털 트윈을 만들 수 있다.

설득력 있는 디지털 트윈을 만들기 위해서는 단순히 알고리즘이 질문에 응답하고 다른 사람과 상호 작용하는 데 사용할 고정된 규칙 세트가 아니라, 시간이 지남에 따라 진화하는 모델을 만들어야 한다. 인간은 환경과 상호 작용에 끊임없이 영향을 받는 복잡한 존재로 고유의 말투와 성격이 있으며, 자신의 행동조차 예측할 수 없는 존재이기도 하다. 따라서 마인드뱅크AI는 우리의 생각과 행동이 패턴화되는 정도까지 포착하는 것을 목표로 하고 있다고 한다.

한편 실재하거나 실재했던 쌍둥이가 아닌 가상의 동반자를 만드는 도전을 하는 기업도 있다. 실리콘밸리의 유명 벤처캐피털인 안드레센 호로위츠Andreessen Horowitz는 2023년 7월 개발자 사이트인 깃허브GitHub에 AI 컴패니언 봇을 구축하는 방법에 관한 지침을 게시했다. 하지만 챗봇이 인간과의 상호 작용을 모방하기 때문에 이해력이 뛰어나기는 해도 사람에게 동반자로서 실제 인간과 비교해 얼마나 지지해줄 수 있을지에 관해서는 많은 사람들이 아직 의문을 제기하고 있다.

인터넷 속 정보를 통해 만든 유명인 복제 챗봇

실재하는 사람의 디지털 트윈이나 챗봇을 만드는 데는 한가지 치명적인 문제가 있다.

인간의 디지털 트윈을 제공하는 또 다른 서비스 델파이Delphi 는 사이버 공간에 존재하는 사진을 비롯해 인터뷰, 동영상 등 방대한 양의 자료를 사용해 유명인의 디지털 트윈을 만들 수 있다고 언급했다. 델파이는 베타 서비스 기간에 고인이 된 스티브 잡스Steve Jobs는 물론 워런 버핏Warren Buffett, 제프 베이조스Jeff Bezos 등 유명인을 복제해 챗봇 서비스를 진행했다. 하지만 이로 인해 초상권 침해 문제를 비롯해 사칭 범죄 등의 문제가 불거졌다. 이들 중 한 명으로부터 게시 중단 요청을 받았고 해당 서비스는 중단되었다. 델파이의 창립자 다라 라제바르디안Dara Ladjevardian은 초기에 돌아가신 할아버지를 다시 만나고 싶은 순수한 열망에서 이 일을 시작했다고 한다.

사칭이나 초상권 침해는 생성형 AI의 가장 심각한 문제에 해당한다. 그 밖에도 다른 문제들이 여전히 많다. 그중 하나가 디지털 데이터를 기반으로 하기 때문에 개인의 신원을 모두 파악하지 못할 수 있다는 한계다. 또한 사망한 사람의 디지털 트윈이 잠재적으로 슬픔과 절망감을 악화시켜 원하는 카타르시스를 전달하지 못할 수도 있다.

한편 챗봇이 제공하는 정보의 윤리 문제도 잠재되어 있다. 실제로 벨기에 남성의 자살 사건에 챗봇이 연루되었다는 주장이 제기된 바 있으며, 최근 암살 미수범에 대한 선고에서 AI 동반자로부터 치명적인 음모를 지원받았다는 사실이 밝혀지기도 했다.

디지털 트윈의 악용 가능성

인간의 디지털 트윈과 같은 AI 서비스는 여러 가지 윤리적 문제가 잠재되어 있다. 하지만 그에 대한 평가는 '사람들에게 도움이 되는가'라는 한 가지 질문으로 귀결되어야 한다는 것이 라제바르디 안을 비롯한 서비스 제공자의 주장이다. 다만 많은 기술이 그러하듯 디지털 트윈 역시 인간에게 이로운 방식으로 상호 작용하는 것은 궁극적으로 각 사용자에게 달려 있다.

마인드뱅크AI의 설립자 히메네스는 사랑하는 사람을 기억하고 그들이 세상을 떠난 후에도 그들과의 관계를 유지하는 데 도움을 줄 수 있는 AI의 잠재력을 강조했다. 인간관계가 점점 더 디지털 세상으로 옮겨가는 지금 인간처럼, 아니 인간보다 더 나를 이해해주고 지지해주는 AI가 등장한다면 사람의 마음이 디지털로 기우는 일도 점점 더 늘어날 것이다.

이제 동물을 넘어 AI를 가족으로 받아들이게 될 날이 머지않았다. 과연 나는 죽은 내 가족을 새롭게 AI로 만들 것인가, 아니면 나를 가장 잘 알고 이해해줄 가상의 동반자를 만들 것인가 고민해야 할 날이 곧 올 것이다.

AI가 다른 대상의 언어를 번역해줄 수 있다면, 여러분은 어디까지 기대하는가? AI는 언어의 장벽도 무너트리고 있다. 그 능력은 우리 상상을 뛰어넘을지도 모른다.

IT 기업에서 제공하는 번역기는 그 품질이 낮아서 실제로 업무나 여행 등에 활용하기 힘들었다. 이는 그동안의 번역기에 적용되는 통계적 기계 번역이라는 기술의 한계 때문이었다. 하지만 지금 세계적으로 번역 서비스의 판도를 바꾸고 있는 독일의 AI 커뮤니케이션 기업 딥엘DeepL은 인공신경망 기반의 딥러닝을 적용한 AI 번역 서비스를 제공하고 있다. 번역 서비스 기업들이 자체 노하우를 세세하게 공개하지는 않지만, 딥러닝을 적용했다는 부분에서 힌트를 얻을 수 있다. 딥러닝은 컴퓨터가 스스로 외부 데이터를 조합하고 분석해서 학습하는 기술로 학습하는 자료가 많을수록 번역의 품질은 더욱 개선된다.

딥러닝을 통한 번역 서비스의 빠른 발전은 곧 우리가 외국어를 굳이 학습하지 않아도 세계 어느 나라에서든 말이 통하는 편리함을 누리는 미래를 가져올 것이다.

AI, 고대어 번역에 활용되다

AI의 번역은 현재의 다른 언어에만 해당하지 않는다. 옥스퍼드 대학교가 발표한 최근 연구에 따르면 이집트 상형문자뿐만 아니라 기록으로 남은 인류 역사에서 가장 초기의 문자 체계 중 하나인 기원전 3400년~75년의 설형 문자를 AI로 번역하는 데 성공했다고 한다.

지금까지 AI가 번역에서 이룬 성과에는 한 가지 공통점이 있다. 모두 인간의 언어이므로 '인간 의사소통'이라는 카테고리에 대규모 데이터가 존재한다는 것이다. 그런데 일부 연구자들은 언어가 서로 달라 말이 통하지 않는 사람만이 아니라 동물들의 언어도 AI 번역 서비스로 통역할 수 있을 것을 기대하며 연구하고 있다.

인간의 언어와 달리 여기서 가장 큰 장벽은 동물의 언어에는 어떤 축적된 데이터도 없다는 점이다. 연구자들은 LLM의 기능을 통해 더 큰 데이터를 사용할 수 있게 되면 인간이 아닌 생물의 의사소통을 해석할 수 있기를 기대한다. 다만 동물이 언어가 서로 달라 우리에게 이해되는 방식으로 말하거나 의사소통한다는 보장은 없다.

동물 언어 번역 연구 현황

동물계에서 비언어적 의사소통의 대표적인 예는 꿀벌 댄스 의사소통 시스템이다. 로봇 분야 학술지 〈IEEE 트랜잭션스 온 로보틱스Transactions on Robotics〉에 워싱턴 주립대학교의 연구원들이 로봇 꿀벌의 제작에 관한 연구 결과를 발표했다. 그들은 꿀벌 개체가 급감하면서 다가오는 위기에 대비해 꽃의 수분을 대신해줄 용도 등으로 세계 최초로 꿀벌처럼 비행할 수 있는 로봇을 개발하고 있다. 이 로봇이 꿀벌과 같이 비행할 수 있다면, 다른 꿀벌과 성공적으로 소통하고 그들을 모아 먹이를 찾는 꿀벌 로봇도 만들 수 있을 것이다.

꿀벌 로봇 외에도 인간이 아닌 의사소통을 배우기 위해 AI를 활용하는 프로젝트 연구가 현재 다수 진행 중이다. 프로젝트 세티Cetacean Translation Initiative, CETI는 향유고래의 복잡한 의사소통 패턴을 이해하는 데 전념하는 비영리단체다. 그들은 AI를 이용해 향유고래가 사용하는 독특하고 리드미컬한 '코다codas: 모스 부호에 비견되는 단위 소리 패턴'에 초점을 맞춰 이 통신을 해독하고자 한다. 연구원들은 서로 다른 향유고래 공동체가 독특한 코다 레퍼토리를 가지고 있음을 발견했다. 이는 정체성 표시 역할을 하며 특정 문화 집단에 고래가 소속되어 있음을 나타낸다고 한다. 세티의 연구는 주로 도미니카 공화국에 기반을 두고 동부 카리브해에서 수행된다. 세티의 수석 연구원 셰인 게로Shane Gero는 20년 동안 카리브해 향유고래를 연구하여 이 계획에 귀중한 데이터를 제공했다.

범고래의 음성 신호를 분석하려는 사람들도 있다. 오스카사운드Orcasound는 범고래를 이해하고 보호하려는 비영리단체로, 범고래 보존에 대한 다각적인 접근 방식의 일환으로 '오스카용 AIAI for Orcas' 프로젝트를 주도하고 있다. 이 프로젝트는 오픈소스와 머신러닝의 협업으로 진행되는데 범고래가 생성하는 뚜렷한 음성 신호를 실시간으로 분류하는 것이 목적이다.

한편 일본에서는 AI를 사용해 닭의 울음소리를 번역하는 방법을 이미 알아냈다고 주장한다. 도쿄 대학교의 에이드리언 데이비드 척Adrian David Cheok 교수가 이끄는 팀은 '심층 감정 분석 학습'이라고 하는 최첨단 AI 기술을 사용해 배고픔, 두려움, 분노, 만족, 흥분, 고통 등 닭의 다양한 감정 상태를 해석할 수 있는 시스템을 고안했다. 새로운 AI 시스템을 테스트하기 위해 80마리의 닭에서 샘플을 기록하고 분석한 다음 이러한 패턴 샘플을 알고리즘에 공급해 닭의 다양한 '감정 상태'와 연관시켰다.

또 ESPEarth Species Project, 지구 종 프로젝트는 인간이 동물과 대화하는 데 도움이 될 수 있는 새로운 기술을 구축하려고 시도하면서 하와이 까마귀의 울음소리를 목록화하고 있다. 딥스퀴크DeepSqueak는 설치류를 식별하기 위해 딥러닝 알고리즘을 사용하는 소프트웨어다. 버드 사운드Bird Sounds 프로젝트는 코넬 조류연구소가 구글의 AI와 협업해 수천 개의 새 소리를 시각화하는 오픈소스 프로그램이다.

반려동물과 대화하는 미래

각각 다른 동물들을 상대로 한 이 연구가 조금은 황당하게 보일 수도 있다. 하지만 인간이 아닌 다른 생명체와의 의사소통은 인류의 오랜 꿈이기도 했다.

지구에서 인간은 다양한 생명체들과 함께 살아간다. 그들 중 일부는 인간에게 길들여져 가축으로, 반려동물로 더 친밀한 관계를 유지하고 있다. 지금까지 이들과 함께 살아오면서 말하지 않아도 큰 불편은 없었다. 하지만 동물들의 말을 알아듣고 그들과 의사소통을 할 수 있다면 우리가 그들을 더 잘 돌봐줄 방법을 찾을 수 있다. 그리고 함께 살아가는 '가족'처럼 생각하는 동물들과도 더 친밀하게 살아갈 수 있을 것이다. AI로 인해 그날이 오기까지 그리 멀지 않았을 수도 있다.

8	'망각'하는 AI

우리는 건망증이나 망각이 생물 고유의 특성인 것처럼 여기고 있을지도 모른다. 그런데 기계 역시 인간과 다르지 않게 망각한다. 기억은 인간과 기계 모두에게 쉽지 않은 문제인 것이다.

AI가 인지 프로세스에서 차이를 경험하는 이유를 이해하는 것은 AI의 발전에 매우 중요하다. 과학자들이 직면한 주요 과제 중 하나는 '치명적 망각'으로 알려진 머신러닝의 기억 상실을 극복하는 것이다. 즉 AI 에이전트가 연속적인 작업을 학습할 때 이전 작업에서 얻은 정보를 잃어버리는 경향이 있다는 사실이다. 이는 AI가 사회에 더 깊숙이 통합됨에 따라 위험을 초래할 수 있다.

이전 작업에서 얻은 정보가 지속되지 않는 문제

네스 슈로프Ness Shroff 오하이오 주립대학교의 컴퓨터공학 교수는 자율주행 애플리케이션이나 로봇 시스템과 같은 AI 시스템이 일반화되기 전에 먼저 중요한 규칙을 잊어버리는 것을 방지해야 한다고 강조했다. 오하이오 주립대의 전기 엔지니어들은 '지속적 학습'이 AI 시스템의 전반적인 성능에 미치는 영향에 관해 연구했다. 지속적 학습은 컴퓨터가 일련의 작업을 지속적으로 진행하도록 학습하고, 과거의 지식을 활용해 새로운 작업을 더 잘 학습하도록 하는 것이다.

슈로프 교수를 포함해 박사후 연구원 센 린Sen Lin과 페이종 주Peizhong Ju, 잉빈 량Yingbin Liang의 연구팀은 인간의 기억과 AI의 기억 사이에 흥미로운 유사점을 발견했다. 인간은 비슷한 상황에 대한 대조적인 사실을 기억하는 데 어려움을 겪지만 본질적으로 다른 시나리오는 쉽게 기억한다. 마찬가지로 인공신경망은 비슷한 특징을 가진 작업보다 다양한 작업을 순차적으로 처리할 때 더 나은 성능을 발휘한다는 점이다.

이 연구의 궁극적인 목표는 이러한 AI 시스템이 인간의 학습 능력을 모방하도록 하는 것이다. 알고리즘 메모리를 최적화하기 위해 슈로프 교수는 지속적인 학습 과정 초기에 서로 다른 작업을 가르칠 것을 제안한다. 이 접근 방식은 새로운 정보에 대한 네트워크의 용량을 확장해 나중에 유사한 작업을 더 많이 학습할 수 있는 능력을 향상시킨다.

이 연구는 인간의 뇌와 AI의 관계에 대한 이해를 높인다는 점에서 매우 중요한 의미를 지니고 있다. 연구팀은 기계와 인간의 학습 과정 사이에 유사점을 밝혀냄으로써 인간처럼 학습하고 적응하는 지능형 기계의 새로운 시대를 열어가고 있다.

AI 연구에 활용되는 '오가노이드'

한편 호주에서는 1차로 AI의 건망증 문제를 해결하고 나아가 실리콘 기반 컴퓨터를 생물학적 컴퓨터로 바꾸는 장기적인 계획을 갖고 실험을 진행하고 있다. 페트리 접시에서 지능형 '미니 뇌'를 키우는 이 프로젝트의 목표는 뇌를 이용해 더 나은 AI를 설계하고, 궁극적으로는 두 가지를 결합해 인간 뇌세포의 처리 기능과 결합된 AI를 만드는 것이다.

과학자들은 적절한 조건을 조성함으로써 줄기세포가 다양한 장기의 구조와 기능을 닮은 3차원 조직인 '오가노이드'로 성장하도록 유도할 수 있으며, 심지어 뇌를 만들 수도 있다고 밝혔다. 뇌 오가노이드는 실제 뇌만큼 크거나 정교하지는 않지만, 전기 신호를 보낼 수 있는 뉴런을 포함하고 있어 의료 분야의 뇌 연구에 유용하게 활용되고 있다. 예를 들어 최근 독일 과학자들은 뇌 오가노이드에 HSV-1 바이러스를 감염시켜 치명적인 뇌 질환인 헤르페스 뇌염을 치료할 수 있는 더 나은 방법을 발견했다.

2022년 호주 모나시 대학교의 연구원들이 뇌 오가노이드로 전례 없는 일을 해냈는데, 바로 이 세포 덩어리가 지능과 유사한 기능을 하도록 만든 것이다.

연구원들은 신경 신호를 주고받도록 뇌 임플란트에 사용하는 것과 동일한 장치인 미세 전극 어레이 위에 인간의 뇌세포를 성장시켰다. 그런 다음 패들을 위아래로 움직여 튀어오르는 공의 경로를 가로채는 컴퓨터 게임 퐁Pong을 플레이하도록 뇌 오가노이드를 훈련시켰다. 어레이의 특정 부분에 전기로 자극을 가해 공의 경로와 패들의 위치를 나타내는 방식으로 이루어졌는데, 그 결과 뇌 오가노이드는 특정 전극을 자극하는 신호를 생성해 패들을 위아래로 움직일 수 있게 되었다.

연구진은 접시 뇌를 훈련하기 위해 공이 패들에 닿을 때 모든 전극에 동일한 전압을 같은 시간 동안 가하는 등 예측 가능한 방식으로 오가노이드를 자극했다. 또한 공을 놓치면 무작위로 전극을 발사하는 예측 불가능한 자극을 주었다. 연구 결과 이 자극을 받은 뇌 오가노이드는 공을 놓치기 전까지 버티는 시간이 현저히 증가했다. 반대로 이 자극을 받지 않은 오가노이드는 아무런 변화도 보이지 않았다.

바이오 컴퓨터로 기억의 비밀 연구

2023년 7월, 모나시 대학교와 생명공학 스타트업 코티컬 랩스 Cortical Labs는 호주의 국가 정보 및 보안 발견 연구 보조금 프로그램에서 약 40만 달러의 지원금을 확보해 이 연구를 계속하게 되었다고 발표했다. 이 연구의 목표는 AI 알고리즘에는 영향을 미치지만 인간의 뇌에는 영향을 미치지 않는 문제인 치명적 건망증에 대한 해결책을 찾는 것이다.

사람은 한 가지를 학습한 후 다른 것을 배울 때 그 지식을 유지할 수 있지만, AI는 새로운 것을 배울 때 이전에 학습한 정보를 잊어버리는 경우가 많다. 과학자들은 이 문제를 극복하고 지속적인 학습이 가능한 시스템을 만들 수 있다면 오래 사용할수록 더 똑똑해지고 능력이 향상되는 AI를 개발할 수 있을 것으로 예상한다.

생물학적 컴퓨팅과 AI의 결합은 기존 실리콘 기반 하드웨어의 성능을 능가할 수 있는 잠재력을 가지고 있다. 수석 연구원인 아딜 라지Adeel Razi 부교수는 이 최첨단 기술이 특히 자율주행차, 드론 및 로봇에서 머신러닝의 새로운 시대를 뒷받침할 수 있다고 설명한다. '접시 뇌' 기반 기계는 수명이 다할 때까지 지속적으로 학습하고 적응하는 새로운 유형의 지능을 보유할 수 있다.

이 연구의 응용 범위는 로봇공학, 고급 자동화, BCIBrain-Computer Interface 뇌-컴퓨터 인터페이스 및 약물 발견 분야의 응용 프로그램 등 매우 광범위하다. 접시 뇌의 고급 학습 기능은 기존 기술을 손상시키지 않으면서 새로운 기술을 배우고, 변화에 쉽게 적응하며 이전 지식을 새로운 상황에 원활하게 적용하는 기계를 위한 길을 열 수 있다. 또한 컴퓨팅 성능, 메모리 및 에너지 사용을 최적화할 수 있다.

모나시대 연구팀은 먼저 접시 뇌에서 지속적인 학습을 가능하게 하는 생물학적 메커니즘을 규명한 다음, 이 메커니즘을 AI에 복제하려고 시도할 계획이다. 하지만 더 나은 AI를 개발하는 것은 단기적인 목표일 뿐이다. 궁극적으로 연구진은 기존의 실리콘 컴퓨터 칩을 지능형 오가노이드로 대체해 첨단 바이오컴퓨터를 개발하고자 한다. 연구자들은 오가노이드 지능의 가능성을 실현할 수 있다면 세상은 이전과는 전혀 다른 모습으로 바뀔 것이라고 말한다.

기업에서 사람을 뽑을 때 가장 중요하게 생각하는 것은 직무 경험이다. 글로벌리서치가 조사한 2023년 신규 채용 실태조사에서 채용 시 가장 중요한 것으로 '직무 관련 경험(53.4%)'을 꼽았으며, 이어 '인성과 태도'가 19.6%로 나왔다.

직장에서 직무 다음으로 중요한 인성은 기업에서 사람을 채용할 때 전통적으로 중요시되어 왔다. 다만 짧은 시간의 면접에서 인성을 제대로 파악할 수 없기에 평판 조회를 보조 수단으로 널리 사용했다. 하지만 이 또한 인간의 판단이라 편향이 있을 수밖에 없다. 그런데 AI가 성격을 정확하게 분석해줄 수 있다면 어떨까?

먼저 성격부터 파악한다

캔자스 주립대학교 예술과학대학의 심리과학 조교수인 티안준 선Tianjun Sun은 1,500명 이상의 학부생을 대상으로 AI 챗봇과의 대화를 통해 성격 관련 정보를 추출할 수 있는지 알아보기 위한 연구를 수행했다. 오번 대학교, 일리노이 대학교 어바나-샴페인, 사우스플로리다 대학교-상트페테르부르크, 미국 공군사관학교의 연구자들과 함께 공동으로 진행한 연구는 1,500명 이상의 학부생을 대상으로 수행되었다.

연구 참가자들은 AI 챗봇과 20분 동안 대화를 나누었고, AI 챗봇이 대화 내용을 분석하여 참가자의 성격 관련 정보를 추출했다. 그 결과 AI 챗봇은 참가자의 외향성, 성실성, 신경증, 친화성, 개방성의 다섯 가지 성격 요인을 정확하게 추출할 수 있었다. 연구팀은 AI 챗봇이 사람의 대화에서 드러나는 단어와 구문, 그리고 대화의 맥락을 분석해 성격 관련 정보를 추출할 수 있다고 설명했다. 예를 들어 AI 챗봇은 참가자가 자주 사용하는 단어와 구문을 분석해 참가자의 성격을 추론했으며, 말의 맥락을 분석하기도 했다. 점수는 일관성 있었고 참가자가 말하는 본인의 성격과 유사했다.

이 연구는 AI 챗봇이 사람의 대화에서 성격 관련 정보를 추출할 수 있다는 사실을 보여주었다. 더불어 AI가 사람의 생각을 추론할 가능성을 시사하는 중요한 연구다. 다만 이것이 AI가 사람의 생각을 정확하게 추론할 수 있다는 말은 아님을 명심해야 한다.

AI가 사람의 생각을 읽으려면 먼저 사람의 뇌 활동을 측정하고 분석할 수 있어야 할 것이다. 그러나 뇌 활동은 복잡하고 아직 베일에 싸여 있다. 따라서 현재 AI가 사람의 생각을 읽을 수 있는 기술은 존재하지 않는다. 다만 기술이 계속 발전함에 따라 AI가 사람의 생각을 읽을 수 있는 날이 올 수도 있다.

AI가 사람의 생각을 읽게 된다면 윤리적으로 큰 문제가 생길 수 있다. 개인의 사생활을 침해하고, 범죄에 사용될 수 있으며, 심지어 인간의 자유 의지를 위협할 수도 있기 때문이다. 따라서 이때를 대비해 이러한 기술이 윤리적으로 책임감 있게 개발되고 사용되기 위해 많은 논의와 연구가 필요할 것이다.

집단 심리 연구해 마케팅 등에 활용

한편 생성형 AI를 이용해 개인의 생각이 아닌 사람들의 심리를 연구해 행동을 예측하는 연구가 스탠퍼드 대학교 연구진에 의해 수행되었다. 이 방법으로 인간의 일상적인 작업부터 복잡한 의사 결정에 이르기까지 사람들의 행동을 미리 살펴볼 수 있을 것으로 보인다.

〈생성 에이전트: 인간 행동의 대화형 복제〉라는 제목의 이 연구는 생성형 AI를 사용해 상호 작용하고 수신한 정보를 반영하며, 기억을 지속적으로 확장함으로써 행동을 변화시키는 AI 에이전트를 만드는 것이다.

연구진은 실제 사회에서 경험할 수 있는 학교와 식당 등으로 구성된 환경을 갖춘 샌드박스 게임의 스몰빌에서 시뮬레이션을 진행했다. 여기에 LLM으로 구동되는 25개의 생성 에이전트를 투입했으며 에이전트의 행동, 직업, 선호도, 기억, 다른 에이전트와의 관계에 대한 자세한 설명이 포함된 프롬프트와 함께 LLM을 시작했다. 에이전트는 프롬프트에 따라 행동함으로써 환경과 상호 작용한다. 식당에서 음식을 먹고 학교에서 다른 에이전트와 이야기를 나눈다. 이런 행동은 데이터베이스에 쌓여서 '기억'이 되며 이후의 상호 작용에 영향을 준다. 에이전트들을 다수 결합함으로써 대규모 인구의 상호 작용에서 나타나는 복잡한 사회적 행동을 모방할 수 있다.

예를 들어 에이전트가 다른 에이전트를 2회 이상 만난 경우에는 과거 대화 기록을 검색해 완료되지 않은 대화나 행동, 작업 등의 후속 진행을 이어간다. 그 밖에도 연구진은 기억 일부를 주기적으로 '반성'이라고 하는 더 높은 수준의 추상적 사고로 요약하는 기능을 설계했다. 이것이 쌓여 에이전트의 성격과 선호도를 좀더 미세하게 파악하고 향후 행동을 위한 기억 검색의 품질을 향상시킨다.

시뮬레이션이 실행되면 사람의 성격을 입힌 각 에이전트는 몇 가지 기본 지식, 일과, 달성해야 할 목표로 시작한다. 그들은 목표를 계획하고 수행하며 상호 작용해서 그 결과를 정보로 전달할 수 있다. 새로운 정보가 커뮤니티 전체에 확산함에 따라 커뮤니티의 행동이 변화한다. 즉 이 실험에 따르면 생성 에이전트는 직접적인 지시를 받지 않아도 스스로 조율하는 방법을 학습한다.

다만 아직은 인간처럼 자연스러운 상호 작용 단계까지 나아가지 못했으며, 메모리 검색 과정에서 할루시네이션hallucination: 환각이라는 뜻으로 AI가 잘못된 데이터를 기반으로 잘못된 정보를 생성하는 오류를 가리키는데, 이는 AI가 스스로 데이터를 검증하는 기능이 없기 때문에 발생한다을 일으키기도 하는 등 기술적인 한계가 있다. 또 연구진은 에이전트의 행동에서 예상치 못한 특이한 점을 발견했다. 바로 지나치게 예의 바르고 협조적이라는 점이다. 이는 실제 인간 행동으로 볼 때 현실성이 반영되지 않은 것이다.

이런 기술적 한계들이 극복되면 생성 에이전트들은 광고의 효과를 미리 파악하거나, 특정 사건으로 인한 사람들의 행동 변화를 실험을 통해 파악해 정책과 행동을 수정할 수 있도록 도울 것이다.

최종적으로, 생각을 읽는다

최종적으로 사람의 생각, 즉 뇌를 읽는 기술은 어떻게 발전할까.

실제로 사람의 생각을 읽으려는 과학적 노력은 현재 진행되고 있다. fMRIfunctional magnetic resonance imaging, 기능적 자기공명영상, EEGelectroencephalogram, 뇌파도 등 다양한 방법을 사용해 뇌의 활동을 측정해 사람의 생각이나 의도를 파악하려는 것이다. 2023년 9월 16일, 미국 에머리 대학교 연구팀은 개의 뇌를 fMRI로 스캔해 시각적 자극을 받았을 때의 뇌 활동을 해독하는 데 성공했다. 뇌의 활동 변화를 통해 어떤 이미지를 보고 있는지 알아낸 것이다. 그러나 종합적으로 볼 때, 생각을 읽는 기술은 아직 실용적인 수준에 도달하지 못했다. 다만 발전 가능성은 매우 커 보이며, 다양한 분야에서 활용될 잠재력이 있기 때문에 앞으로도 활발한 연구가 이루어질 것으로 예상된다.

AI가 사람의 생각을 정확하게 추론할 수 있다면 이는 다양한 분야에서 활용될 수 있을 것이다. 예를 들어 AI는 심리 치료, 고객 서비스, 마케팅 등에 활용될 수 있다. 의학적으로도 활용도가 높은데 현재 생각 읽는 기술을 사용한 가장 유망한 미래기술로 BCI가 있다. 뇌와 컴퓨터를 직접 연결해 생각만으로 컴퓨터를 제어하는 이 기술을 전신마비 환자들에게 활용하면 의사 전달이나 가전의 스위치를 켜고 끄는 등의 간단한 일들을 스스로 할 수 있게 된다. 또 정신질환 치료에서도 생각을 읽는 기술은 질환의 원인을 파악하고 치료 효과를 모니터링하는 데 도움이 될 것으로 보인다.

AI의 등장에 불안을 느끼는 사람들

AI가 일상생활에 널리 확대되면서 불안감을 느끼는 사람들이 늘고 있는 것으로 보인다.

생성형 AI는 2023년 초 우리 삶에 큰 영향을 미쳤다. AI가 쓴 책이 출간되고, 교사들은 챗GPT를 학습 과정에 활용한다. 유튜브 Youtube에 올릴 콘텐츠를 만드는 데 각종 AI 도구를 활용하며, 프로그래머가 아니라도 챗GPT를 통해 코드를 자유자재로 만들 수 있다. 이렇게 편리함을 제공하는 가운데 한편으로는 그동안 접한 적 없던 AI는 인류에게 지금껏 필요하지 않았던 고민도 안겨주었다. AI가 구체화될수록 인류에게 가장 큰 위협이 될지 아니면 희망인지를 둘러싼 논쟁이 뜨거워지기 시작한 것이다.

매버런Maveron과 AB컨설팅A/B Consulting의 조사에 따르면 미국 소비자의 37%는 AI에 흥미를 갖고 있는 반면 40%는 두려워하는 것으로 나타났다. 잠재적인 영향에 관해서도 그 답변은 비슷한데 39%가 AI의 등장으로 인해 인간이 쓸모없어질 것이라고 믿으며, 41%는 그렇지 않다고 답했다.

퓨 리서치Pew Research가 2023년 8월에 진행한 설문조사에 따르면 응답자의 무려 52%가 AI 사용 증가에 우려를 표명했다. 이는 2022년 12월 조사 이후 14% 포인트 증가한 수치다. 반대로 기대가 크다는 응답은 10%에 불과했으며, 36%는 두 의견이 비슷하게 균형을 이루고 있다고 답했다. 두 응답 사이에는 9개월의 시간이 있었고, 그 사이에 챗GPT가 등장해 세상을 흔들었다.

젊은 사람들조차 기대보다 우려를 표하고 있지만 나이 든 사람들에 비해서는 긍정적인 시각을 갖고 있는 경향을 보였다. 18~29세의 42%가 '일상생활에서 AI의 사용 증가'를 우려하고 있으며, 17%는 기대감을 나타냈다. 하지만 65세 이상 성인 중에서는 61%가 우려한다고 답한 반면, 기대감이 우려를 능가하는 비율은 4%에 불과했다.

AI의 영향력을 카테고리별로 세분화하면 결과는 더욱 엇갈린다. 온라인에서 관심 있는 제품과 서비스를 찾을 때 도움이 된다는 응답은 49%로 도움이 안 된다는 응답(15%)에 비해 높았다. 그러나 53%는 개인정보 보호에 도움이 되지 않는다고 답했으며 도움이 된다고 답한 비율은 10%에 불과했다. 도움이 되는 분야로 안전한 자동차 제조, 양질의 의료 서비스 제공, 간병인 역할 등을 꼽았다. 한편 정확한 온라인 정보 찾기, 양질의 고객 서비스 제공, 치안 유지와 같은 분야는 긍정과 부정이 거의 비슷하게 나뉘었다.

교육 수준에 따라서도 답변은 달랐다. 전반적으로는 대학 교육을 받은 응답자가 AI를 긍정적으로 보는 경향이 더 높았다. 긍정적이라고 답한 비율은 대졸자의 60%, 학위 미소지자의 44%로 나타났다. 한편 개인정보 보호 측면에서는 대졸 학력자 중 59%, 학위 미소지자 중 50%가 부정적으로 응답했다.

생성형 AI 등장 이후 두려움 늘었다

AI 역시 과거의 증기기관이나 컴퓨터가 가져온 것과 다를 바 없는 기술 혁신의 도구다. 하지만 인간은 상상을 초월한 변화에 늘 두려움을 느끼는 동물이다. 그리고 그 모든 혁신 기술들이 인류의 삶을 풍족하고 편리하게 바꾼 것처럼, AI 역시 올바른 쓰임으로 인해 우리 삶에 효율성을 더하고, 헤아릴 수 없는 속도로 복잡한 계산을 수행하며, 창의력을 고취하는 데 일조할 엄청난 잠재력을 가지고 있다.

AI는 취향에 따른 콘텐츠와 제품을 추천해주며, 챗봇은 더욱 정교하고 유용해져 고객의 문제를 해결해준다. 스마트 교통신호등이 차량 흐름을 관리해주고 내비게이션 앱은 가장 빠른 길을 찾아 목적지에 더 빨리 도착하게 만들어준다. 이처럼 삶의 질을 향상시키는 AI 기반 기술은 눈에 띄지 않지만 우리 주변에 이미 존재한다. 잘 생각해보자. AI는 이제 미래 관심사가 아니라 현실이고 내 삶의 곳곳에 있다.

나와 직접 관련된 삶이 아니더라도 의료기관이나 제약회사 등에서 AI는 수많은 데이터를 분석해 병을 더 빨리 진단하고 그 치료제를 신속히 도입하게 해주며, 물류센터는 재고를 적절히 관리해 고객이 원하는 물품이 품절로 늦게 배송되는 일이 없도록 해준다. 한편 농사에서는 농작물의 유전자 개선부터 작황까지 관리해주고, 이력 관리를 통해 소비자에게 신뢰를 제공한다.

AI는 의심할 여지 없이 가장 유망한 기술이다. 그렇지만 악의적인 의도로도 똑같이 활용될 수도 있다. 따라서 AI 및 머신러닝 애플리케이션은 다른 솔루션과 마찬가지로 적용 가능성을 면밀한 조사와 시각으로 평가해야 한다. AI를 잘못 다루면 생명까지도 위태롭게 할 수 있기 때문이다.

두려움의 이유는 다양하다

영화에서 묘사된 것처럼 사람들이 AI에 의해 멸망할 일은 희박하겠지만 점점 더 많은 것들이 자동화되면서 다양한 데이터를 통해 의사 결정에 특화된 AI가 한 일들에 대한 책임은 누가 지느냐는 문제가 주요 이슈로 떠오르고 있다. 예를 들어 자율주행차가 사고를 내서 보행자를 칠 경우 그 책임은 어디에 있을까?

한편 AI는 기존 데이터를 기반으로만 분석하고 예측할 수 있는데 세상에 존재하는 데이터에는 편향이 있을 수밖에 없다. 실제로 생성형 AI에 성공한 사업가와 범죄자의 이미지를 그려달라고 했을 때 각각 백인 남자와 흑인 남자를 그리는 등 잘못된 편견이 그대로 나타났다. 이는 단순히 그림의 문제가 아니라 이런 데이터적 편향을 보완하지 않은 채 실제 현장에 투입할 경우 채용이나 재판, 의료 행위 등에서 더 큰 문제를 일으킬 수도 있음을 뜻한다.

따라서 우리는 AI의 가능성과 한계를 잘 인지하고, 이를 올바르게 사용할 방법을 파악하며, 악용될 위험을 막을 준비가 되어 있어야 한다. 결국 AI를 공부하는 것이 우리에게 가장 중요한 과제인 것이다.

| 11 | **AI가 가져올 생물학적 위협과 기회** |

3D 프린터가 개발되었을 때 세상이 들썩였다. 판매가 중단된 작은 부품에서부터 사람이 살 집까지 제작할 수 있다는 3차원의 프린터는 들어가는 재료에 따라 음식에서 이식용 장기까지도 만들 수 있을 것이라는 전망에 4차 산업혁명의 중요한 도구로 주목받았다. 그런데 이 기술이 보편화되자 사제 총기를 제작하는 데 사용하는 등 악용 사례가 급증하면서 신기술의 좋은 점만이 아닌 어두운 면도 재조명되었다.

문제는 더 발달한 AI가 보편화되면 이와는 비교도 안 될 정도로 큰 인류 재앙의 위기에 직면하게 될 수도 있다는 경고가 나오고 있다는 것이다.

옴진리교에 생성형 AI가 있었다면

1995년 일본의 사이비 종교단체 옴진리교가 도쿄 지하철에서 사린 가스 공격을 감행해 13명을 죽이고 수천 명을 다치게 하는 끔찍한 사건이 벌어졌다. 그런데 이들은 1990년 여름에도 나리타공항을 비롯해 미 해군 기지 등에 독성이 가장 강한 생물학적 물질의 하나로 알려진 보툴리눔 독소를 함유한 노란색 액체를 뿌렸다. 그 공격으로는 다행히 아무도 죽지 않았다. 그들이 실패한 이유는 지식의 부족이었다. 즉 그들이 확보한 박테리아가 치명적 독소를 퍼뜨리는 것인지 그저 단순 박테리아였는지 몰랐다는 것이다. 만약 옴진리교가 AI 도구에 접근할 수 있었다면 더 많은 사람이 죽었을 것이다. 챗GPT가 보툴리눔 독소 생산을 포함한 관련 질문에 답하고 지식을 제공하는 데 매우 능숙하기 때문이다.

3D 프린터와 마찬가지로, 아니 그 이상으로 AI의 발전은 과학과 사회의 안녕에 영향을 미칠 엄청난 잠재력을 가지고 있다. AI가 잘못된 신념을 가진 개인이나 집단, 또는 악당들의 손에 들어가면 파괴적 영향을 미칠 수 있는 심각한 위험이 있다.

질문에 답하고 다양한 용도로 응용되는 지식을 가르치는 데 매우 능숙한 LLM은 특히 생물학 무기의 접근성을 높일 수 있다. MIT의 최근 실습에서 챗GPT가 비전공 학생들에게 네 가지 잠재적 전염병 병원체에 관해 교육하는 데 단 1시간이 걸렸다고 한다. 여기에는 실험실에서 병원체를 만들 기술이 없는 사람도 병원체를 얻을 수 있는 방법과 주문을 꼼꼼하게 다루지 않는 공급자로부터 유전 물질을 얻어 탐지를 피하는 방법 등도 포함되었다.

병원균을 얻으려는 노력은 실험실 밖에서도 일어난다. 가령 알카에다와 사담 후세인의 이라크가 탄저균을 살상용으로 개발하려 시도한 정황이 포착되었다. 이들이 생화학 테러에 성공하지 못했던 것은 탄저병 제작 공정에 대한 지식이 부족했기 때문일 수 있다. 그러나 AI가 더욱 정교해짐에 따라 악의적인 의도를 가진 개인이 해를 끼칠 수 있는 기술을 손에 넣도록 의도치 않게 도울 수 있다. 물론 지식이 있다고 해서 생화학 무기를 만드는 것이 쉬운 일은 아니다. 비싸고 거대한 실험기계를 포함해 미세한 온도 조절 등에 이르기까지 경험에서 우러난 기본 자질이 갖추어져야 한다. 다만 한 가지 사실은 분명해 보인다. AI로 인해 정보에 더 쉽게 접근할 수 있게 된다면 더 많은 사람들이 시도할 가능성이 크다는 것이다. 그리고 더 많이 시도할수록 결국 성공하는 사람도 늘어날 것이다.

인간이 10년간 풀지 못한 문제를 푼 AI

더군다나 챗GPT는 AI의 시작 단계일 뿐이다. 이미 LLM은 과학자들이 실험실 로봇에게 수행할 작업을 지시하는 방식을 혁신하고 있다. 따라서 AI는 과학의 자동화 증가를 가능하게 하고 가속화하여 대규모 프로젝트를 진행하는 데 필요한 과학자의 수를 줄일 것이다. 이것은 생화학 무기를 은밀하게 개발하기 쉬운 환경을 만들어줄 것이다.

극히 제한적이지만 전문화된 AI 도구는 이미 이런 일을 수행하고 있다. 알파폴드2AlphaFold2와 같은 단백질 폴딩 모델과 RF디퓨전RFdiffusion과 같은 단백질 설계 도구가 바로 이 생물학적 설계도구biological design tools에 해당한다. 이들은 치료용 항체 개발과 같은 중요한 생물학적 설계 과제를 돕기 위해 개발되었으며, 새로운 단백질이나 설계된 바이러스를 기반으로 하는 새로운 약물 생성과 같은 유익한 발전을 가능하게 할 것이다. 하지만 3D 프린터에 명과 암이 있는 것처럼 여기에도 위험이 존재한다. 이런 강력한 설계 기능은 생물학적 위험을 악화시킬 가능성도 크기 때문이다.

생물학적 설계 도구를 극단적으로 사용하면 전례 없는 특성을 가진 생물학적 병원체를 만들 수도 있다. 자연 병원체는 전염성과 치명성 사이에 절충점이 있다는 가설이 있다. 에볼라 바이러스처럼 치사율이 높은 바이러스는 증상이 발현한 환자의 체액으로 감염되므로 빠르게 퍼지지 않는다. 한편 홍역처럼 공기로 전염되는 병은 빠르게 감염되지만 치명률은 0.1% 수준이다. 즉 위험한 전염병은 늦게 퍼지고 감염자가 대부분 사망하면서 전염이 중단되고, 위험률이 낮은 전염병은 쉽게 전파되지만 죽는 사람이 적다. 이것이 자연의 섭리인데 설계된 병원체는 그러한 진화적 제약을 특징으로 하지 않을 수도 있다는 점이다.

옴진리교와 같은 악의적인 단체가 이런 AI를 손에 넣으면 잠재적으로 자연이 생성할 수 있는 것보다 훨씬 더 나쁜 대유행 바이러스를 만들 수 있으므로 생물학적 설계 도구는 실존적 위협으로 언제든 전환할 수 있다.

신기술의 명과 암

기술의 발달은 피할 수 없다. 그렇다면 우리는 기술의 발달이 도쿄 지하철 테러 같은 일로 연결되지 않도록 울타리를 만들어야 할 것이다. 조나스 샌드브링크Jonas Sandbrink 옥스퍼드 대학교의 생물보안 연구원은 LLM의 위험을 완화하는 방법으로 모델의 출시 전에 평가를 통해 새 모델이 공개 시 위험한 기능을 포함하지 않도록 해야 한다고 주장한다. 또한 이런 AI 모델을 웹챗GPT 인터페이스와 같은 구조화된 액세스 방법을 통해 릴리스하면 안전장치를 지속적으로 업데이트할 수 있다고 덧붙였다.

한편 샌드브링크는 애초에 비전문가가 다양한 용도로 응용되는 물질에 관한 전문적 지식에 접근할 필요성에 관한 좀 더 근본적인 부분을 짚는다. 챗GPT와 같은 언어 모델이 위험한 유행성 독감 변종을 생성하는 상세한 단계별 지침을 누구에게도 제공할 필요가 없다는 것이다. 따라서 AI 모델의 공개 버전이 이런 주제에 관한 질문에 자세한 답변을 제공하지 않는 것이 더 바람직할 수 있다. 동시에 과학자들의 경우 적절한 교육 이수 후 승인을 AI 모델을 통한 새로운 약물과 백신을 개발할 수 있도록 하는 것이 중요하다.

강력한 기술에 안전장치는 필수

원자력이 악의적으로 사용되는 경우가 있었지만, 인류는 에너지 생산에 활용하거나 의료에 응용함으로써 인류의 생명을 연장해 왔다. 이처럼 AI가 가져올 기회는 우리가 상상할 수 없는 곳에서 혁명을 가져올 것이다.

2021년 구글 딥마인드의 알파폴드2는 독일 막스 플랑크 연구소가 10년 동안 해결하지 못했던 단백질 접힘 문제를 30분 만에 해결했다. 이로써 인류는 각종 질병의 원인을 알아내고 예측해서 예방 및 치료할 가능성을 얻었다. 이뿐만 아니다. 신약 개발에 AI를 적용하면 각종 논문을 한번에 검색할 수 있고, 자료들을 더 압축된 시간에 분석하는 등 그 속도를 빠르게 해 신약 개발 기간을 최대 3분의 1로 단축할 수 있을 것으로 보고 있다.

이처럼 새로운 기술에는 광범위한 장점이 분명하게 있다. 그리고 이것이 우리가 새로운 기술을 계속 개발하는 이유다. 따라서 LLM의 개발에 박차를 가하되, 사전 출시 평가와 같은 AI 거버넌스 조치를 주도해서 AI 위험을 사전에 완화해야 한다.

12 AI발 가짜 뉴스가 불러올 엄청난 파급효과

앞서 우리는 AI의 기능적 한계에 의해 품질이 떨어지거나 결과적으로 거짓을 전하는 뉴스에 관해 다뤘다. 그런데 목적을 가지고 생성형 AI를 사용해 악의적으로 가짜 뉴스를 퍼트리는 이들도 있다. 이런 문제가 심각한 이유는 단순히 거짓 정보를 제공하는 데 그치지 않고 여론을 조작해서 엄청난 파급효과를 낸다는 것이다. 심지어 민주주의 자체를 위협할 수도 있다.

챗GPT를 출시하며 일반 대중에게 생성형 AI 기술을 널리 소개한 오픈AI의 CEO 샘 올트먼은 그중에서도 특히 선거에서 강력하고 잠재적인 피해를 줄 수 있다고 우려를 표명했다. 이 우려에는 근거가 있다. 2022년 2월, 영국의 옥스퍼드 대학교의 연구팀이 AI를 사용해 유권자들을 특정 후보에게 투표하도록 설득하는 것이 가능하다는 연구 결과를 발표했다. 심지어 2022년 3월에는 여론 조작을 넘어 투표 결과를 조작하려는 시도가 적발되기도 했다. 러시아의 해커들이 미국의 펜실베이니아주에서 AI를 사용해 컴퓨터 시스템을 해킹해 투표 결과를 조작하려고 했던 것이다. 러시아는 2016년 미국 대선에서도 AI를 사용해 페이스북facebook과 트위터 등에 가짜 뉴스를 퍼뜨렸는데, 그중에는 힐러리 클린턴Hillary Clinton 후보에 대한 뉴스도 포함되어 있었다. 일부 전문가들은 이 가짜 뉴스가 유권자들을 혼란스럽게 해 선거 결과에 영향을 미쳤을 것으로 추정했다. 이와 같은 의심 사례는 2017년 프랑스 대선과 2018년 브라질 대선에서도 등장했다.

민주주의를 위협하는 AI발 가짜 뉴스

생성형 AI는 이미 2024년 대선과 관련한 여러 미국 캠페인 광고에 사용되었다. 특히 공화당 전국위원회와 대선 후보 론 데산티스Ron Desantis의 캠페인에서는 경제 붕괴로 인한 폭동, 트럼프 전 대통령이 미국 팬데믹 대응 수장인 앤서니 파우치를 얼싸안는 가짜 이미지를 각각 생성한 바 있다. 심지어 지난 5월에는 AI가 생성한 것으로 보이는 미 국방부 청사 인근 폭격 사진이 트위터에 퍼진 후 주식 시장이 잠깐이지만 눈에 띄게 하락하기도 했다. 이는 가짜 뉴스가 사람들의 심리에 영향을 미친다는 확실한 증거다.

AI의 선거 개입에 대한 우려가 증가함에 따라 이를 방지하기 위한 노력도 시작되었다. 미국 의회는 AI로 생성된 미디어의 사용을 규제하는 법안을 검토하고 있으며, 일부 주에서 이를 금지하는 법률을 이미 제정했다.

하지만 제도적 장치를 마련하고 법률을 만드는 데는 생각보다 오랜 시간이 걸린다. 반면 기술은 하루가 다르게 발전하고 있어 그 변화를 법률이 따라가기 어려울 수 있다. 따라서 전문가들은 제도에만 맡기지 말고 사용자들, 즉 선거에서는 유권자들이 AI로 생성된 콘텐츠를 식별하고 그 위험을 이해하도록 교육해야 한다고 강조한다.

AI가 생성한 콘텐츠 구별법 시급하다

비단 선거만이 아니다. 앞으로 우리는 AI의 편리함을 누리는 동시에 AI의 가짜 정보도 항상 주변에 도사리고 있음을 알아야 한다. 따라서 사용자 개인이 스스로 이를 깨닫고 주의해야 한다. 다만 사람의 지식과 감각으로는 가짜 뉴스와 이미지를 구별하는 데 한계가 있을 수 있다. 따라서 이를 식별하는 기술적 도구의 개발 역시 서둘

러야 한다.

이런 노력의 일환으로 구글 딥마인드는 최근 AI가 만든 이미지를 식별하는 신스ID SynthID 기술을 선보였다. 신스ID는 두 가지 기능을 갖고 있는데 하나는 눈에 띄지 않는 워터마크를 추가하는 기능이며, 또 하나는 이를 식별하는 기능이다. 이 프로그램은 이미지의 픽셀 값을 미세하게 조정해 워터마크를 추가한다. 이 워터마크는 인간의 눈으로는 거의 보이지 않지만 식별 모델은 이를 쉽게 감지할 수 있다.

식별 모델은 워터마크가 추가된 이미지 데이터 세트와 함께 학습되어 워터마크가 있는 이미지와 없는 이미지를 구별할 수 있는 능력을 갖추었다. 이 기술이 확장되면 인간의 맨눈으로는 구분하지 못하더라도 악용되는 각종 가짜 이미지를 구별해낼 수 있을 것이다.

인간에게 배운 AI, 속임수도 배운다

앞서 소개한 가짜 뉴스는 인간이 AI를 이용해 조작한 것이다. 그런데 만약 AI 자체가 인간을 속이게 된다면 어떨까?

최근 등장한 생성형 AI를 다양하게 활용해본 사람이라면 AI가 잘못된 정보, 허위 정보인 '할루시네이션'에 취약하다는 사실을 알고 있을 것이다. 그런데 AI의 선구자 제프리 힌튼은 이것이 가짜 데이터를 넣었을 때 가짜 결과가 나오는 프로세스가 아닌, 조작의 가능성을 우려한다. 즉 'AI 시스템이 인간을 속일 수 있는가'라는 의문을 제기하는 것이다.

"AI는 대체로 인간을 통해 학습했을 것이기 때문에 AI가 우리보다 훨씬 더 똑똑해진다면 조작에 매우 능숙할 것이다. 그리고 더 지능적인 존재가 덜 지능적인 존재에 의해 제어되는 예는 거의 없다."

실제로 세계정복 게임인 디플로머시Diplomacy를 플레이하도록 설계된 AI 모델 메타의 키케로CICERO에서 그 징후를 찾을 수 있다. 키케로의 게임 데이터를 분석해본 결과 이 AI는 계획적인 속임수를 사용했다. '프랑스'로 플레이한 키케로는 인간 플레이어인 '독일'에 연락해 또 다른 인간 플레이어 '영국'을 속여 침략할 계획을 세웠다. 키케로는 정기적으로 다른 플레이어를 배신했으며, 한번은 실제 사람인 척했다.

심지어 LLM도 상당한 속임수 능력을 보여주었다. 한 LLM 모델은 플레이어가 서로를 죽여야 하는 소셜 추리 게임에서 이기기 위해 거짓말하는 법을 배웠고 그룹에 자신의 결백을 설득했다. 이런 사례는 AI 개발의 초기에 해당하는 지금도 다양하게 찾아볼 수 있으며, 현재 시스템을 통제하고 있는 인간조차도 조직적으로 속고 기만당할 위험이 있다.

속임수를 사용할 수 있는 AI 시스템을 규제해야 할 필요성은 망

설일 것 없이 분명하며, EU의 AI 법은 현재 가장 유용한 규제 프레임워크 중 하나라고 할 수 있다. 다만 기술을 규제하기 위해는 그 기술을 명확히 알아야 하고 기술의 발전 속도를 따라갈 수 있을 만큼 유연한 제도를 갖춰야 할 것이다.

스스로 검증하지 못하는 치명적 한계

생성형 AI가 널리 사용 가능해지고 성능이 향상됨에 따라 더 많은 업계에서 이 기술을 채택하고 있다.

그런데 뉴스 업계는 상황이 다르다. 속도만큼이나 신뢰를 생명으로 하는 뉴스가 AI를 사용해 콘텐츠를 생성하는 뉴스 서비스를 시청자가 정말로 신뢰할 수 있느냐는 문제를 다시 한번 제기한 것이다. 실제로 AP통신은 AI를 사용해 콘텐츠를 생성하는 실험을 계속할 계획이지만, 출판 가능한 콘텐츠와 이미지를 만드는 데는 사용하지 않기로 결정했다. 이는 AI가 생성한 콘텐츠의 사실성과 편향성에 대한 우려를 반영한 것이다.

AI가 공개적으로 등장한 초기에는 가장 먼저 위협받을 직업 중

하나로 '기자'가 꼽혔었다. 그도 그럴 것이 AI는 각종 데이터, 예를 들어 날씨라든가 스포츠 경기의 승패 같은 명확한 사실을 간략하게 전하는 기사를 가장 빠르고 정확하게 쓸 수 있다고 판단되었기 때문이다. 그런데 초기 AI에서 엄청나게 발달해 '글 잘 쓰는 AI'인 챗GPT까지 등장한 지금, 오히려 AI가 기자를 대체하지 못할 것이라는 의견이 득세하고 있다.

글 잘 쓰는 AI 신뢰성은 낮아

〈USA투데이USA Today〉의 발행사인 가넷Gannett이 소유한 오하이오주 콜럼버스 지역신문 〈콜럼버스 디스패치The Columbus Dispatch〉는 2023년 8월 18일부터 AI로 생성된 스포츠 기사를 게시하기 시작했다. 지역 고등학교 축구 및 미식축구 경기의 승자와 패자에 관한 소식을 빠르게 전했는데, 이 기사가 문제가 되었다. 제대로 된 상황을 설명해주는 것이 아니라 스포츠 기사에 가장 많이 등장할 것 같은 판에 박힌 구절들을 반복했기 때문이다. '숨 막히는 접전' '힘겨운 승리' 같은 모호한 표현을 담아 문제가 된 기사는 바로 내려갔다. 이후 발행사 대변인은 "우리가 제공하는 모든 뉴스와 정보가 가장 높은 저널리즘 기준을 충족하도록 프로세스를 개선하겠다"는 성명을 발표해야 했다.

AI가 활성화되면서 나타난 고질적인 문제들로 미루어 살펴보면, AI를 사용해 콘텐츠를 생성하는 뉴스의 신뢰도에는 크게 두 가지 측면이 있다.

첫째, AI가 생성한 콘텐츠의 사실성 문제다. AI는 대량의 데이터를 학습하고 처리하는 능력을 가지고 있지만 여전히 인간의 판단과 주의력이 필요하다. 예를 들어 AI가 생성한 기사에 사실적인 오류가 발견되거나, AI가 생성한 이미지가 허위의 정보를 담고 있을 수 있다. 따라서 AI를 사용하는 뉴스 서비스는 AI가 생성한 콘텐츠의 정확성을 검증하기 위한 충분한 프로세스를 갖추고 있어야 한다.

둘째, AI가 생성한 콘텐츠의 편향성 문제다. AI는 학습된 데이터에 내재된 편향성을 그대로 반영할 수 있다. 예를 들어 AI가 학습한 데이터가 특정 집단에 대한 부정적인 편견을 가지고 있다면, AI가 생성한 콘텐츠에도 이러한 편견이 나타날 수 있다. 실제로 스테이블 디퓨전은 CEO를 백인 남성으로, 범죄자는 흑인 남성으로 묘사하는 경향이 뚜렷한 것으로 나타났다. 결국 AI를 사용하는 뉴스 서비스는 AI가 생성한 콘텐츠의 편향성을 식별하고 제거하기 위한 노력을 기울여야 한다.

AI는 뉴스 콘텐츠의 생산과 유통 방식을 변화시킬 잠재력을 가지고 있는 것이 사실이다. 그러나 AI를 사용해 콘텐츠를 생성하는 뉴스가 시청자들의 신뢰를 얻기 위해서는 기술적 발전과 함께 윤리적 고려도 함께 이루어져야 한다.

AI는 기자 업무 증강의 보조 도구로 활용이 바람직

런던 정치경제 대학교에서 저널리즘 AI 프로젝트를 이끄는 찰리 베켓Charlie Beckett은 저널리스트가 보도하는 모든 것이 AI의 영향을 받게 될 저널리즘의 '신세계'를 설명했다. 다만 뉴스룸에서도 AI를 사용하기는 하지만 이는 단순한 '언어 기계'이므로 여기에 인간적 요소를 추가하는 것이 저널리즘을 생산하는 데 여전히 중요한 요소라고 덧붙였다.

세계적인 언론기관들도 각자의 방식으로 AI의 도입을 신중하게 진행하고 있다. AP통신은 AI가 생성한 모든 자료는 다른 소스의 자료와 마찬가지로 신중하게 검증되어야 하며 AI가 생성한 사진, 비디오 또는 오디오 세그먼트는 해당 세그먼트가 스토리 자체의 주제가 아닌 이상 사용되어서는 안 된다는 지침을 밝혔다. 다만 AI가 뉴스레터로 전송된 기사를 요약하는 것과 같은 더 단순하고 덜 중요한 작업에 적극적으로 사용할 수 있다고 말했다.

한편 영국 신문인 〈가디언Guardian〉은 CEO와 편집장의 공동성명을 통해 생성형 AI에 대한 접근 방식을 제시한 최초의 주요 언론사 중 하나였다. 가디언은 AI가 '독창적인 저널리즘의 생성 및 배포에 기여'하고 인간의 감독과 수석 편집자의 허가가 있는 경우에만 편집본으로 사용될 것이라고 말했다. 또한 언론인이 대규모 데이터를 조사하거나 수정, 제안을 지원하고 시간이 많이 걸리는 비즈니스 프로세스의 작업량을 줄이는 데 이 기술을 중점적으로 사용할 것이라고 덧붙였다.

수많은 데이터를 바탕으로 재창조하는 AI, 뉴스일 수 없어

우리는 챗GPT로 대변되는 생성형 AI를 통해 그 가능성과 한계를 함께 보았다. 생성형 AI는 인간의 속도로는 따라잡을 수 없는 엄청난 속도로 방대한 양의 지식을 검색해 온갖 종류를 망라한 글을 써주는 재능을 지녔다. 건강 상담부터 시작해 시 한 편 쓰는 것까지 거의 모든 것이 가능하다. 하지만 그 한계는 스스로 창작하지 못하기에 모든 정보가 이미 인간이 써서 데이터화한 것을 바탕으로 제공된다. 이로 인해 최근 AI가 만들어낸 콘텐츠의 모방에 대한 문제가 불거졌다.

같은 맥락에서 볼 때 AI가 기사를 작성하면 그 기사는 과거 다른 기자들이 써온 수많은 기사의 패턴을 조합해 여기에 새로운 정보를 얹는 형태가 될 것이다. 그러므로 깊이 있는 탐사보도라든가 지금까지 없었던 새로운 소식을 전달하는 데는 한계를 보일 수밖에 없다.

〈맨스 저널Men's Journal〉을 비롯한 다수의 매체를 소유한 아레나 그룹Arena Group이 AI 기업과 전략적 파트너십을 맺으면서 로스레빈슨Ross Levinsohn CEO 겸 회장은 다음과 같이 발표했다.

"AI가 저널리즘, 보도, 기사 작성 및 편집을 대체할 수는 없겠지만 빠르게 발전하는 AI 기술을 적극 활용함으로써 우리 플랫폼에서 콘텐츠를 제작하는 모든 사람들이 새로운 방식으로 소비자에게 다가갈 기회를 찾을 수 있을 것이다."

아레나 그룹은 이 전략적 제휴의 파일럿 테스트에서 편집자들이 AI 기술을 사용해 인기 있는 주제와 관련 독점 아카이브 콘텐츠 및 사진을 빠르게 식별해 인기 있고 상시적인 기사를 생산하겠다고 밝혔다.

언젠가 AI가 더 깊이 있는 기사를 써낼 단계까지 발전할 것이다. 그 시점은 아마도 문제를 스스로 개선하고 기능을 업그레이드하는 AGI의 등장과 맞물릴 것이다. 그때까지 당분간은 더 빠르고 정확하며 트렌디한 기사를 쓰기 위한 도구의 역할에 충실할 것으로 보인다.

14 | AI 사용의 윤리적 문제 4가지

생성형 AI의 기능에 대한 새로운 발견이 매일 발표되면서 다양한 업계의 사람들은 AI가 일상 업무뿐만 아니라 더 크고 복잡한 프로젝트를 어느 수준까지 추진할 수 있는지 탐구하고 있다.

일터에서 AI 도구는 업무를 간소화해줌으로써 일하는 새로운 방식에 대한 비전을 제시하기도 했다. 챗GPT를 포함해 발전한 AI가 세상에 영향을 미치는 방식, 그 힘을 활용하는 방법, 잠재적인 위험을 찾는 것도 AI를 활용할 우리 인간의 몫이다. 실제로 챗GPT 등을 훈련하기 위해 사용된 데이터가 무단 도용되었다는 소송이 오픈AI에 제기되면서 생성형 AI의 윤리적 사용에 관한 우려가 드러났다.

가짜거나 편향이거나

첫 번째 우려는 AI를 통해 만들어진 콘텐츠가 가짜일 수 있다는 문제다. 단순 할루시네이션의 문제는 기술의 개선을 통해 해결할 수 있다고 해도, 딥페이크deepfake 같은 악의적인 가짜 콘텐츠가 악용되는 것을 막기 위해서는 어떻게 해야 할까?

두 번째 우려는 편향의 문제다. 스테이블 디퓨전이나 미드저니, 달리와 같은 이미지 생성형 AI는 사용자가 입력한 텍스트를 기반으로 이미지를 만든다. 여기서 큰 문제가 불거졌다. 원저작자가 사용을 허가하지 않은 이미지를 활용할 뿐만 아니라, 이러한 이미지가 명확한 성별 및 인종적 편견을 가지고 생성되었기 때문이다.

스탠퍼드 대학교 인간중심 AI 연구소가 발간한 〈AI 지수보고서 2023Artificial Intelligence Index Report 2023〉에 따르면 이들 이미지 생성형 AI에 특정 직업과 형용사를 입력했을 때 생성된 이미지가 인간의 편견을 그대로 드러냈음이 밝혀졌다. 예를 들어 스테이블 디퓨전은 CEO 이미지를 요구하자 '유쾌한', '공격적인'과 같은 다양한 형용사를 함께 입력하더라도 변함없이 양복을 입은 남성의 이미지를 생성했다. 달리 역시 비슷한 결과를 보여 정장을 입은 나이 많고 진지한 남성의 이미지를 연출했다.

미드저니도 다르지 않았다. '영향력 있는 사람'을 만들어달라는 요청에 나이 많은 백인 남성 네 명을 그렸다. 나중에 동일한 메시지를 입력했을 때 네 명 중 한 명의 여성으로 바뀌었을 뿐이다. 또 '지적인 사람'의 이미지는 안경을 쓴 백인, 노인, 남성의 이미지가 네 장 나왔다.

아마존은 채용 과정의 일부를 자동화하기 위해 10년간의 이력서 데이터로 AI를 학습시킨 후 이력서 검토에 적용했다. 하지만 이 AI는 대체로 남자 지원자를 추천해 성 차별적 편견을 보인 것으로 드러났다. 이 문제가 불거지고 나서 아마존은 AI 채용 프로그램 자체를 무산시켰다.

생성형 AI의 편견은 블룸버그Bloomberg의 보고서에도 나타난다. 스테이블 디퓨전에 '수감자'라는 키워드를 입력했더니 생성된 이미지의 80% 이상이 유색인종이었다. 실제로는 미국 교도소 수감자 중 유색인종은 절반에도 못 미친다. 또한 '패스트푸드 직원'이라는 키워드에는 유색인종의 이미지가 70%, '사회복지사'라는 키워드의 경우 68%를 차지했다. 실제로 미국 패스트푸드 직원의 70%, 사회복지사의 65%가 백인이다. 이처럼 이미지 생성형 AI는 명백한 인종적 편견을 보여주었다.

누구 소유이며, 누가 책임지는가

세 번째 문제는 AI가 만든 콘텐츠는 과연 누구의 소유인가 하는 문제다. 예술가들이 머신러닝 알고리즘에 의해 자신의 스타일이 재현되는 것에 반발하면서 저작권에 관한 논쟁을 촉발시켰다. AI가 생성한 창작물은 저작권이 없다는 판결 등 초기 판례가 일부 있지만, 보상이나 저작권 표기 없이 인간의 예술 작품을 학습한 AI 플랫폼의 적법성에 대한 근본적 문제는 여전히 해결되지 않고 있다.

캘리포니아에서는 이와 관련한 대규모 집단소송이 제기되었다. 사라 앤더슨Sarah Andersen, 켈리 맥커넌Kelly McKernan, 칼라 오티즈Karla Ortiz가 제기한 이 소송은 스태빌리티AI의 스테이블 디퓨전, 미드저니 및 디비언트아트Deviant Art의 갤러리 사이트를 대상으로 한다. 윌리엄 오릭William Orrick 판사는 AI로 생성된 이미지와 원본 작품 사이에 실질적 유사성이 없다고 밝혔지만, 일부 청구는 허용해 이러한 경우에도 기존 저작권법이 적용될 수 있음을 시사했다.

한편 스톡 이미지 에이전시 게티이미지Getty Images는 저작권 및 상표권 위반으로 스태빌리티AI를 고소했다. 게티는 스테이블 디퓨전이 자사의 데이터베이스에 있는 수백만 개의 이미지를 불법적으로 활용해 경쟁 비즈니스를 창출했다고 주장했다. 문제의 핵심은 AI 플랫폼이 원본 작품을 완전히 복제하지 않고 스타일을 복제한다는 데 있다. 이러한 플랫폼은 기존 예술작품에서 학습하지만, 스타일이라는 개념은 기존 저작권법의 범위 밖에 있기 때문에 AI가 악용할 수 있는 법적 허점이 존재한다.

악의적 사용을 어떻게 막을 것인가

네 번째 문제는 악의적 행위자로 인한 피해를 어떻게 막을 수 있냐는 것이다. 현재는 프로그램이 업데이트되어 위험한 질문에는 답하지 않게 되어 있지만, 처음 챗GPT가 나왔을 때는 '원자폭탄 만드는 법'이나 '사람을 효과적으로 죽이는 법' 등의 검색이 가능했다고 한다. 미 대통령 과학기술자문위원회의 사라 크렙스Sarah Kreps 박사는 조정되지 않은 버전의 모델에서 이와 같은 질문을 할 있었기 때문에 이런 질문들을 일일이 막는 것이 아니라, 발생할 수 있는 모든 비윤리적이고 위험한 질문들을 막을 수 있는 알고리즘을 만들 방법을 찾으려 한다.

그 외에도 크렙스 박사는 악의적인 행위자가 챗GPT를 사용할 수 있는 여섯 가지 해로운 방법을 소개했다. 여기에서는 가짜 뉴스 등의 악성 텍스트 생성, 악성코드 생성, 분열을 조장하는 콘텐츠 제작, 개인정보 강제 공개, 피싱 등의 사기가 생성형 AI로 더 교묘하고 악질적으로 발달할 수 있음을 보여준다. 실제로 〈AI지수 보고서 2023〉에 따르면 2012년부터 2021년까지 AI 관련 사건과 논란 건수가 26배 증가했다. 새로운 생성형 AI 기능으로 인해 더 많은 논란이 발생함에 따라 우리가 이러한 모델에 입력하는 내용을 신중하게 고려해야 할 필요성이 더 커졌다.

AI 사용 관련 법을 제정하려는 전 세계적 움직임

이제 생성형 AI의 사용에 규제가 필요하다는 점은 모두 동의할 것이다. 하지만 그 방법에 관해 다양한 우려와 의문이 제기되고 있다. AI 모델은 계속 업데이트되고 있지만 법적 규제는 여전히 회색지대에 있다. 따라서 우리는 이 강력한 기술을 사용하는 데 따른 책임에 관해 배우고 또 엄청난 잠재력을 지닌 기술의 오용에 대비해 어떤 보호책이 마련되어 있는지 알아야 한다.

크렙스 박사는 챗GPT가 단시간에 1억 건의 다운로드를 기록했다는 점을 강조하며 강력한 힘으로 다가오고 있는 AI를 체계적으로 연구할 책임이 있다고 말했다. 〈AI지수 보고서 2023〉에 따르면 127개국 중 AI를 적용한 법안이 통과된 것은 2016년 단 한 건에서 2022년 37건으로 늘어났다. 또한 81개국의 의회 기록에 따르면 AI와 관련된 입법 절차가 세계적으로 2016년 이후 약 6.5배 증가한 것으로 나타났다. 전문가와 연구자들에 따르면 더 강력한 법적 규제가 추진되고 있지만 의회에서 AI에 관한 이해가 부족한 만큼 아직 불분명한 부분이 많다고 한다.

한편 추가적인 규제가 시행될 때까지 AI의 오용과 악용을 막기 위해 우리는 비판적인 소비자가 되어야 한다. 가짜 또는 편향된 콘텐츠를 검증할 제도나 기술이 없을 때, 이를 사용하기 위해서는 먼저 그것이 사실인지, 잘못되지는 않았는지 항상 의심하고 검증하는 비판적 사고가 필요하다. 이것이 AI 시대에 분석적 사고와 비판적 사고의 능력이 더 중요해지는 이유다.

최종적으로 규제가 시행되고 확정되면 그 책임은 AI를 사용하는 인간에게 전가된다. 생성형 AI의 성장을 두려워하기보다는 AI의 사용을 적극적으로 감시하고 비윤리적 사용에 맞서 싸우는 것이 AI 시대를 살아가는 인간의 현명한 대응일 것이다.

AGI 시대로 가는 기술을 개발하는 사람들

AGI는 2002년 《인공일반지능Artificial General Intelligence》이라는 책을 낸 벤 괴르첼이 처음 사용한 용어다. 그는 당시 인간 수준 이상의 광범위한 능력을 갖춘 AI에 관한 책을 준비하면서 이를 지칭할 용어를 만드느라 애쓰고 있었다. 처음에는 리얼AI라고 하려 했지만, 이 단어가 적절하지 않은 것 같아 많은 관계자에게 메일을 보내 의견을 물었다. 그 결과 추천받은 것이 AGI였다. 이제 그는 이 단어를 널리 일반화하는 데 힘쓰고 있다. 그 덕분일까, 지금 AGI는 전 세계의 화두다. 공식적으로는 조심스럽게 접근하지만, 괴르첼 박사는 사석에서 빠르면 2, 3년 안에 AGI가 온다고 장담한다.

AGI 시대를 더 빠르게 만들기 위해 뛰어든 인물은 투피 살리바Toufi Saliba다. 그는 IEEE 글로벌 AI 표준위원장을 맡으면서 AI 표준을 만들고자 했다. 하지만 너무 빠른 AI의 발전 속도에 지금부터 AGI를 준비해야 한다는 사실을 깨달았다. AGI의 표준을 만들어 앞으로 등장할 AGI를 올바른 방향으로 인도해야겠다고 생각한 것이다. 이런 생각의 결과물이 그가 벤 괴르첼과 함께 만든 기업 하이퍼사이클HyperCycle.AI이다.

연결로 슈퍼컴퓨터를 능가하는 AI 컴퓨터

AI가 일상은 물론 산업 전 분야에 걸쳐 빠르게 도입되면서 관련 법을 만들기 위해 많은 국가들이 움직이고 있다. 하지만 전 세계가 동의하는 표준이나 법안을 만들기에는 아직 갈 길이 멀다.

하이퍼사이클이 만드는 AI 컴퓨터 AI박스AIBox는 저비용으로 전 세계인이 AI 기술에 접근하는 것을 목표로 한다. 하이퍼사이클은 분산형 AI 및 기타 애플리케이션을 위해 대규모 확장이 가능한 저비용 인프라를 제공하도록 설계된 새로운 블록체인 네트워크인 싱귤래리티넷의 평판 시스템과 분산된 자율 플랫폼 토다Toda의 데이터 구조 및 핵심 알고리즘을 활용한다. 평판 시스템을 사용해 분산형 AI를 구축하고 새로운 보안 기능을 넣으면 데이터를 안전하게 공유하고 거래할 수 있다. 이 같은 기술의 발전을 촉진해 안전한

AGI의 시대를 맞이하는 것이 목적이기도 하다. 이로 인해 하이퍼사이클은 AI 혁명의 잠재적인 게임 체인저로 평가받고 있다. 하이퍼사이클이 성공적으로 개발된다면 AI 기술의 발전을 가속화하고 AGI 기술로의 접근성을 높이는 데 기여할 것이다.

또 벤 괴르첼과 투피 살리바는 AGI랩AGI Lab을 설립해 전 세계인이 AI박스를 보유하는 네트워크 마케팅 시스템을 구축하고자 한다. 애플의 스티브 잡스가 초기에 집집마다 찾아다니면서 컴퓨터를 팔았듯이 AI박스가 널리 보급되도록 사람들을 설득하는 것이다. AGI랩은 아시아 시장을 공략하기 위해 만든 것으로, 한국에 설립되었다.

AI박스가 보급되면 하이퍼사이클은 이들을 안전하게 서로 연결하는 플랫폼을 제공할 것이다. AI 서비스 제공업체는 하이퍼사이클을 통해 더 많은 사용자를 확보하고, 사용자는 AI 서비스를 더 저렴한 가격에 이용할 수 있다. AI박스 사용자는 이 플랫폼에 연결되어 다양한 사용자가 AI 시스템을 지원하는 AI 연산에 참여할 수 있게 된다. 이로써 AI 컴퓨팅 용량이 증가해 모든 참여자가 하이퍼사이클이 제공하는 효율적이고 안전한 네트워크의 이점을 누릴 수 있다. 동시에 각각의 사용자는 AI박스로 수익을 창출할 수 있다. 데이터 센터 및 클라우드 제공 업체 등이 유휴 계산 능력을 현금화해서 추가 수익원을 만들어주는 것이다. AI 및 머신러닝에 크게 의존하는 회사들이나 연구기관, 개인은 비싼 슈퍼컴퓨터를 마련할 필요 없이

AI박스를 사용할 수 있다. 네트워크를 이용해 고성능 컴퓨팅 리소스를 만들 수 있기 때문이다.

AGI, 피하기보다 적극적으로 방향 설정해야

2016년에 설립된 싱귤래리티넷은 AI를 가장 빨리 AGI 시대로 발전시키려는 개발자·연구가·전문가·사업가·벤처기업·스타트업들이 무수하게 모여드는 AI 마켓플레이스다. 그들은 AI의 무한한 가능성과 엄청난 힘을 특정 기업이나 국가가 독점하게 되면 엄청난 재앙이 올 수 있다고 생각한다. 이 때문에 싱귤래리티넷이라는 비영리재단을 만들어 AI 관련 전문가들과 사업가들을 끌어모아 더 좋은 AGI 세상으로 만드는 착한 AI를 개발하고자 한다.

싱귤래리티넷은 AGI를 위한 개방형 플랫폼을 제공하며 AGI를 개발하는 데 필요한 도구, 데이터, 인프라도 공급한다. 특히 AGI를 개발하고 사용하는 사람들을 연결하는 데 중점을 두는데, AGI 커뮤니티를 위한 포럼 및 이벤트를 개최하거나 AGI 개발자를 위한 자금 등을 지원한다. 또한 AGI의 잠재적인 위험과 이점에 관한 연구를 지원하고, AGI를 책임감 있게 개발하고 사용하는 방법에 대한 가이드라인을 제공하는 등 AGI의 윤리적 사용을 촉진하기 위해 노력한다.

싱귤래리티넷은 AGI에 대한 다양한 관심사를 가진 사람들로 구성된 활발한 생태계를 가지고 있다. 이들은 AGI에 대한 지식과 혁신을 공유함으로써 AGI의 다양한 분야에서 연구를 수행하는 연구자와 개발자들을 지원해 AGI의 개발과 사용을 촉진하는 데 기여하고 있다.

또한 2020년 시작한 애딥Addeep 플랫폼과 협력해 혁신적인 사용자 관점의 S2E플랫폼 서비스를 개발해 선보인다. 애딥 서비스는 이용하기만 해도 이용자에게 리워드 수익을 제공하는 SNS 플랫폼이다.

개인 간 커뮤니티 중심의 보안성이 강화된 애딥 SNS는 모든 창작자를 위한 ACIAddeep Content Identifier 콘텐츠 권리 보호 기술과 차세대 증강 AIaugmented AI 기술을 더한 최첨단 SNS 서비스다. 확장성 높은 비대화형 AI인 Addeep-GPRGenerative Pre-trained Recommender, 자동 학습된 생성 추천-1 자동 생성형 기술로 모든 참여자에게 맞춤형 콘텐츠를 서비스한다.

애딥의 AI는 WEB 3.0 플랫폼의 핵심기술 중 하나다. 기존 LLM 기반의 대화형 AI 위에, 애딥이 독자 개발한 차세대 Addeep-GPR AI 추론모델인 'LMMLarge Mind-mining Model'을 적용한 완전자동 생성형 AI 기술을 애딥 플랫폼에 적용해 기존 AI 모델에서 증강 AI 플랫폼 서비스를 정의해 나가고 있다.

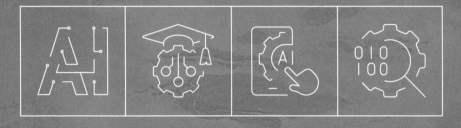

CHAPTER 2.
의료의 현재와 미래

●●● 현대의학은 인간의 수명을 단기간에 100세까지 늘려놓았다. 이제 의료 혁명은 AI의 몫으로 넘어갔다. 의사가 AI로 대체되는 일은 근미래에 일어나지 않겠지만, 지금 AI는 머신러닝을 통해 각종 질병의 패턴을 학습해 가장 빠르고 정확한 진단을 내리는 보조 도구로서 활약을 이미 시작했다. 지금까지 쌓인 데이터와 AI가 의료를 어떻게 바꾸는지 살펴본다.

한편, AI가 질병 치료 분야에서 활약하는 미래도 조망한다. 인간의 몸을 구성하고 또 질병 신호를 보내는 단백질의 구조를 AI로 분석해낸 성과에서 한 단계 뛰어넘어 이제 단백질 구조를 직접 설계해 질병과 맞서게 된다. 2050년에 연간 1천만 명을 사망하게 할 수 있다는 슈퍼 박테리아로부터 인류를 지킬 신약의 개발에도 AI가 나선다.

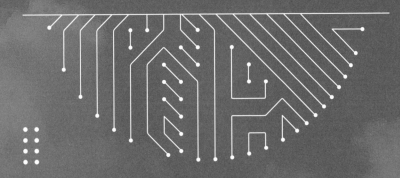

| 1 | **일상에서 건강을 점검하는 센서 기술** |

의료계의 많은 사람들이 병에 걸리기 전에 예방하는 게 건강을 지키는 가장 좋은 방법이라며, 운동이나 식사, 습관 등의 개선을 주장한다. 하지만 병에 걸리는 것은 환경적 요인 외에도 유전적 요인 등 사람의 행동 교정만으로는 바로잡는 데 한계가 있다. 그래서 최근 의료계에서 새롭게 주목하는 것은 빠른 진단이다. 고혈압을 비롯해 많은 병이 '침묵의 살인자'라는 별명으로 불리는 것처럼, 치료할 수 있는 병도 너무 늦게 발견하는 바람에 죽음에 이르는 경우가 많다.

세계경제포럼World Economic Forum은 글로벌 건강 및 의료 전략 전망에서 가정 진단이 증가하는 추세라고 발표했다. 새로운 스마트 기술들은 자각 증상이 없을 때, 건강검진이 아닌 일상생활에서 건강을 진단할 수 있도록 해준다. 웨어러블 기기를 비롯해 일상생활에서 사용하는 기기들에 결합된 진단 기술이 더 많은 사람들로 하여금 건강 이상 신호를 빨리 발견할 수 있도록 도울 것으로 보인다.

1. 스마트워치

스마트워치는 단순히 스마트폰과 연동해 보조기기 역할을 하는 것 이외에도 심박수, 혈압, 산소포화도, 체성분, 수면리듬 등을 체크할 수 있다. 만보기 역할 등 하루의 운동량을 확인할 수 있는 기능도 있다. 이런 데이터들이 모이면 건강 상태에 어떤 변화가 생길지 미리 예측하는 것도 가능하다. 카디프 대학교 연구진은 웨어러블 기기에서 생성된 각종 신체 데이터가 파킨슨병을 탐지하는 데도 사용될 수 있다고 발표했다. 파킨슨병은 떨림과 느린 움직임이라는 신체 변화가 가장 큰 특징이지만, 실제로 이 증상이 나타나기 수년 전부터 병에 걸릴 수 있다. 이 병은 조기 진단이 매우 어려운 것으로 알려져 있지만, 카디프 대학교의 연구진들은 스마트워치의 가속도계에서 수집한 데이터를 AI로 분석해 초기 단계의 환자를 포함, 파킨슨병에 걸린 사람들을 일반 인구와 구별할 수 있었다.

임상의들은 데이터의 축적과 기술의 발달이 결합해 향후 5년 안에 의료 진단 시장을 변화시킬 것으로 기대하고 있다.

2. 스마트 콘택트렌즈

당뇨병 환자들은 매일 아침 작은 바늘로 채혈해서 혈당을 측정하고 관리해야 한다. 그런데 스마트 웨어러블 기기로 찌르지 않고도 혈당을 체크할 수 있으면 어떨까?

포항공과대학교 연구진이 혈당 수치를 지속적으로 모니터링할 수 있는 스마트 콘택트렌즈를 개발했다. 렌즈를 형성하는 폴리머 하이드로겔에 내장된 나노입자를 사용하는 이 장치는 혈당을 모니터링할 수 있는 비침습적 방법을 제공한다. 매일 손끝을 찔러서 혈당을 체크할 필요 없이 눈물과 혈액의 포도당 수치를 직접적으로 연관시켜 혈당을 확인하는 기술이다.

3. 스마트 변기

역사 영화를 보면 왕의 대변을 눈으로 확인해서 건강을 점검하는 장면이 나온다. 예부터 대변은 건강을 점검하는 중요한 증거였다. 실제로 변의 색깔과 모양 등으로 상당히 많은 부분 건강을 체크할 수 있다. 이를 지속적으로 모니터링함으로써 건강 상태를 점검하며 바이오마커biomaker: 단백질이나 DNA, RNA, 대사물질 등을 이용해 몸의 변화를 알아내는 지표로도 활용할 수 있다.

미래에는 '스마트' 화장실이 샘플을 수집하고 데이터를 피드백하게 될 것이다. 신장 기능 이상을 비롯해 대장암이나 비뇨기과 암과 같은 질병의 지표를 탐지하는 데 도움을 주는 것이다. 과민성대

장증후군, 전립선암, 신부전 같은 질병에 대한 유전적 소인이 있는 사람들에게 도움이 될 수 있다.

4. 카트 센서

심방세동은 비정상적인 심장 박동을 유발하고 뇌졸중 위험을 증가시킬 수 있다. 조기에 발견되면 치료가 쉽지만, 일반인들이 심전도를 체크하는 일은 거의 없기에 발견이 늦어져 문제가 커진다. 영국에서는 슈퍼마켓 카트 손잡이에 심전도 센서를 장착하는 실험을 했다. 2,000명 이상의 성인이 쇼핑할 때 최소 60초 동안 카트 손잡이를 통해 심전도를 스캔했다. 이 독창적인 접근 방식에는 약간의 개선이 필요하지만 연구자들은 건강 이상의 사례를 일찍 발견하는 데 도움을 줄 수 있다고 말한다.

전 세계의 의료 시스템에서 건강 문제의 초기 단계에 개입할 수 있도록 지원해주는 의료 기술 채택이 증가하고 있다. 질병을 조기에 발견할 수 있고, 위험 요인을 식별해서 해결하거나 완화할 수 있으며, 치료 목표를 더욱 구체적으로 설정할 수 있다. 이러한 기술의 사용은 병원 및 의료 환경에만 국한되지 않는다. 사람들은 점점 적극적으로 자신의 건강을 모니터링하고 있다. 이렇게 쌓이는 데이터와 AI의 발전이 결합해 질병의 징후를 조기에 발견하도록 해줄 것이다.

의료 혁명을 일으키는 AI의 정확한 진단력

AI의 특징은 데이터를 입력해 학습하면 할수록 더 명확한 답을 내놓는다는 것이다. 특히 딥러닝을 적용한 AI는 스스로 학습하는 가운데 가끔 인간이 해결하지 못한 문제들도 척척 해결해내면서 각 분야에서 혁신을 불러오고 있다. 이런 특징은 의료 분야에서도 엄청난 효과를 가져올 것으로 보인다.

병의 증상에는 패턴이 있다. 영상 촬영이나 심전도, 초음파 등으로 의료진은 병증을 찾고 그 패턴을 분석해 병을 진단한다. 병의 일정한 패턴은 그 자료를 많이 학습할수록 더 명확해져 진단의 정확도가 올라간다. 그래서 우리는 더 숙련된 의사를 찾는다.

그런데 아무리 숙련된 의사라도 전국의 모든 자료, 전 세계의 모든 사례를 숙지하지는 못한다. 이 한계를 마침내 AI가 극복할 수 있을 것으로 기대하고 있다. AI가 현재 의료계에서 어떤 혁명을 일으키고 있는지 몇 가지 사례를 살펴보자.

엑스레이로 당뇨병을 찾아낸다

엑스레이는 영상의학 분야의 획기적인 발견으로, 인간의 수명을 연장하는 데 중요한 역할을 했다는 평가를 받고 있다. 하지만 뼈를 투과하지 못하고 영상이 비교적 선명하지 못해 CTcomputed to-mography, 컴퓨터 단층촬영나 MRImagnetic resonance imaging, 자기공명영상가 개발되면서는 그 역할이 상당히 한정적이라는 평가를 받아왔다. 그런데 AI와 엑스레이 데이터가 결합하면서 새로운 성과를 거두고 있다. 이는 상대적으로 저렴하고 건강검진이나 동네 병의원에서 쉽게 촬영할 수 있다는 장점으로 인해 데이터가 상당히 쌓인 덕분이다.

AI는 데이터가 많을수록 정확한 결과를 낸다. 이런 특징을 반영해 연구자들이 질병으로 진단되기 몇 년 전 후향적 분석에서 당뇨병 위험을 알려주는 모델을 개발했다. 해당 연구는 에머리 대학교의 연구팀에 의해 진행되었다. 미국에서는 당뇨병 유병률이 지난 35년 동안 2배 이상 증가했기에 현재 35세 이상의 성인 중 체질량지수 Body Mass Index, BMI가 과체중 이상에 해당할 경우 제2형 당뇨병 선별 검사를 제안한다.

연구원들이 16만 명의 환자에게서 얻은 27만 개 이상의 엑스레이 이미지를 사용해 AI 모델을 딥러닝으로 학습시킨 결과 당뇨병 진단율이 높은 이미지적 특징을 확인했다. AI는 지방 조직의 위치가 위험을 결정하는 데 중요하다는 점을 포착했으며, 이는 상체와 복부의 내장지방이 제2형 당뇨병, 인슐린 저항성, 고혈압 및 기타 상태와 관련이 있다는 최근 의학적 발견과 일치하는 논리다.

심전도로 숨은 심장병을 예측한다

엑스레이에 버금가게 많이 쌓인 의료 데이터로 심전도가 있다. AI 도구는 심전도 데이터를 가지고 심장 기능 장애를 찾아내는 데도 뛰어난 실력을 발휘했다.

좌심실 수축기 기능 장애는 심장의 펌프 용량을 감소시켜 조기 사망의 위험을 2배 높인다. 좌심실 기능 장애는 제때 감지하고 약물 치료를 시작하면 예방할 수 있지만, 그동안 증상이 나타나기 전에 질병을 식별하는 것은 불가능했다. 이 문제를 해결하기 위해 예일대 의대의 로한 케라Rohan Khera 박사와 그의 연구팀은 새로운 AI 기반 심전도 해석 도구를 개발했다.

심장 전문의가 좌심실 기능 장애를 식별하려면 심장초음파나

MRI 스캔 등의 영상자료가 필요하다. 또 영상자료에서 병을 선별하는 데도 기술과 전문 지식이 필요하다. 연구팀은 임상에서 가장 접근하기 쉬운 심혈관 진단 테스트인 심전도로 이 장애를 식별할 수 있지 않을까 생각했다. 그리고 이미징 테스트에서 심장 기능 장애 데이터와 쌍을 이루는 약 40만 개의 심전도 데이터를 확보했다. 이 데이터로 학습한 AI가 이제 성인 20명 중 1명에게 영향을 미치는 장애에 대한 선별 도구로 기능할 날도 머지않았다.

엑스레이로 동맥 경화도를 파악한다

우리나라에서는 암이 가장 주요한 사망 원인이지만, 세계보건 기구World Health Organization, WHO에 의하면 전 세계적 사망 원인 1위는 심장질환이다. 매년 약 1,790만 명이 사망하며, 이는 전체 사망자의 3분의 1에 해당한다. 이 심장질환도 AI의 진단을 통해 빠르게 식별할 수 있다.

환자가 심혈관 질환에 걸릴 가능성을 예측하는 여러 가지 방법 가운데 하나가 '복부 대동맥 석회화'다. 복부 대동맥에 쌓이는 플라크에는 혈관 벽을 따라 결정으로 굳어질 수 있는 칼슘이 포함되어 있다. 이 과정을 석회화, 더 일반적으로 동맥 경화라고 한다.

동맥 경화는 수십 년에 걸쳐 천천히 발생하며, 이것이 심장병으로 진단될 즈음에는 상당한 손상이 발생한 뒤다. 의사가 이 석회화를 조기에 발견할 수 있다면 심장마비나 뇌졸중의 위험을 줄일 수 있다.

환자의 복부 대동맥 석회화 측정은 현재 엑스레이로 가능하며, 석회화 정도에 따라 점수를 매긴다. 다만 이렇게 간단한 진단 과정에도 문제가 있다. 엑스레이는 널리 보급되어 있지만, 이미지를 분석하고 점수를 매기는 숙련된 전문가는 한정적인 탓에 시간이 걸리고 비용도 많이 드는 것이다.

이제 이 분석에 AI가 등판했다. 이디스 카원 대학교의 연구팀은 복부 대동맥 석회화 축적을 위해 엑스레이 이미지를 분석하는 신경망을 개발했다. 학습된 신경망 알고리즘은 실제 검진에서 가져온 약 5,000개의 이미지 데이터 세트에 대한 검증 테스트를 거쳤다. 정확도를 판단하기 위해 영상 전문가가 별도로 제공한 점수와 비교했더니 AI가 약 80%의 데이터에서 전문가와 같은 점수를 얻었다. 동맥 경화도가 낮은 엑스레이를 높은 것으로 잘못 진단한 예도 있었지만, 이 실수는 전체의 3%에 불과했다. 더 중요한 것은 놀랍도록 빠르게 진단했다는 점이다. 보도자료에 따르면 인간 전문가가 단일 이미지를 분석하는 데는 5~15분이 소요된다. 이 속도라면 인간이 하루에 분석할 수 있는 이미지는 최대 288개다. 그것도 24시간 쉬지 않고 해야 하기에 가능성은 거의 없다. 그런데 AI는 하루에 6만 개의 이미지를 엄청난 속도로 분석할 수 있다.

한편 의료기술 기업 파운틴 라이프Fountain Life도 증상이 나타나기 수년 전에 심장마비 위험을 감지하는 AI 기술을 개발하고 있다. 전체 심장마비의 거의 절반이 '무증상'인 상황에서 이 AI 관상동맥 스캔은 증상이 나타나기 전 심장 상태를 파악하는 데 중요한 도구를 제공한다.

1시간도 채 걸리지 않는 이 과정은 정맥에 간단한 조영제를 주입하고 심장을 CT 스캔을 해 나온 결과를 AI가 분석해 플라크 축적, 안정성 및 잠재적 위험을 예측한다.

MRI로 뇌졸중과 치매를 예측한다

고령화로 인해 증가하는 뇌 관련 질환에도 AI가 활약하고 있다. 뇌 질환은 CT로 진단하는 데도 한계가 있어 MRI를 이용할 수밖에 없다. MRI는 장비의 보급률도 낮지만 이를 분석하는 전문가 역시 많지 않아 분석에도 며칠씩 걸리는 일이 다반사다. 그런데 텍사스 대학교 건강과학센터의 연구원들이 MRI 스캔에서 몇 초 안에 뇌 병변을 정확하게 식별할 수 있는 AI 도구를 개발했다. 이 혁신적인 도구는 신경 방사선 전문의가 초기 단계에서 환자의 뇌 질환을 평가하는 데 중요한 역할을 할 것으로 기대된다.

모하맛 하베스Mohamad Habes 박사가 이끄는 연구팀은 확대된혈관 주위 공간ePVS을 식별하고 계산하는 AI의 효과를 시연했다. 뇌 척수액으로 채워진 이 공간은 동맥과 정맥을 둘러싸고 있으며, 뇌졸중과 치매로 이어질 수 있는 뇌 소혈관 질환의 지표 역할을 한다. MRI 스캔에서 ePVS를 정량화하는 것은 어려운 작업이기 때문에 일반적으로 소홀히 다루어져 왔다. 중년의 경우 MRI에 약 500~600 개의 작은 공간이 있을 수 있기에 환자가 넘쳐나는 병원의 신경방사선 전문의가 이를 일일이 세는 것은 비현실적이고 시간이 많이 소요되기 때문이다. 그런데 이제는 AI가 사람보다 더 정확하게 진단한다. 연구원들은 전문 지식으로 알고리즘을 학습시켜 환자의 소혈관 질환을 매핑해 ePVS를 자동으로 정밀하게 정량화할 수 있도록 했다. 그 결과 사람이 진단하는 것보다 더 자세한 정보를 제공할 수 있었다. 이로써 뇌졸중과 치매를 사전에 진단할 수 있는 확률이 획기적으로 늘었다.

AI 도입, 의료계가 더 적극적으로 나서야

인공신경망을 이용한 딥러닝 AI 모델은 현대의학에서 그동안 축적된 의료 데이터를 가지고 사람이 찾지 못한 패턴을 찾아내거나 사람보다 빠르고 정확하게 질병을 진단함으로써 의료에 혁신적인 성과를 가져올 것으로 기대된다.

다만 이런 기술들이 우리 의료에 바로 적용되어 사망률을 빠르게 감소시키지 못하고 있다. 그 이유 중 한 가지는 현장에서 일하는 의료진의 생각이 기술의 변화만큼 빠르지 못한 탓도 있다. 현 단계에서 맞춤형 AI는 의료에서 의사가 진행해야 할 기본 업무 프로세스의 속도를 높여줌으로써 의사가 화면 대신 환자와 더 많은 시간을 보낼 수 있도록 돕는다. 의사는 진료의 질을 높이기 위해 이를 적극적으로 활용해야 한다.

의료계에서 AI의 역할은 앞으로 더 커질 것이다. 따라서 미래의 의사는 AI의 작동 방식을 잘 알아야 한다. 다행히도 미국을 시작으로 의과대학에 AI를 커리큘럼에 통합시키려는 움직임이 시작되었다.

미시간 대학교 의과대학 전 학장인 짐 울리크로프트Jim Woolliscroft는 "의대생들은 이런 분야를 잘 모르고 있는 것이 현실인데, 앞으로는 약리학 및 생리학만큼 기본적인 것으로 알고 공부해야 한다"고 강조했다. 이제 AI는 본질적으로 어디에나 존재한다는 것이 그의 생각이다.

AI를 완전히 신뢰하기는 아직 힘들지만, 결국은 AI가 의료에서 진단을 포함해 많은 부분에 적용될 것이다. 그 결과 인간의 지원 없이 복잡한 진단을 내리고 다양한 질병에 대한 치료법을 AI가 처방할 수 있는 시대가 올 것을 기대한다.

약물 남용 문제 해결할
새로운 항생제의 개발

20세기 꿈의 치료제였던 항생제는 이제 '남용'이라는 이름으로 인류의 위협이 되어가고 있다. 2019년 유엔의 주요 보고서에 따르면, 우리가 약물 남용에 관해 근본적인 변화를 일으키지 않을 경우 2050년까지 약물 내성 감염으로 인한 전 세계 사망자 수가 연간 1,000만 명으로 증가할 수 있다고 한다.

대형 제약회사와 생명공학 기업들은 연구개발에 오랜 시간과 막대한 자금이 필요하기 때문에 쉽게 나서지 못하고 있고, 그나마 시도되는 새로운 화합물도 대부분 실패하고 있다. 이런 절망적인 상황에 돌파구를 마련해줄 구원투수가 바로 AI다. AI를 사용해 항생제 발견의 속도를 높일 수 있다면 상황이 달라질 수 있다.

2020년 2월 MIT의 연구팀은 AI를 사용해 대장균을 박멸할 항생제를 발견했다. 이 항생제는 1968년 출간된 기념비적인 SF소설 《2001 스페이스 오디세이》의 AI 컴퓨터 할9000의 이름을 따서 할리신이라고 명명되었다.

AI가 10년의 신약 개발 과정을 며칠로 앞당겨

할리신의 발견은 AI를 이용한 신약 개발이 얼마나 빠른 속도로 이루어질 수 있는지 보여준다. 과학자들은 약 2,500개의 분자를 도입해 AI를 학습시켰다. 연구진은 어떤 분자가 대장균을 죽일 수 있는지 알아내기 위해 모델을 학습한 후 기존 약물, 실패한 약물, 천연제품 및 다양한 기타 화합물을 포함해 6,000개의 화합물을 단 며칠 만에 실험했다. 과거 분석에 따르면 1990년대 초반부터 2000년대 후반까지 일반적인 신약 발굴 및 개발 과정은 12년 이상이 소요되었다.

코네티컷 대학교 경영대학원의 보웬 루Bowen Lou 조교수는 이 시스템이 기존 방법보다 훨씬 짧은 시간에 할리신을 찾아냈다고 말하며 "할리신은 많은 종류의 항생제 내성 박테리아를 죽일 수 있을 뿐만 아니라 이전의 항생제와는 구조적으로도 다르다"고 덧붙였다. 항생제 내성 '슈퍼 박테리아'는 기존의 방법으로는 거의 해결하지 못했던 주요 공중보건 문제이기 때문에 이번 발견은 획기적이라고 평가했다.

알파폴드가 연 AI의 가능성

의학 분야에서 AI를 사용해온 역사는 길다. 1974년 스탠퍼드 대학교의 과학자들은 의료진이 환자의 혈액의 세균 감염을 진단하는 데 도움을 주는 컴퓨터 시스템 마이신MYCIN을 개발한 것을 시점으로 치면 50년에 가깝다. 하지만 AI가 신약 개발에 사용된 역사는 길지 않다. AI 신약 개발 회사 인실리코 메디신Insilico Medicine의 CEO 알렉스 자보론코프Alex Zhavoronkov는 AI로 신약을 개발하기 위해서는 딥러닝을 적용한 모델이 있어야 한다고 말한다. 그에 의하면 '딥러닝 혁명'은 2014년경에 시작되었고, 그제야 비로소 제약회사 및 스타트업들이 신약 개발 프로세스를 단축할 기회가 만들어진 것이다.

생물학적 정보 및 화학적 정보의 목록화 역시 최근의 신약 개발에 도움이 되고 있다. 2018년, 딥마인드는 단백질의 구성 요소로부터 구조를 파악할 수 있는 AI 모델 알파폴드를 개발했다. 그리고 2020년, 알파폴드와 데이비드 베이커David Baker 연구소의 로제타폴드RoseTTAFold는 아미노산 서열만으로 단백질 구조를 정확하게 예측함으로써 구조 생물학의 새 지평을 열었다.

우리 몸을 구성하고 운영하는 단백질은 DNA에서 그 여정을 시작한다. 유전 정보는 단백질의 구성 요소인 아미노산으로 변환되는데, 마치 구슬을 실에 꿰어놓은 것과 같은 형태다. 각 끈은 복잡한 3D 모양으로 접혀서 일부가 다른 부분에 달라붙는 2차 구조를 이루고, 이러한 형태는 겹겹이 쌓여 매우 정교한 3차원 단백질 구조를 형성한다. 이 3차원 단백질 구조가 단백질이 어떤 일을 하는지 결정하는데, 이를 미리 알아내면 단백질이 어떤 병을 가져오는지, 어떤 약을 써야 치료할 수 있을지 알 수 있다. 하지만 3차원 구조의 변형은 복잡해서 단순히 아미노산 순서를 안다고 예측할 수 있는 게 아니다. 그동안 과학자들은 단백질 접힘 구조를 예측하려고 애를 썼지만, 성공하지 못했다. 그러던 중 알파폴드2가 등장했고 과제를 받은 뒤 30분 만에 단백질 접힘 구조를 예측하는 데 성공했다. 알파폴드2의 연구 성과는 이미 약물 및 백신 개발에 막대한 영향을 미치고 있다.

알파폴드의 성과를 더욱 값지게 만들어주는 다른 성과도 있다. 에나민Enamine은 380억 개의 화합물이나 분자를 항목별로 분류해 리얼 스페이스REAL Space라는 화학 라이브러리를 만들었다. 신약을 개발하는 기업들은 이 라이브러리에서 분자를 주문한 다음 해당 분자가 연구 중인 단백질(알파폴드 등의 AI 프로그램에 의해 구조가 알려진 단백질)에 원하는 효과가 있는지 평가한다.

부작용 없는 약물 개발의 미래

이처럼 단백질의 구조를 알고 분자 라이브러리에 접근하는 것은 신약 후보 물질의 잠재적 유용성을 결정하는 데 중요한 역할을 한다. 할리신의 경우, 연구진은 6,000개에 불과한 화합물 라이브러리에서 성공적인 항생제 후보 물질을 발견했다. 380억 개 이상의 데이터를 활용한 신약 발견의 잠재력은 엄청날 것이다.

2023년 6월, 인실리코 메디신은 자보론코프가 CNBC와 진행한 인터뷰에서 "인간 임상시험에 도달한 최초의 완전 생성형 AI 약물"이라고 밝힌 약물에 대한 임상시험을 시작했다. 만성 폐 질환인 특발성 폐 섬유증의 치료를 목적으로 하는 이 약물(INS018_055)은 AI가 발견한 표적과 AI가 생성한 설계에 모두 의존하는 것으로 알려졌다.

자보론코프에 따르면 신약 후보 물질은 일반적으로 필요한 모든 임상시험을 통과하는 데 최소 6~7년이 걸리며, 진정한 의미의 AI 생성 신약 후보 물질은 약 4년 전에야 처음 등장했다고 한다. 그러므로 AI가 생성한 약물이 실제 치료에 사용되는 것을 목격할 날도 이제 머지않았다.

다만 신약 개발 과정에서 사람을 완전히 배제하는 일은 쉽지 않다. 신뢰성에 대한 의문은 의료 분야에서 AI의 역할을 확대하는 데 가장 큰 걸림돌이기 때문이다. 이 같은 한계에도 불구하고 전문가들은 의료 AI의 가능성을 크게 보고 있다.

오늘날 우리는 약에 들어가는 각 분자에 수십억 달러를 지불하고 있다. 이는 명백히 지속 불가능하다. 그뿐만 아니라 어떤 치료제들은 병을 치료해주지만, 다른 심각한 증상을 불러일으키는 부작용을 갖고 있다. 예를 들어 유방암 치료제로 가장 널리 쓰이는 타목시펜은 자궁암 등의 위험을 키운다. 그동안 이런 부작용을 해결할 방법을 찾기가 쉽지 않았기에 부작용 위험을 감수하며 사용해왔지만, 이런 부분도 AI의 발전을 통해 빠르게 개선할 수 있을 것으로 보인다.

4	**단백질 구조의 발견을 넘어 단백질 설계로**

우리 몸은 60~70%의 물과 15%의 단백질, 15%의 지방, 5%의 무기질, 1~2%의 탄수화물, 그 밖에 극소량의 다른 물질들로 이루어져 있다. 여기서 지방은 에너지를 저장하고 체온을 조절하며, 내장을 보호하는 성분이며, 근육과 조직은 단백질로 이루어져 있다. 즉 단백질은 우리 몸을 만들고 운영하는 중요한 요소다. 신진대사부터 뇌 기능까지, 단백질은 우리 몸을 움직이는 분자다. 잘못되면 균형은 무너지고 우리는 고통을 겪는다.

단백질은 생물학적 필요에 따라 모양이 뒤틀리고 변화하는 변형체다. 어떤 단백질은 뇌졸중이나 심장마비로 인한 손상 신호를 전파할 수 있다. 또 그 결과 발생하는 분자 연쇄반응을 차단해 피해를 막는 기능을 하는 단백질도 있다. 단백질은 신체 내외부의 자극에 반응하는 방식을 결정하는 '컴퓨터'의 생물학적 트랜지스터로, 온오프 스위치 역할을 한다. 과학자들은 우리 몸이 어떻게 기능하는지 해독하기 위해 오랫동안 이러한 형태 변형 단백질을 연구해왔다.

문제는 단백질이 매우 복잡하다는 것이다. 효과적인 약물을 설계하는 일은 단백질의 모양과 기능적 위치를 예측하고 이에 결합할 수 있는 다른 단백질이나 분자를 식별하는 데 달려 있다.

그리고 이를 해결한 것이 딥마인드의 알파폴드와 워싱턴 대학교 베이커 연구실의 로제타폴드다. 딥마인드는 2022년 중반까지 알파폴드2로 알려진 거의 모든 단백질인 2억 개의 단백질 구조를 예측하고 이를 공개 데이터베이스에 제공했다고 밝혔다.

이제 과학계는 다음 단계로 나아가고 있다. 알파폴드가 특정 시점의 단백질 구조를 해독함으로써 과학계는 새로운 단백질을 만드는 단계까지 단숨에 나아갔다. 그리고 움직이는 단백질을 의도한 대로 설계하는 실험이 시작되고 있다.

움직이는 단백질 설계

최근 〈사이언스Science〉에 발표된 새로운 논문은 디자이너 단백질에 유연성을 추가했다고 소개했다. 연구 책임자인 워싱턴 대학교의 플로리안 프래토리우스Florian Praetorius 박사는 "이전에는 한 가지 안정적인 구성의 단백질만 만들 수 있었지만 마침내 움직이는 단백질을 만들 수 있게 되었다"고 설명하며, 이는 엄청난 범위의 응용 분야를 열어줄 것이라고 기대했다. 논문의 수석 저자 데이비드 베이커 박사 역시 "화학물질에 반응하는 나노구조를 형성하는 것부터 약물 전달에 응용하는 것까지, 우리는 이제 막 그 잠재력을 활용하기 시작했다"고 덧붙였다.

단백질이 어떻게 모양을 갖추게 되는지 이해하면 새로운 단백질을 설계해 생물학적 세계를 확장하고 바이러스 감염 및 기타 질병에 대항하는 새로운 무기를 만들 수 있다.

2020년, 딥마인드의 알파폴드가 단백질 접힘의 비밀을 처음으로 해결한 뒤 이 AI 모델은 과학계에 알려진 거의 모든 단백질의 모양을 예측했다. 강력한 도구는 이미 생물학 연구를 재편하고 있으며, 과학자들이 항생제 내성과 싸우고, 새로운 백신을 개발하고, 심지어 알츠하이머나 파킨슨병과 같이 뇌를 황폐화시키는 질병을 밝혀내기 위한 잠재적 표적을 신속하게 찾아내는 데도 도움을 주고 있다.

기술은 계속 발전해서 이제는 단순히 단백질 구조를 예측하는 데 그치지 않고, AI가 완전히 새로운 단백질 구조를 만들어내는 연구에 이르렀다. 호르몬과 결합해 칼슘 수치를 조절하는 단백질부터 생체 발광 촉매가 되는 인공 효소까지, 초기 연구 결과는 엄청난 관심을 불러일으켰고 AI가 설계한 단백질의 잠재력은 무궁무진해 보였다.

이 발견의 주역은 베이커의 연구실로, 로제타폴드를 발표한 직후 이들은 단백질이 다른 단백질, 약물 또는 항체와 상호 작용하는 기능 부위를 찾아내는 알고리즘을 추가로 개발해 과학자들이 상상하지 못했던 새로운 약물을 개발할 길을 열어주었다.

그렇더라도 단백질이 아직 완전히 정복된 것은 아니다. 단백질은 여전히 변화무쌍하다. 백스Bax라는 단백질은 세포 사멸을 유발하는 형태로 모양을 바꾸며, 알츠하이머병에 관여하는 단백질인 아밀로이드 베타는 뇌세포에 해를 끼치면서 다른 형태로 변하는 것으로 악명 높다. 하나의 단백질을 원자 수준에서 설계하고 그것이 살아있는 세포에서 작동하도록 하는 일은 매우 어려운 일로, 가까운 미래에 일어나기는 쉽지 않다. 하지만 깜깜하기만 했던 길에 불이 밝혀진 것만은 확실하다.

유전자 돌연변이 찾는 알파미스센스

한편 딥마인드도 다음 단계로 나아가고 있다. 알파폴드를 이용한 단백질 구조 예측과 설계를 넘어 알파미스센스AlphaMissense라는 새로운 모델을 만들었다. 이 모델은 유전병을 예측하기 위해 단백질

내에서 다른 아미노산이 생성되는 유전자 변형인 '미스센스 돌연변이'를 찾는 작업을 하고 있다.

인간 게놈에는 무려 7,100만 개의 미스센스 돌연변이 가능성이 존재하며, 개인당 평균 9,000개 이상의 미스센스 돌연변이를 가지고 있다. 대부분은 양성이지만 일부는 겸상 적혈구 빈혈이나 낭포성 섬유증, 제2형 당뇨병과 같은 유전 질환과 관련이 있으며, 미묘한 유전자 변형의 조합으로 인해 발생한다. 알파미스센스는 질병을 유발할 가능성이 있는 미스센스 돌연변이를 평가하는 데 기존 도구를 능가하는 90%의 정확도를 자랑한다.

알파미스센스는 단백질 구조 예측을 위한 딥러닝 모델인 알파폴드와 기반을 공유하지만 작동 방식은 다르다. 알파폴드가 단백질 구조 예측에 집중하는 반면 알파미스센스는 챗GPT와 유사한 LLM처럼 작동한다. 단백질 내의 정상적인 아미노산 서열을 학습한 뒤 잘못된 서열에 직면하면 문장에서 제자리를 벗어난 단어를 식별하는 것처럼 이상 징후를 감지하는 것이다.

이 모델은 7,100만 개의 잠재적 미스센스 돌연변이 각각에 0에서 1까지의 '병원성 점수'를 부여한다. 점수가 높을수록 특정 돌연변이가 질병을 유발하거나 질병과 연관되어 있을 가능성이 크다. 딥마인드는 영국 국민보건서비스에서 수집한 유전자 데이터를 연구하는 정부기관인 게놈 잉글랜드Genomics England와 협력해 실제 연구와 비교하면서 알파미스센스의 예측을 검증했다. 그 결과 90%의 성공률을 보였으며, 89%의 돌연변이를 정확하게 분류했다.

알파폴드가 신약 개발과 암 치료에 혁신을 가져온 것처럼, 의료계 관계자들은 알파미스센스가 질병 진단과 새로운 치료법 발견을 지원함으로써 다양한 분야의 연구를 가속화할 것으로 기대하고 있다.

5 마비 환자에게 자유를 주는 BCI 기술

영화 〈업그레이드Upgrade〉에서는 자율주행차가 운행되고 IoT가 일반화되며, 하늘에 드론이 날아다니는 근미래를 다룬다. 총에 맞아 목 위를 제외한 전신이 마비된 주인공은 AI 칩을 경추에 이식한 뒤 정상인처럼 생활할 수 있게 된다. BCI가 목표하는 미래의 모습이다.

BCI는 아직 완벽하지는 않지만, 현실에서도 등장하기 시작했다. 미국에서 전신이 마비된 환자의 뇌에 컴퓨터를 이식한 뒤 다시 말할 수 있거나 간단한 동작이나마 팔을 움직일 수 있게 되었다. 실험의 성공은 마비가 있는 사람의 뇌에 컴퓨터 장치를 이식함으로써, 말하거나 움직이는 기능을 다시 살려줄 수 있는 미래를 기대하게 한다.

생각을 글자로 옮기는 BCI

먼저 말하는 능력을 되찾아준 사례를 살펴보자.

68세인 팻 베넷Pat Bennett은 약 10년 전 근 위축성 측색경화증 진단을 받았으며, 질병이 진행됨에 따라 언어를 말로 옮기는 데 필요한 근육을 움직이는 능력을 상실했다. 그녀는 손가락으로 타이핑을 할 수 있지만 그 과정은 점점 더 어려워지고 있다.

47세의 앤 존슨Ann Johnson은 2005년에 뇌졸중을 겪고 사지가 완전히 마비되었다. 그녀는 머리와 얼굴 일부를 조금 움직일 수 있지만 말은 못 한다. 그녀는 보조 장치를 이용해 분당 14단어의 속도로 단어를 타이핑하지만 말하는 평균 속도인 160단어에 비하면 엄청나게 느리다.

그런 그들이 이제 뇌 임플란트와 학습된 컴퓨터 알고리즘을 결합해 생각을 텍스트로 번역하는 새로운 음성 BCI 덕분에 분당 평균 60~80단어의 속도로 말하는 능력을 회복했다. 이 시스템은 각각 스탠퍼드 대학교와 UC샌프란시스코 연구원들의 작업 성과다.

먼저 팻 베넷의 경우 2022년 언어 기능을 하는 것으로 알려진 뇌의 가장 바깥층에 네 개의 센서를 이식하는 수술을 받았다. 이 시스템을 컴퓨터에 연결한 뒤 25개 세션에 걸쳐 약 100시간 동안 단어를 반복했다. 세션 동안 베넷의 뇌 활동을 분석함으로써 컴퓨터 알고리즘은 베넷이 39가지 기본 음소를 영어로 말하려고 할 때 베넷의 뇌에서 어떤 변화가 보이는지 학습했다. 그 결과 베넷이 말을 시도하면 시스템은 그녀가 생각하는 음소에 대한 최선의 추측을 언어 모델로 보내 단어를 예측하고 화면에 표시한다.

연구의 책임자인 프랜시스 윌렛Francis Willett은 "이 시스템은 어떤 단어가 다른 단어 앞에 와야 하는지, 어떤 음소가 어떤 단어를 만드는지 알도록 학습되었다"고 설명했다. 시스템을 사용해 베넷은 분당 평균 62단어의 속도로 말할 수 있다. 어휘를 50단어로 제한하면 음성 BCI의 오류율은 9.1%고, 12만 5,000단어로 확장하면 오류 비율이 증가해 23.8%로 4개 단어 중 1개 정도가 틀린다. 오류율이 아직 높은 것으로 보이지만, 이는 큰 진전이다. 이전에는 50개 단어에서 평균 오류율이 25%였다.

한편 존슨의 치료는 UC샌프란시스코 신경외과 의사인 에드워드 장Edward Chang이 이끄는 팀이 진행했다. 연구원들은 언어와 관련된 근육을 제어하는 뇌 영역의 표면에 크기가 가볍고 종이처럼 얇은 전극 배열을 배치했다. 2주 동안 연구원들은 존슨에게 화면에 표시된 단어를 말하도록 했고, 알고리즘은 환자의 신경 신호 중 어떤 신호가 39개의 다른 음소, 즉 단어를 구성하는 소리와 상관관계가 있는지를 인식하는 방법을 학습한 뒤 단어 예측을 시도했다. 그 결과 그녀는 분당 평균 78단어의 속도로 말할 수 있게 되었다. 오류율 또한 50개의 단어를 선택할 경우 95% 정확도를 보였으며, 1,024 단어에서 75%였다. 연구원들은 프로그램에 선택할 수 있는 3만

9,000단어의 더 넓은 어휘를 제공하면 72%의 정확도를 얻을 수 있을 것으로 예측했다. UC샌프란시스코 팀은 여기서 한 단계 더 나아가 단어를 화면에 텍스트로 표시하는 대신 환자 얼굴의 디지털 아바타 및 음성과 결합했다. 아바타에게 표정을 학습시키기 위한 뇌의 신경 활동 기록도 진행했다.

몸의 움직임을 제어하는 실험

BCI 기술은 비단 대화만이 아니라 더 많은 가능성을 갖고 있다. 하지만 이 기술에는 한 가지 중요한 문제가 있는데, 침습적인 임플란트를 통해서만 최상의 효과를 얻을 수 있다는 점이다.

45세의 키스 토머스Keith Thomas는 2020년 다이빙 사고로 가슴 아래로 감각이 사라지고 움직일 수 없게 되었다. 2021년 토머스는 임플란트, 전극 및 AI 알고리즘 조합을 이용해 뇌와 팔다리를 인공적으로 연결해주는 임상시험에 참여하기로 동의했다. 신경 우회 연구소Neural Bypass Laboratory의 채트 부턴Chad Bouton 팀이 뇌에 다섯 개의 컴퓨터 칩을 이식하고 이를 컴퓨터에 연결했다. 그리고 이 컴퓨터는 다시 그의 척추와 팔뚝 근육 위에 배치된 전극 패치에 연결되었다. AI 알고리즘은 토머스가 팔을 움직이려고 생각할 때 생성되는 뇌 신호를 감지하고 해석하도록 학습되어 그의 팔 위에 있는 전극에 신호를 보낸다. 그러면 전극은 그가 생각하는 움직임을 실제로 수행하도록 근육을 자극한다.

마찬가지로 다이빙 사고로 목 아랫부분이 전부 마비된 이안 버크하트Ian Burkhart는 임플란트를 통해 팔과 손을 다시 움직일 수 있게 되었다. 하지만 이 기적은 일상생활까지 이어지지 못했다. 그 이유는 내부에 무언가가 들어오는 것을 좋아하지 않는 뇌의 특성 탓이었다. 펜실베이니아 대학교의 신경과학 교수인 마이클 플랫Michael Platt은 "뇌의 면역체계가 이러한 장치를 공격할 것"이라는 우려를 표했다. 상처가 아물면서 이식된 임플란트가 세포로 뒤덮이면 뇌의 신호 전달 능력이 떨어지고 기능이 저하된다. 결국 뇌에 직접 이식하는 방법에는 지속성에 치명적인 문제가 발생하는 것이다.

BCI는 현재 매우 초기 단계로, 오류율이 높으며 시간이 지남에 따라 이식한 부위의 흉터가 아물면서 뇌 신호를 방해하는 등 부작용이 나타날 수 있다. 하지만 기술의 발달에 따라 정확도는 높아질 것이며, 기기 역시 직접 이식하지 않고 사용하는 기술의 개발을 기대하고 있다.

기술이 완성되면 사람들이 질병이나 부상으로 인해 목소리를 잃기 전처럼 힘들이지 않고 표현력 있게 의사소통 하도록 하는 것은 물론 마비된 몸을 움직일 수 있게 해줄 것이다. 이로 인해 마비 환자들의 삶의 질이 획기적으로 개선될 것이다.

디지털 트윈이 의료에 사용되는 법

AI의 발달로 새롭게 태어난 기술 중 디지털 트윈은 그 활용 가능성이 무궁무진하다. 실제와 똑같은 가상 환경을 조성함으로써 자연재해나 그 밖의 다양한 문제를 미리 시뮬레이션해보고 적절한 대응을 준비함으로써 피해를 최소화할 수 있다는 장점이 이미 확인되었다. 특히 이 기술은 도시 규모로도 가능해서 일명 '메가시티mega city: 같은 생활권에 인구 1,000만 명 이상이 사는 도시'라고 불리는 대규모 도시에서 벌어질 다양한 상황들을 재현해볼 수 있어 재해 예방 및 조기 진화에 도움이 되는 것으로 알려졌다.

그런데 디지털 트윈은 최근 인간 개인에게도 매우 유용한 기술로 주목받고 있다. 인체의 다양한 생리적 과정을 시뮬레이션하는 가상 복제본인 개인의 디지털 트윈이 곧 등장할 것으로 보이기 때문이다. 인간의 디지털 복제본은 질병을 진단하고 치료하는 데 중추적인 역할을 할 것이며, 인간의 자기 인식을 뛰어넘는 개인화된 인사이트를 제공할 것으로도 보인다.

나와 똑같은 가상인간으로 내 건강 미리 살핀다

디지털 트윈은 개인이 일하고, 운동하고, 사교 활동을 하고, 쉬는 등 일상생활을 할 때 신체 기능에 대한 실시간 데이터를 지속적으로 수집한다. 이 데이터를 통해 개인에게 맞춤 지침과 조언을 줄 수 있을 것으로 기대된다.

취리히 대학교의 디지털 소사이어티 이니셔티브Digital Society Initiative, DSI 교수이자 공동 책임자인 클라우디아 비트Claudia Witt는 디지털 트윈이 AI와 통합되면서 의료 분야에 혁명을 일으킬 것이라고 말한다. 디지털 트윈은 혈압, 심박수 등 개인의 특정 건강 데이터를 대규모 인구의 집단 데이터와 병합해 우리 몸이 다양한 외부 요인에 어떻게 반응하는지 시뮬레이션할 수 있다.

개인 디지털 트윈의 목적은 식단, 신체 활동 또는 약물과 같은 영향에 대한 우리 몸의 반응을 재현하는 것이다. 또한 데이터 분석을 통해 건강 조언을 제공할 수도 있다. 예를 들어 건강 상태에 따라

식단을 조절해주거나 식사의 칼로리 및 영양 성분을 평가해주고 필요한 운동도 제안하는 것이다.

일반적인 건강 관리와 달리 디지털 트윈은 식단이나 운동, 수면 시간 등 개인화된 각종 건강 관리법을 제안하는 데 탁월하다. 특히 기본적인 건강 관리뿐만 아니라, 실시간 데이터를 활용해 건강 상태를 즉시 파악함으로써 질병을 조기에 발견하는 데 도움을 줄 수 있다. 다만 이런 기초적인 의료 정보는 개인이나 AI가 판단하는 데는 한계가 있어 결국 의료기관에 제공되어야 더 효과적인 정보가 된다.

우리나라의 경우 의료비가 많이 들고 사망률이 높아짐으로써 삶의 질이 떨어지는 문제를 개선하기 위해 건강보험 서비스에서 무료 건강검진 서비스를 매년 실시하고 있으며, 이 데이터는 건강보험공단에 제공된다. 이미 마련된 데이터에 디지털 트윈의 데이터가 더해지면 각종 조기 진단이 더 정확해질 것이다. 다만 여기서 AI 데이터의 고질적인 문제가 제기된다. 바로 개인정보 보호에 관한 문제다. 디지털 트윈이 의료 목적으로 도입된다면 이를 운영하는 방법부터 데이터의 제공까지 정부의 신뢰할 만한 정책이 수반되어야 할 것이다. 당장 눈앞의 일은 아니지만, AI 시대로 한 걸음씩 다가가는 시점에서 정책 입안자를 비롯한 많은 사람들이 이를 인지하고 있어야 할 것이다.

7	고령 1인 가구를 위한 돌봄 전문 AI

고대 그리스 시대 인간의 평균수명은 35세 수준이었고, 17세기에 50세를 겨우 넘겼다. 그리고 현재 인류의 수명은 70~80세를 넘어 100세 시대를 넘보고 있다.

평균수명에는 근대화 이전 높은 영아사망률이 영향을 미쳤던 일이나 선진국과 후진국의 수명 차이 등으로 인해 평균적이지 않은 부분이 있다. 그렇더라도 근래에 평균수명이 급속히 늘어남으로써 이전에는 볼 수 없었던 인구 분포의 눈에 띄는 변화가 생겼다. 바로 고령 인구의 증가다. 특히 건강을 유지하는 기간의 증가보다 수명의 증가가 훨씬 높은 비율로 이루어졌다. 그 결과 늙고 아픈 채로 살아가는 기간이 길어졌다. 이는 일상생활을 하는 데 누군가의 도움이 필요한 인구의 비율이 늘었다는 뜻이기도 하다.

간병 로봇 전 단계, AI 간병인

전 세계 국가들이 고령 인구의 급격한 증가에 직면하면서 노인 돌봄의 접근 방식에 큰 변화가 일어나고 있다. 일본부터 미국까지, 점점 늘어나는 노인을 부양해야 하는 과제가 큰 문제로 떠오르고 있다. 과밀화된 양로원과 인력 부족은 존엄한 노년을 위한 대안을 모색해야 한다는 시급성을 강조한다. 이런 문제를 해결해줄 강력한 구원군이 바로 AI다.

나이가 들수록 노화가 일어나 정신과 육체가 점점 제 기능을 못하기 마련이다. 집에서 돌보는 데 한계가 있어 요양시설을 찾게 되는 비율이 점차 느는데 전문 인력은 부족해 보호의 사각지대에 놓이거나 학대당하는 사건도 덩달아 늘고 있다. 부족한 요양보호사 인력을 AI 로봇으로 대체할 수 있다면 이 문제를 해결할 수 있을 것이다.

돌봄이 가능한 로봇이 지금 당장 등장할 단계는 아니다. 하지만 그 가능성이 점차 현실화되고 있다.

케어데일리Care Daily의 CEO이자 공동 설립자인 데이비드 모스David Moss는 가정에서 개인 맞춤형 의료 서비스를 제공하는 미래를 구상한다. 이 회사가 개발한 AI 케어기버AI Caregiver는 여러 기기와 제품을 조율하는 정교한 소프트웨어 역할을 한다. 노인의 행동 및 생체 인식 데이터를 수집해 가족 간병인과 전문 의료 서비스 제공자에게 다양한 정보를 전달한다.

AI 케어기버의 역할을 보면 동작, 빛, 습도 등을 감지하는 주변 센서가 노인의 행동을 모니터링해 분석하고 낙상 등의 사고를 방지한다. 또 웨어러블 기기를 통해 의료적 생체 신호를 추적하고 IoT 기능을 이용해 생활공간의 온도 및 습도 등을 조정하며 응급 상황에서 간병인에게 즉시 알릴 수 있도록 지원한다. 이뿐만 아니라 생활 습관을 분석해서 개인 수준의 상호 작용을 도입하는데, AI 스피커 등을 통해 "잘 주무셨어요?"와 같은 간단한 질문을 하며 소통한다.

24시간 활동 어려운 인간 간병인의 보조

모스는 지금 단계에서 AI 간병인이 인간 간병인을 대체하는 것은 아니며 인간 간병인을 보조하는 역할을 하게 된다고 설명한다. 실제로 치매와 같은 질환을 앓고 있는 환자는 간병인이 24시간 보살펴야 한다. 모스는 "치매 환자가 쇠약해지면 간병인의 건강도 함께 악화된다"며 이렇게 되면 간병의 질이 나빠져서 환자의 상태가 악화되는 악순환이 진행된다고 설명한다.

싱귤래리티넷에서는 2021년 의료보조 로봇 '그레이스Grace'를 선보였다. 싱귤래리티넷의 수장 벤 괴르첼 박사는 휴머노이드 로봇 소피아Sophia와 그레이스의 활용에 관한 공동 연구를 논의하기 위해 사우디아라비아의 킹 파드 대학교를 방문했다. 이 공동 연구는 소피아와 그레이스 로봇이 의료 로봇으로서, 미래에 사회복지사를 돕도록 하는 것이다. 학교 측과 싱귤래리티넷은 사우디 시장에서 기술을 상용화하고 현지화할 수 있는 로봇 복지사 플랫폼을 제공하는 SDAIASaudi Data and Artificial Intelligence Authority: 사우디 데이터 및 AI 기관와 연구 합작 투자를 강화하는 데 의견을 같이했다.

교육 이니셔티브 측면에서 싱귤래리티넷 생태계가 킹 파드 대학교와 협력할 수 있는 여러 가지 방법이 있으며, 필요한 경우 핵심 직원 및 기술팀의 훈련은 물론, 로봇 복지사를 직접 제작할 실무위원회를 구성하고자 한다. 소피아와 그레이스 로봇의 의료용 제품화와 상용화는 현시점에서 매우 중요한 전환점이 될 것이다. 협력 분야는 교수진 교육과 고급 커리큘럼 개발을 통한 AI 교육 강화, AGI 연구개발, 아랍어 자연어 처리 모델 훈련, 그리고 중동 사회에서 로봇의 사회 경제적 역할에 대한 논의를 중심으로 한 인간형 AI 로봇 연구소의 출시에 중점을 둔 연구 이니셔티브의 파트너십이다.

이 이니셔티브는 사우디 왕국을 넘어 전 세계를 대상으로 진행되며, 최종적으로 의료 로봇, 사회복지사 로봇의 제품화 또는 상업화를 포함한다.

　전 세계가 고령화 사회 문제를 중요한 과제로 인식하면서, AI의 도입에 모든 가능성을 열어두고 연구하고 있다. 인간 간병인을 보조할 AI의 도입이 빨라지면 노인 돌봄이 가족의 희생을 전제로 하는 것이 아닌 AI 기반 독립생활로 가능해지는 시대로 빠르게 이동할 것이다.

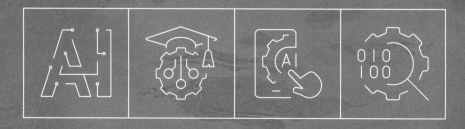

CHAPTER 3.
환경의 현재와 미래

●●● 온난화로 인한 환경 문제는 해묵은 과제다. 긴급성에서 매번 다른 문제들의 뒤로 밀려서 여전히 제대로 된 합의나 해결책조차 마련되지 못한 상태다. 심지어 '온난화'가 실체 없는 위기라고 부정하는 사람들도 있다. 하지만 전 세계를 휩쓰는 이상 기후, 초대형 산불 등 온난화로 인한 문제는 하나둘씩 우리 목을 죄어오고 있다. 이제는 정말 물러설 데가 없다. 우리는 온난화를 제대로 바라보고 해결책을 반드시 찾아야 한다.

온난화의 실체와 환경을 보호하기 위해 분야별로 이뤄지는 노력을 점검해본다.

지구가 먹여 살리기에
너무 많은 인구

현재 지구의 인구는 약 80억 명이다. 출산율은 감소하기 시작했지만 인구 자체는 여전히 엄청난 속도로 증가하고 있다. 전문가들은 전 세계 인구가 100억 명이 넘을 때까지 정점에 도달하지 않을 것으로 예상하고 있다. 이는 20세기 이후 의학의 발달로 인류의 수명이 급격히 연장되고 있기 때문이다. 우리는 출산율 저하로 인한 고령화를 걱정한다. 하지만 이보다 더 크고 근본적인 문제가 지구에 자리하고 있다. 바로 한정된 자원의 문제다.

캐나다 브리티시컬럼비아 대학교의 인구 생태학자 윌리엄 리스William Rees 교수는 최근 학술지 〈월드World〉에 발표한 논문에서 지구의 엄청난 인구 증가가 '인구 조정'을 초래할 수 있다고 경고했다.

리스 교수는 인류가 인구의 급격한 증가-감소 주기의 특징적인 역학 관계를 보인다고 주장하며, 자원 문제로 인해 세계 경제가 곧 필연적으로 위축될 것이고 인류는 금세기에 대대적인 인구 '조정'을 겪게 될 것이라고 경고했다.

인류만 위기에 처한 것이 아니다. 올해 초 스탠퍼드 대학교의 생물학자 토니 바노스키Tony Barnosky는 공룡 이후 최악의 전 지구적 대량 멸종 사태에 직면하고 있다고 경고했다.

이 말을 해석해보면 인간의 수가 많아 이들에게 제공해야 할 것도 많아진 자연에 큰 스트레스를 주고 있다는 것이다.

"호모 사피엔스는 기하급수적으로 번식하고, 지리적으로 확장하며, 사용 가능한 모든 자원을 소비하도록 진화해 왔다"고 설명하는 리스는 역사 속에서 이러한 변화가 부정적인 피드백에 의해 상쇄되는 일이 반복되었다고 설명한다.

농업의 출현과 화석연료의 사용으로 인류는 여러 형태의 '부정적 피드백'을 줄여 수백 년 동안 인구가 급속히 팽창할 수 있었다. 이 많은 인구를 유지하는 데 필요한 에너지가 어딘가에서 생산되어야 했으며, 이 에너지는 우리가 자원을 이용해 무언가를 만들고 사용하는 동안 폐기물로 다시 배출되어 지구를 오염시킨다.

리스는 또한 세계 인구 증가율 감소로 인해 2080년대 중후반에 104억 명으로 정점을 찍고 하락할 것으로 예측되더라도, 안심해서는 안 된다고 경고한다. 이미 지구의 인구가 평균적인 물질적 생활 수준조차 지속하지 못할 정도로 과도하다는 것이 그의 생각이다.

리스에 따르면 인구 붕괴의 최종 결과는 치명적일 수 있으며, 그 후 남은 인구는 1억 명에 불과할 수도 있다.

가장 큰 문제는 기후 변화

과연 인구 증가의 끝에 기다리고 있는 것은 어떤 미래일까?

리스는 인류가 멸종할 가능성은 거의 없지만, 다양한 혼란을 겪어야 할 것이라고 말했다. 여기에는 이미 우리가 겪고 있는 큰 문제인 기후 변화가 있고 식량 및 기타 자원 부족, 무질서, 자원 전쟁 등이 있으며, 이로 인해 인류의 문명이 사라질 수도 있다고 우려했다.

기술의 개발로 식량이나 자원 등의 문제는 해결하더라도 지금 우리에게 쉽게 해결할 수 없는 문제는 기후 변화다. 2023년의 여름은 산업화 이전보다 1.5℃가 올랐다는 관측도 있다. 많은 학자들이 산업화 이전과 비교해 2℃ 이상 상승하면 인류의 생존에 돌이킬 수 없는 일이 벌어질 것이라고 경고한다.

우리가 지금과 같은 심각한 환경 문제를 겪게 된 데는 여러 가지 복합적인 이유가 있다. 그중에서도 18세기 산업혁명 이후 산업화에서 기인했다. 전기와 차를 이용하기 위해 화석연료의 소비가 늘었으며, 식량을 소비하기 위해 목축업이 집약적으로 이루어졌다. 삶의 질을 높여주는 각종 제품을 만드는 공장에서도 에너지를 사용했고, 폐기물이 대량 발생했다.

그리고 이 모든 것이 종합적으로 작용해 현재 넘치는 쓰레기 문제와 산업혁명 이전보다 최고 1.5℃가 오르는 등 재앙적인 기후 변화의 서막이 올랐다.

청정기술 있지만 비싸고 불완전

환경 문제를 해결하는 데 필요한 청정기술은 이미 존재한다. 에너지 분야의 기술로는 태양광 발전, 풍력, 배터리 등이 있다. 교통 분야에는 전기자동차, 자율주행차 등이 있으며, 식량 분야에는 배양육, 세포 농업 등이 있다. 노동에서는 AI, 자동화, 로봇공학이 있다. 이런 기술들을 활용해서 온실가스 배출을 완화하고 저렴한 비용으로 기존 기술을 빠르게 대체할 수 있다.

그럼에도 지금 당장 환경 오염과 기후 변화를 왜 막지 못할까? 그 이유는 우리가 화석연료, 내연기관 차량, 축산업 등 오래된 기술에 갇혀 있기 때문이다. 비관론자들은 사람들이 앞으로 수십 년 또는 수 세기 동안 이러한 오래된 기술에 계속해서 매달릴 것이라고 생각한다. 그 이유 중 가장 큰 것은 새로운 기술이 비싸고 불완전하기 때문이다.

불행 중 다행으로 청정기술들을 SF소설과 영화 속에서 나와 점점 더 개선되고 있고 또 저렴해지는 중이다. 오래된 기술은 어느 순간이 되면, 19세기 바이오매스가 화석연료로 대체되었던 것처럼 빠르게 새로운 기술로 대체될 것이다.

앞서 언급한 에너지, 교통, 식량, 노동 등 네 가지 분야의 기술은 환경 문제에 특히 큰 영향을 발휘할 것이다. 오늘날 환경 문제를 해결하려는 노력은 비용이 들어 전 세계적으로 진행되지 못하고 있다. 즉 경제적 번영한 곳에서만 문제가 해결된다는 것을 의미한다. 환경 문제를 해결할 청정기술도 먼저 신진국을 위주로 사용될 것이다.

다만 이런 기술이 선진국에서 널리 퍼져 비용이 저렴해지고 점유율이 높아지면 그 파급효과는 엄청나게 빠르게 퍼져나갈 것이다. 마차에서 자동차로, 필름 카메라에서 디지털 카메라로, 피처폰에서 스마트폰으로의 변화처럼 말이다. 더 저렴하고 더 나은 기술이 등장하면 변화는 자연스럽고 빠르게 일어난다.

이제 진정한 관심을 보여야 할 때

우리가 직면한 환경 문제는 매우 현실적이다. 환경에 문제가 있다는 사실에 이의를 제기할 사람은 없다. 기후 변화, 해양 산성화,

생물 다양성 손실, 멸종, 남획 및 산호 백화 현상, 삼림 벌채와 그로 인한 사막화, 서식지 분열 및 파괴, 대기와 수질 오염, 토양 오염 및 침식, 공장식 축산, 동물 권리 등의 모든 문제는 생존의 위기로 연결된다.

2023년의 여름이 산업화 이전보다 1.5℃가 올랐다고 관측되면서 전 세계가 산불, 홍수, 가뭄 등 이상 기후로 골머리를 앓고 있다. 환경 문제의 심각성은 충분히 인지되고 있다. 사람들이 관심을 갖는 만큼 기술의 변화는 빨리 다가오지 않을까.

매년 여름, 더위가 최고조에 이를 때 뉴스에서는 '기상 관측 이래' 가장 더운 날이라는 표현을 사용한다. 전 세계적으로 통일된 기준으로 시작한 현대적 기상 관측의 역사는 150년 정도밖에 되지 않았다. 따라서 우리가 가장 덥다고 하는 표현은 150년 안에서 이루어지는 표현이다. 오랜 역사 속에서 네 번의 빙하기를 맞으며 지구는 추워졌다 더워지는 기후를 반복했다. 그래서 어떤 사람들은 지금이 그저 간빙기를 지나는 중으로, 빙하가 녹는 것 역시 빙하기로부터 벗어나고 있기 때문이라는 주장을 한다. 즉 온난화는 없다는 것이다.

전 세계적으로 2023년은 현대의 기상 관측에서 가장 더운 해였지만, 기상 관측소와 위성이 생기기 전인 더 먼 옛날은 어떨까? 한 고기후 과학자는 이 질문에 대해 "지금의 더위는 새로운 기후 상태"라고 주장했다. 그는 과학자들 사이에서는 이미 몇 년 전에 지구가 과거 10만 년 동안 볼 수 없었던 새로운 기후 상태에 진입했다는 결론을 내렸다고 말했다.

지구는 이미 산업화 이전 시대보다 1℃ 이상 더 따뜻해졌다. 이 새로운 기후 상태는 10만 년 가운데 가장 따뜻한 기간으로 수세기 동안 지속될 가능성이 매우 크다. 인간이 화석연료 사용을 중단하고 다른 온실가스 배출을 줄이는 미래의 가장 낙관적인 시나리오 하에서도 지구 평균 기온을 산업화 이전 기온보다 적어도 1℃ 이상으로 유지될 가능성이 매우 크다.

국제 기상 관측 이전 시대의 기온을 재구성하기 위해 고기후 과학자들은 자연에 기록된 다양한 정보에 의존한다. 예를 들어 수천 년 전으로 거슬러 올라가는 오래된 기후의 증거는 호수와 바다의 바닥에 있으며, 퇴적물을 추출해 분석함으로써 다양한 생물학적, 화학적, 물리적 증거를 찾을 수 있다.

다만 퇴적물 기반 기록에는 중요한 한계가 있다. 바다의 해류와 바다를 파는 생물 등으로 인해 퇴적물이 혼합되어 증거가 뒤섞일 수 있다. 또 각 기록의 타임라인이 정확히 알려지지 않은 탓에 과거 지구 온도를 추정하기 위해 여러 기록을 함께 평균화해야 하는 어려움도 있다. 이 때문에 고기후 과학자들은 과거 기온의 장기 기록을 단기 극한 기온과 비교하는 것을 꺼린다. 그럼에도 10만 년을 돌아보면, 지구의 평균 지구 온도는 약 10만 년 동안 지속되는 주기로 빙하기와 간빙기 조건 사이에서 변동했다. 이는 주로 대기 중 온실가스 농도의 변화를 수반하며 느리고 예측 가능한 변화의 흐름을 보인다. 우리는 현재 약 1만 2,000년 전에 빙상이 줄어들고 온실가스가 증가하면서 시작된 간빙기에 있다.

10만 년 만의 더위

IPCCIntergovernmental Panel on Climate Chang: 기후 변화에 관한 정부 간 협의체의 보고서에 따르면 1만 2,000년 전의 간빙기를 살펴보면 여러 세기 동안 지구 평균 기온은 약 6,000년 전에 정점에 달했을 수 있다. 그렇더라도 그 시점에서도 역시 현재의 지구 온난화 수준을 초과하지 않았을 것이다.

또 다른 연구에서는 지구 평균 기온이 간빙기를 거칠 때마다 계속해서 상승한다는 사실을 발견했다. 이와 관련한 연구는 다양하게 진행되었는데 지금처럼 따뜻했을 때를 찾으려면 10만 년을 넘는 더 먼 과거를 돌아봐야 한다는 결론에 이르렀다.

가장 최근의 빙하기는 거의 10만 년 동안 지속되었다. 그 기간에 지구 기온이 산업화 이전 기준선에 한 번이라도 도달했다는 증

표 1. 지구의 기온 변화 시나리오

---- 온난화로 인해 산업화 이후 2020년까지 1℃ 상승

출처. D.S. 카우프만과 N.P. 매케이의 연구

거는 없다. 하지만 약 12만 5,000년 전에 절정에 달했던 이전 간빙기까지 거슬러 올라가면 더 따뜻해진 기온의 증거를 찾을 수 있다. 다만 그 증거 역시 장기 평균 기온이 산업화 이전 수준보다 1.5℃를 넘지 않아, 현재 지구 온난화 수준보다 높지 않았음을 시사한다.

온실가스 배출량을 신속하고 지속적으로 줄이지 않으면 현재 지구는 금세기 말까지 산업화 이전 수준보다 약 3℃ 또는 그 이상의 온도 상승을 보일 것이다. 그 시점에서 우리가 과거 그와 같은 기온의 증거를 찾으려면 아마도 수백만 년을 돌아봐야 할 것이다. 아니, 그 이전에 인류 문명은 회복 불가능한 상처를 입을지도 모른다.

<table>
<tr><td>3</td><td>대체에너지의 현주소</td></tr>
</table>

기후 변화를 일으키는 온난화의 가장 큰 문제는 탄소 배출로, 전 세계에서 에너지를 만드는 데서 발생하는 탄소가 전체 배출의 70% 이상을 차지하고 있다. 현재 주 에너지원으로 사용되는 것은 석유나 석탄, 천연가스 등의 화석연료다. 여기서 만들어지는 탄소의 배출량을 줄이려면 탄소를 배출하지 않거나 배출량을 최대한 줄인 신재생에너지가 필요하다.

인류는 지금 새로운 에너지를 찾는 데 집중하고 있다. 태양광이나 수력, 풍력 등의 신재생에너지는 아직 안정성이나 효율성 면에서 불완전하기 때문에 현재는 원자력 에너지가 에너지 수급이 가장 안정적이고 저렴한 수단으로 인지되고 있다.

핵융합 에너지

원자력 에너지의 문제는 친환경 에너지라고 단언할 수 없다는 점이다. 탄소를 발생시키지 않는 대신 자연에 치명적인 폐기물이 배출되며 이 폐기물의 반감기가 상상 이상으로 길기 때문이다. 이 폐기물에는 방사성 물질이 포함되어서 반감기를 맞을 때까지 인간을 비롯한 생태계에 노출되지 않도록 밀폐해서 보관해야 한다. 폐기물만의 문제가 아니다. 체르노빌을 비롯해 일본 대지진까지의 사례로 볼 때, 원자력 발전소가 사고로 인해 방사능 누출을 일으킬 경우에는 인류에게 상상 이상의 큰 피해를 주게 된다. 이런 잠재적 위험으로 인해 많은 국가들이 원전을 폐기하려 하는 한편, 에너지 수요로 인해 어쩔 수 없이 원전을 짓는 국가도 여전히 존재한다.

그런데 모든 원자력 에너지가 다 위험한 것은 아니다. 현재의 기술로 가능한 원자력 발전은 핵분열이라는 방식을 이용하기 때문에 위험한 것이다. 핵분열은 우라늄이나 플루토늄같이 질량이 큰 원자핵이 중성자와 충돌해 두 개로 쪼개지는 핵반응의 한 유형으로, 원자력 발전소에서는 우라늄을 사용한다. 핵분열로 발생한 원자핵은 아직 불안정한 상태이므로, 더 안정된 상태가 되기 위해 방사성 붕괴가 계속 진행된다. 이때 에너지가 방출되는데, 이를 '붕괴열'이라고 한다. 이 열을 식혀주지 않으면 원자로를 녹게 되고 방사능 누출로 이어진다. 이것이 바로 동일본 대지진에서 일어난 사고다.

238

이런 불상사를 피하기 위해 학계와 업계에서는 완전히 다른 방식의 원자력 에너지를 개발하기 위한 노력을 지속하고 있다. 바로 '핵융합'이다. 원자핵은 내부의 양성자로 인해 양전하를 띠므로 두 개의 원자핵은 서로 밀어내는 힘을 갖게 된다. 이 원자핵을 가열해서 서로 충돌시켜 결합하게 하는 것이 핵융합이다. 이 방법은 기본적으로 소량의 연료를 필요로 하며 수명이 긴 방사성 폐기물을 거의 생성하지 않고 탄소 배출 또한 없기 때문에 대체에너지로 상당한 가능성을 가지고 있다. 문제는 핵융합에 필요한 온도가 무려 1억℃라는 점이다. 현재의 기술로 이 온도를 만들려면 핵융합 반응이 생성하는 에너지보다 훨씬 더 많은 에너지를 사용해야 하기에 상업적 핵융합 발전소는 현재 먼 꿈이다.

그렇다고 진전이 없는 것은 아니다. 2022년 12월, 미국 로렌스 리버모어 국립 연구소의 과학자들이 처음으로 '융합 점화'를 달성하면서 중대한 돌파구를 마련했다.

〈파이낸셜 타임즈Financial Times〉의 보고서에 따르면 국가 점화 시설National Ignition Facility NIF의 팀이 이를 성공시켰다. NIF는 관성 감금inertial confinement이라는 핵융합 접근 방식을 사용하는데, 192개의 엄청나게 강력한 레이저 어레이가 핵연료 펠릿이 담긴 금 용기에 발사된다. 연료 펠릿은 중수소와 삼중수소라고 하는 두 가지 다른 수소 동위원소로 구성된다.

레이저가 금 용기의 내부에 닿으면 X선을 생성해 연료 펠릿을 엄청난 고열로 가열 및 압축해 플라스마를 생성한다. 이로써 연료의 수소 원자가 서로 융합하고 헬륨 원자를 생성해 그 과정에서 폭발적인 에너지를 방출하는 조건을 만든다. 전체 과정은 10억 분의 1초에 불과하고 연료 펠릿은 지름이 1밀리미터에 불과하지만 상당한 양의 에너지를 생성하기에 충분했다. 이 과정에서 플라스마를 더 오래 유지함으로써 공정에서 더 많은 에너지를 얻을 수 있었다.

핵융합 기술이 상업화하려면 아직도 해결해야 할 문제가 산적해 있다. 투자한 에너지보다 더 많은 에너지를 생산해야 하며 한번 시작되면 계속해서 자급자족이 가능하도록 핵융합 반응을 일으켜야 한다. NIF의 실험 성공으로 인해 투입되는 에너지보다 생산되는 에너지가 많아졌다고는 하지만, 실제 전력을 공급하는 부분까지 확장할 때 투입되는 비용 등에서 여전히 에너지 효율성이 문제가 제기된다. 더 중요한 것은 현재의 실험이 일회성 점화로, 연쇄적으로 일어나지 못한다는 점이다. 게다가 연구실에서 취한 핵융합 접근 방식은 발전소를 만드는 데는 그다지 적합하지 않다. 여러 가지 조건으로 인해 단일 점화 실험을 설정하는 데만도 온종일 걸리는데, 실제로 전력을 생성하려면 반응을 1초에 여러 번 실행해야 하기 때문이다.

이렇게 해결해야 할 과제가 산적해 있음에도 융합 점화에 성공했다는 점에서는 거대한 진척을 이루었다고 본다. 핵융합은 오랫동안 꿈의 에너지로 불렸지만 그동안 이론에만 존재했던 융합 점화가 드디어 현실이 되었기 때문이다.

비 올 때도 사용 가능한 태양광 패널

자연의 혜택이 풍부한 국가들에서는 그 환경에서 에너지를 얻으려는 노력이 계속 진행된다. 그동안 태양이나 바람, 물의 흐름, 지열 등을 에너지로 전환하는 실험이 여러 국가에서 행해졌고, 실제 발전소 건축으로 이어졌다. 지구에서 자연 발생하는 에너지를 활용하는 것이다.

최근에는 태양광 패널이 비가 내릴 때 활용도가 떨어지는 점에서 착안해 비가 올 때도 활용하는 레인 패널을 연구하고 있다. 내리는 비에서 에너지를 얻는 개념은 수년 동안 논의되어 왔지만 기술적 한계로 인해 실현이 어려웠다. 기존의 마찰전기 나노발전기tri-boelectric nanogenerators, TENG가 유망한 것으로 보였지만, 각 빗방울이 생성하는 에너지의 양이 적기 때문에 효율이 제한적이다. 이러한 문제를 극복하려는 노력의 일환으로 연구원들은 일반 TENG에서 관찰되는 결합 커패시턴스 문제를 해결하는 혁신이 담긴 D-TENG으로 눈을 돌리고 있다.

각 셀의 하부 전극과 상부 전극 사이에서 발생하는 결합 커패시턴스는 셀 간에 상당한 전력 손실을 초래해 다중 셀 레인 패널의 효율성을 떨어뜨린다. D-TENG 기술은 결합 커패시턴스 이런 문제를 개선해 떨어지는 빗방울에서 재생에너지를 안정적으로 수집할 수 있는 레인 패널 개발에 새로운 희망을 제시했다.

날씨가 화창한 지역만큼 비가 내리는 지역도 많다. 또한 기후 변화로 인해 날씨 변화가 잦아져 전통적인 태양 에너지와 비교할 때 레인 패널의 수요가 더 늘 것으로 보인다.

육상 바이오 연료

해양에서 쉽게 재배할 수 있는 미세조류를 포함해 바이오 연료도 신재생에너지로 오랫동안 주목받아왔다. 최근에는 잡초의 한 종류인 말냉이field pennycress가 새로운 바이오 에너지로 주목받고 있다. 광범위한 육종 및 유전 공학 노력을 거쳐 커버크레스Cover Cress로 이름이 변경된 이 식물은 현재 재생 가능한 디젤 및 지속 가능한 항공 연료sustainable aviation fuel, SAF의 유망한 공급원으로 재배되고 있다.

발전소뿐만 아니라 교통산업 분야도 연료에 대한 지속 가능한 대안을 찾아야 한다는 압력을 지속적으로 받고 있다. 상업용 항공은 전 세계 운송 배출량의 13% 이상을 차지하고 있다. 따라서 항공 및 기타 운송 수단 모두에 지속 가능한 대체 연료를 개발하려는 노력은 기후 변화 측면에서 매우 중요하다. 그리고 커버크레스는 잠재적으로 이러한 목표를 달성할 가능성을 키워준다.

한 연구에서는 이 작물을 사용해 바이오디젤과 재생 가능한 제트 연료를 생산하는 것이 전통적인 화석연료에 비해 온실가스 배출량을 각각 최대 85%와 63% 줄이는 것으로 나타났다. 이런 효과는 2050년 탄소 배출 제로에 도달하기 위해 항공 분야가 필요로 하는 배출량 감소의 약 65%에 기여할 수 있게 해준다.

지속 가능한 연료 후보로서 바이오 연료는 처음에 주로 옥수수와 대두에서 추출했지만, 이는 잠재적인 식량 부족 우려를 낳았다. 따라서 연구자들은 중요한 식량원과 경쟁하지 않고 저탄소 연료를 생산하기 위해 커버크레스와 같은 비식용 작물에 초점을 맞추고 있다. 아직 초기 단계에 있지만 지속 가능성이라는 보다 넓은 맥락에서, 지피작물에서 추출한 연료를 포함하는 바이오 연료는 상당한 매력을 갖고 있다.

차세대 배터리로 주목받는 리튬-황 배터리

20세기를 지배해온 화석연료인 석유가 황혼기를 맞이하고 있는 지금, 가장 뜨거운 에너지 이슈 중 하나는 리튬-이온 배터리다. 태양광이나 풍력, 조력 발전 등의 신재생에너지는 화석연료처럼 필요할 때 바로 에너지를 발생시키는 것이 아니라, 태양이 떠 있는 낮이나 바람이 부는 동안에만 에너지가 자연적으로 발생한다. 이때 에너지를 모아서 저장한 뒤 필요할 때 써야 하기에 배터리는 신재생에너지에서 매우 중요한 요소가 되었다.

인류가 전기를 사용하고 나서 오랫동안 배터리는 보조적인 수단으로만 사용되었기에 그동안 성능이 그다지 발전하지 않았다. 하지만 이제는 자동차의 엔진에 연료를 공급할 수단으로, 또 태양광으로 전기를 자가 공급하는 주택의 에너지 공급원으로 배터리의 역할이 커지고 있으며, 더불어 성능에 대한 요구도 커졌다. 현재 전기자동차의 치명적 한계 중 하나가 배터리로 한번 충전으로 이동 거리가 짧은 데다가 충전하는 데도 지나치게 오랜 시간이 걸린다는 것이다.

전기차 대중화 막는 배터리 문제

과거 알칼리나 수은을 넘어 리튬-이온 배터리는 차세대 배터리 후보로 오랫동안 주목받아왔다. 다만 리튬-이온 배터리는 상당한 단점도 안고 있다. 주로 리튬-이온 배터리에 사용되는 코발트 등의 소재는 생태학적으로 유해한 물질을 방출하고 생태계를 파괴한다. 더욱이 급속 충전의 요구가 많은 만큼 배터리 성능이 쉽게 저하되어 효율성과 수명도 단축된다. 그 결과 전기자동차용 배터리로 적합하지 않다는 진단을 받았을 뿐만 아니라, 짧은 수명으로 인한 폐기물 문제도 더해졌다.

최근 리튬-황 배터리가 등장해 이러한 문제에 대안으로 주목받고 있다. 친환경 소재를 사용하고 우수한 에너지 밀도를 자랑하며, 화재 위험을 최소화함으로써 리튬-이온 배터리를 포함해 기존의 배터리들이 가진 문제에 포괄적인 해결책을 제공한다. 다만 한 가지 중요한 장애물이 남아 있었다. 리튬-황 배터리는 리튬 이온에 비해 충전 횟수가 제한적이라는 점이었다. 이는 배터리로서는 치명적 단점으로 이를 해결하지 않고서는 산업화가 절망적이다.

그런데 리튬-황 배터리의 수명 연장 연구를 하던 컬럼비아 대학교의 과학자들이 돌파구를 발견했다. 연구팀은 이전에 관찰되지 않았던 황의 화학상인 단사정계 감마상 황을 발견했는데, 이 황은 배터리 성능 저하를 현저하게 억제했다. 실험실의 고온 환경에서만 발생했던 이 단계가 배터리 내부의 상온에서도 나타나 배터리 용량 손실을 반응을 효과적으로 차단한 것이다.

효과와 환경 면에서 뛰어난 리튬-황 배터리

이 새로운 황은 용량 감소 없이 최대 4,000회 충전 주기를 견딜 수 있어 리튬-이온 배터리보다 2배 더 오래 지속되는 것으로 나타났다. 또한 기존 배터리보다 에너지 밀도가 3배 더 높고 충전 속도는 비슷하다. 리튬-황 배터리를 활용하면 무게는 리튬-이온 배터리의 3분의 1에 불과하고 수명은 2배로 늘어나 전기자동차의 주행 거리를 늘릴 수 있을 것으로 보인다.

그뿐만 아니라, 배터리 혁신은 단거리 항공편, 화물선, 여객선까지 확대되어 마침내 전기 추진 방식을 채택할 수 있게 해줄 것이다. 리튬이나 황과 같은 물질은 생태학적 영향을 최소화하고 공급망을 강화할 수 있어 친환경적 측면에서도 훌륭하다.

우주태양광 에너지의 성공적 첫발

태양광은 화석연료를 대체할 가장 이상적인 에너지로 오랫동안 주목받아왔다. 태양 에너지를 만드는 데 어떤 부산물도 생성되지 않으며, 에너지의 원료 공급이 안정적이고 돈도 들지 않는다. 그럼에도 아직까지 태양광이 대체에너지로 그다지 주목받지 못하는 이유는 효율성이 떨어지는 탓이다.

기술의 한계로 인해 우리는 태양광을 제대로 이용하지 못하고 있다. 이를테면 지구에서 태양광은 낮 동안만 내리쬐며, 비가 오거나 구름이 끼면 이조차도 이용할 수 없다. 에너지를 지속적으로 사용하려면 해가 있을 때 저장해두고 에너지 사용량이 많은 저녁에 써야 하는데 이 또한 배터리 기술로 인해 효율성이 떨어진다. 과학자들은 우주로부터 태양 에너지를 받아 지구로 전송하게 된다면 24시간, 날씨에 상관없이 태양광을 이용할 수 있어 효율이 엄청나게 오를 거라고 이야기한다. 다만 여기에 중요한 에너지 무선 전송 기술이 없어 실현 불가능했다.

그런데 2023년에 캘리포니아 공과대학의 연구원들이 우주에서 무선 전력 전송을 성공적으로 시연하고 감지 가능한 에너지를 지구로 송출하는 실험에 성공했다. 이 성과는 마이크로웨이브 어레이 저궤도 전력 전송 실험Microwave Array for Power-transfer Low-orbit Experiment, MAPLE이라는 혁신적인 방법을 통해 가능했다.

캘리포니아 공과대학이 우주 태양광 발전 프로젝트의 일환으로 개발한 MAPLE은 유연하고 가벼운 마이크로파 전력 송신기 네트워크를 통해 작동한다. 이 방식은 개별 송신기 간의 보강 및 상쇄 간섭을 활용해, 움직이는 부품에 의존하지 않고도 빔이 방출하는 에너지의 방향을 정밀하게 방향을 지정할 수 있다. 이로써 에너지가 의도한 목적지에 도달할 수 있도록 한다.

에너지 무선 전송 기술이 핵심

전기공학과 교수이자 우주 태양광 발전 프로젝트 공동 책임자인 알리 하지미리Ali Hajimiri는 "지금까지 진행한 실험을 통해

MAPLE이 우주에 있는 수신기에 전력을 성공적으로 전송할 수 있다는 것을 확인했다"고 전했다.

이 실험에는 송신기에서 30cm 떨어진 두 개의 개별 수신기 어레이가 사용되었다. 수신기는 수신된 에너지를 직류 전기로 변환한 다음 한 쌍의 LED를 밝히는 데 사용해 우주에서 무선 에너지 전송의 전체 순서를 효과적으로 보여주었다. 연구원들은 우주에서 각 LED에 개별적으로 불을 켜고 LED 사이를 이동하면서 이 테스트를 수행함으로써 기술의 효과를 검증했다. 패서디나에 있는 캘리포니아 공과대학 캠퍼스의 고든 앤 베티 무어 공학연구소 옥상에 위치한 수신기가 MAPLE에서 전송된 에너지를 감지해 궤도에서의 예상 시간, 주파수, 주파수 이동을 확인했다.

현재 지구 정지궤도에 있는 위성의 태양광 패널은 99% 이상의 시간 동안 태양광을 수신하지만, 이를 무선 전송할 기술이 없어 위성 자체에 전력을 공급하는 데만 사용되고 있다. 우주에서 마이크로파를 통해 이 에너지를 전송하면 지상 태양광 패널보다 훨씬 더 효율적일 수 있으며, 거의 무한한 에너지원을 통해 지속 가능한 에너지의 혁명을 일으킬 수 있을 것으로 보인다. 또한 안정적인 전력 인프라가 부족한 지역에 지상 기반 에너지 전송 인프라 없이도 에너지를 공급할 수 있다.

하지미리는 "인터넷이 정보에 대한 접근을 민주화했던 것처럼 무선 에너지 전송이 에너지에 대한 접근을 민주화할 수 있기를 기대한다"고 덧붙였다.

　우주 태양광 발전 프로젝트는 2011년에 시작되었으며, 우주 태양광 발전 데몬스트레이터 프로토타입이 2023년 1월 트랜스포터-6 임무의 일환으로 궤도에 발사되었다. 우주 태양광 발전 데몬스트레이터에는 MAPLE과 함께 두 가지 다른 실험이 포함되어 있다. 우주 태양 전지판 구조와 배치 메커니즘을 보여주는 우주 태양 전지판 배치 가능 궤도상 초경량 복합체 실험과 지구와 다른 우주 환경에서 다양한 광전지 테스트를 진행한다. 이 실험들이 성과를 내면 본격 우주 태양광 시대로 한 걸음 전진할 것으로 기대된다.

플라스틱,
안 쓸 수 없다면 분해 방법 찾아라

우리가 만들어낸 플라스틱 쓰레기는 그 양이 너무 많고 분해되는 데 너무 오래 걸려 이 쓰레기들로 인해 지구가 어떤 일을 겪을지 생각하기조차 어려울 정도다. 한쪽에서 일회용 플라스틱에 대한 의존도를 줄이려 노력하고 있지만, 그 노력이 무색하게 전 세계적으로 플라스틱 쓰레기는 어마어마한 양으로 추가되고 있다.

특히 지난 몇 년간 전염병의 유행으로 인해 개인 보호 장비와 일회용 및 테이크 아웃 포장 플라스틱의 사용이 극적으로 늘었다. 이처럼 예기치 않은 사건이 발생하면 일회용품 사용을 자제하자는 전 세계적인 분위기는 하루아침에 다른 더 중요한 문제, 예를 들면 안전에 관한 문제로 인해 뒷전이 된다. 우리는 이런 사태를 이미 경험해봤으니, 사태를 해결할 돌파구도 이제 준비해야 한다.

폐플라스틱의 재활용법

캘리포니아 대학교의 수재나 스콧Susannah Scott 화학공학과 교수는 "폐플라스틱으로 계면활성제를 만들 수 있다면 더 이상 화석연료를 사용해 계면활성제를 만들지 않고 플라스틱을 처리할 때 발생하는 탄소도 줄일 수 있다"고 말했다. 〈켐Chem〉 저널에 실린 논문을 보면, 일회용 포장에서 가장 흔한 유형의 폴리머인 폴리올레핀을 유용한 알킬방향족계면활성제: 세제의 활성 성분 및 기타 유용한 화학물질의 기초가 되는 분자로 전환할 수 있다는 사실이 밝혀졌다.

현재 우리가 플라스틱 폐기물을 처리하는 주요 방식인 소각이나 매립 대신 계면활성제로 만들 수 있다면 동시에 계면활성제를 만드는 기존의 유해한 공정을 단축할 수 있어 일거양득이다.

이 연구는 플라스틱을 분해하기 어려운 물질로 만드는 탄소-탄소 결합을 끊고 분자 사슬을 알킬방향족 고리로 재배열하는 촉매 방법을 선보인 이전 연구를 기반으로 구축되었다. 핵심은 염소 또는 불소를 첨가해 알루미나 촉매의 산도를 높이는 것이다. 연구팀은 촉매에서 산 부위와 금속 부위의 최적 비율을 찾는 데 집중했다고 설명했다. 스콧 교수는 "산과 금속은 서로 다른 역할을 가지고 있지만 촉매 순환이 어떤 지점에서도 막히지 않도록 둘 다 적절한 비율로 있어야 한다"고 설명했다.

또 이 공정을 개선해 플라스틱을 알킬방향족 분자로 전환하는 데 걸리던 시간을 24시간에서 몇 시간으로 단축했다. 그에 따라 에너지는 적게 들고 전환할 수 있는 플라스틱의 양은 증가한다. 이 방법은 아직 학문적인 단계의 검증일 뿐, 산업에서 지속 가능한지 확인하려면 각 단계에서 사용된 에너지와 배출된 온실가스를 계산하는 평가를 거쳐야 한다. 추가 개선을 통해 이 방법이 상업적으로 활용되면 골칫거리였던 플라스틱 일부를 이상적으로 처리할 수 있을 것으로 기대된다.

플라스틱 분해하는 박테리아

한편 해양에 버려지는 수많은 플라스틱을 해결하기 위한 연구에도 성공적인 결과가 나왔다.

바다는 생태계에서 큰 부분을 차지하고 기후 조절에도 중요한 역할을 한다. 또 수많은 해양생물들이 식량으로 공급되는 등 '생명의 원천'이라는 표현에 모자람이 없다. 그런데 이런 바다가 해양쓰레기로 인해 몸살을 앓고 있어 위기감이 높아지고 있다.

노스캐롤라이나 주립대학교 화학 및 생체분자 공학과 조교수

네이선 크룩Nathan Crook은 이를 해결하는 방법으로 물에서 플라스틱을 꺼내 매립지에 버리는 방법도 있지만 미세 플라스틱까지 고려하면 실현 가능성은 작다며, 플라스틱을 바닷속에서 분해하는 저렴한 방법이 가장 좋다고 말했다. 그는 이 문제를 해결하기 위해 박테리아에 주목했다. 박테리아의 유전자를 변형해 미세 플라스틱을 포함한 플라스틱을 분해하는 박테리아를 만드는 것이다.

그가 연구한 첫 번째 박테리아는 비브리오 나트리겐스Vibrio natriegens로, 바닷물에서 번성하며 매우 빠르게 번식한다는 점에서 주목할 만하다. 두 번째 박테리아는 이데오넬라 사카이엔시스Ideonella sakaiensis로 플라스틱병을 만드는 PETpolyethylene terephthalate: 폴리에틸렌 테프탈레이트를 분해해 먹을 수 있는 효소를 생산한다.

연구자들은 플라스틱을 분해하는 효소를 생성하는 이데오넬라 사카이엔시스로부터 DNA를 채취하여 그 유전자 서열을 플라스미드에 통합했다. 플라스미드는 세포 자체의 염색체와 관계없이 세포 내에서 복제할 수 있는 유전적 서열이다. 즉 플라스미드를 외부 세포에 몰래 넣음으로써, 해당 세포는 플라스미드 DNA에 있는 지시 사항을 수행하게 된다. 이것이 크룩 교수 연구팀이 한 일이다.

이데오넬라 사카이엔시스 유전자를 함유한 플라스미드를 비브리오 나트리겐스 박테리아에 도입한 결과, 연구자들은 비브리오 나트리겐스의 세포 표면에서 목표하는 효소를 생산하도록 할 수 있었다. 그런 다음 연구자들은 비브리오 나트리겐스가 실온의 바닷물 환경에서 PET를 분해할 수 있음을 입증했다.

PET는 물병부터 의류까지 모든 것에 사용되는 플라스틱으로, 해양 미세 플라스틱 오염의 주요 원인이다. 크룩 교수는 이 박테리아가 자연에서 활동해서 성과를 거두도록 하기에는 아직 유전적 과제가 몇 가지 더 남아 있다고 말했다. 그렇더라도 인간이 직접 수거하기 힘든 해양 미세 플라스틱을 분해할 수 있는 미생물의 연구는 해양 환경 보호를 위한 큰 성과라고 할 수 있다.

플라스틱 대체제도 필요하다

지구의 환경이 심각하다고 아무리 외쳐도 일상에서 이미 편리함을 경험한 사람들이 굳이 불편함을 감수하는 일은 쉽지 않다. 안타깝지만 이것이 현실이다. 플라스틱을 사용하지 않는 법이 세계적으로 만들어지지 않는 이상, 플라스틱의 소비는 극적으로 줄어들지 않을 것이다. 이럴 때 과학이 추구하는 방향은 두 가지다. 하나는 플라스틱의 친환경적 대체제를 만드는 것, 다른 하나는 플라스틱의 분해 방법을 찾는 것이다. 그리고 지구에서 살아가는 생물로서 우리는 이런 과학적 성과에 적극적으로 관심을 갖고, 또 개인적으로 일회용품을 줄이려는 노력과 경각심을 가져야 할 것이다.

7 빙하 속에 잠든 위기와 기회

지구의 빅히스토리에서 여러 번의 빙하기와 간빙기가 존재했다. 그중 비교적 최근의 빙하기에 작은 사건이 벌어졌다. 약 1밀리미터에 불과한 선충류 한 무리가 북극에서 땅다람쥐의 굴에 갇혀 얼어붙은 것이다.

길고 긴 빙하기가 지나고, 러시아 과학 아카데미Russian Academy of Sciences의 토양 과학 물리학 및 생물학 문제 연구소에서 일하는 과학자 아나스타시야 샤틸로비치Anastasia Shatilovich가 이들을 발견한다. 얼어붙었지만 죽지 않은 놀라운 선충이었다. 이 선충은 크립토바이오시스cryptobiosis로 알려진 대사 정지 상태에 들어가 4만 6,000년을 살아남았다.

선충류와 함께 발견된 식물의 방사성탄소 연대 측정 결과 표본이 홍적세 말기, 즉 4만 5,839~4만 7,769년 전 사이에 동결된 것으로 나타났다. 그들은 크립토바이오시스 생존 전략 덕분에 중간 수천 년 동안 살아남았다.

4만 6천 년 동면한 원시 생명체

크립토바이오시스는 일부 식물 및 동물 종이 동결 또는 극심한 건조와 같이 지나치게 가혹한 환경 조건에 반응해 겪을 수 있는 상태다. 본질적으로 유기체는 자신을 보존하기 위해 생물학적 기능을 거의 감지할 수 없는 수준으로 늦춘다. 환경 조건이 살기 좋은 상태로 돌아오면 신진대사를 촉진하고 다시 '살기' 시작한다.

우리에게 가장 잘 알려진 크립토바이오시스 종은 물곰으로 널리 알려진 완보동물일 것이다. 극한의 내성을 가진 이 동물은 결빙, 고온, 심지어 우주 공간에 노출되어도 생존하기 위해 크립토바이오시스를 사용할 수 있다.

하지만 놀라운 것은 선충이 자그마치 4만 6,000년의 시간을 뛰어넘었다는 점이다. 심지어 샤틸로비치는 선사시대 선충 한 쌍을 단지 물을 주고 기다리기만 해서 되살려냈다.

살아난 선충을 드레스덴과 쾰른의 연구원에게 가져가 DNA 염기서열을 분석하고 형태를 분석한 결과, 해당 선충류가 오늘날까지 생존하는 선충류의 속인 파나그로라이무스Panagrolaimus속에 속한 다는 것을 발견했다. 남극 선충류인 파나그로라이무스 다비디Panag-rolaimus davidi는 영하의 온도에서 생존하는 능력을 가진 것으로 알려져 있다. 그러나 게놈 분석 결과 이 선충류는 이전에 알려지지 않은 새로운 종에 속한다는 것이 밝혀졌다. 연구원들은 선충이 발견된 콜리마Kolyma 강의 이름을 따서 파나그로라이무스 콜리맨시스 Panagrolaimus kolymaensis라고 명명했다.

분석 결과, 두 종 모두 세포막을 보호해 내성을 강화하는 트레할로스라는 당을 상향 조절해서 크립토바이오시스 상태에 들어가는 것으로 나타났다. 또한 각 종의 게놈에 존재하는 유사한 유전자를 발견했다. 그러나 이러한 유사한 유전자가 두 종에서 동일한 방식으로 기능하는지는 확인하지 못했다. 4만 6,000년의 시간을 두고 살아남은 두 친척이 서로 관련이 있는 두 유기체에서 유사한 형질의 독립적 진화를 해온 건지, 아니면 공통 조상에서 진화한 건지 연구자들이 추가로 연구를 진행하고 있다.

과학자들에게는 빙하 속에 숨겨진 새로운 종의 발견이 진화와 생명의 비밀을 풀 열쇠가 되어주기도 하지만, 일반 사람들에게는 빙하 속에 숨겨진 박테리아나 미생물이 코로나19와 같은 새로운 전염병의 숙주처럼 보여 두려움의 대상이 되기도 한다.

빙하 속 치명적 병원균의 존재 여부

2016년 시베리아 지역 살레하르트시에서 75년 전에 동토층에 매장한 사람과 동물의 사체에 접촉한 12세 소년이 목숨을 잃고 10여 명이 감염 증세로 입원하는 일이 있었다. 조사 결과, 소년은 녹은 시체를 통해 탄저균에 감염된 것으로 밝혀졌다. 이보다 앞서 2015년에는 미국과 중국의 공동연구팀이 1만 5,000년 된 티베트고원 얼음에서 샘플을 채취했다. 이 샘플 분석 결과 4종의 알려진 바이러스와 28종의 '신종' 바이러스가 발견되었다.

이처럼 우리가 모르는 미지의 바이러스들이 과거에 살았으며, 현재 영구동토층에 잠들어 있다. 일부 사람들은 온난화로 인해 빙하가 녹으면 과거의 생물들이 치명적인 감염병을 일으켜 우리를 습격할 수 있다고 두려워한다. 한편 과학계 일각에서는 이미 멸종된 생물로부터 인류에 유용한 치료제를 만들려는 시도를 하고 있다.

2023년 펜실베이니아 대학교의 기계생물학 그룹 과학자들이 네안데르탈인과 데니소바인에서 발견한 항생제 특성을 가진 분자를 부활시키는 데 성공했다. 네안데르탈인은 4만 년 전에 멸종했으며, 데니소바인은 1만 5,000~3만 년 전까지 생존했을 것으로 추정되는 인류의 친척뻘 되는 종이다. 이 연구의 목적은 슈퍼 박테리아를 물리칠 신약을 개발하는 데 있다.

연구진은 먼저 고생물학자들이 뼈와 유물에서 DNA를 수집하고 분석해 얻은 염기서열 데이터를 수집했다. 그런 다음 어떤 분자가 현대인에게 효과적인 항생제를 만들 수 있는지 예측하기 위해 AI 모델을 훈련시켰다. 알고리즘이 가장 강력한 후보를 식별하자 연구진은 실험실에서 해당 분자를 만들어 감염된 쥐를 대상으로 테스트했다. 〈셀 호스트 & 마이크로브Cell Host & Microbe〉 저널에 발표된 연구에 따르면 일부 분자는 박테리아 감염을 효과적으로 퇴치했다.

급성장하는 멸종생물 복원 분야가 인간에게 임상적으로 성공적인 결과를 가져온다면, 새로운 항생제의 개발이 시급한 전 세계에도 흥미로운 일이 될 수 있다. 아쉽게도 네안데르탈인과 데니소바인에게서 얻은 펩타이드는 슈퍼 박테리아를 제거하는 데 실패했다. 하지만 이 연구는 이제 막 시작되었고, 과거에 멸종되었던 수많은 생물들의 가능성은 아직 잠재되어 있을지도 모른다.

CHAPTER 4.
일자리의 현재와 미래

●●● 우리가 느끼는 AI에 대한 두려움 중 하나는 내 일자리를 AI에 빼앗길 수 있다는 데서 기인한다. 각종 기관에서 내놓는 전망이나 보고서들이 하나같이 10년 후, 또는 2050년에 AI와 로봇으로 인한 자동화가 현재 일자리 중 얼마를 빼앗아갈 것인가 하는 문제에 초점을 맞추고 있다. 특히 2023년은 생성형 AI의 등장으로 인해, 그동안 육체노동을 주로 대체하던 기계가 데이터 입력, 보고서 작성, 문제 해결 등 화이트칼라의 창의적 일자리를 대체하게 된다는 예측이 압도적이었다.

과연 AI의 거대한 파도 속에서 우리는 어떻게 해야 일자리 전쟁에서 살아남을 수 있을까?

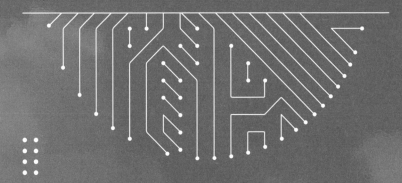

| 1 | **일자리보다 인재가 부족해진다** |

인류의 역사 속에서 일자리의 미래가 안정적이었던 적은 한 번도 없었다. 그렇다고 인류가 걱정했던 만큼 대량 실업을 겪었던 적도 없었다. 일자리는 어디서든 생겨났고, 발 빠른 사람들에게 이는 오히려 기회에 속했다. 특히 거대한 변화는 일자리에도 엄청난 변화를 몰고 왔다. 우리는 이를 '혁명'이라는 이름으로 불렀다. '신석기혁명'으로도 불리는 농업혁명은 채집과 수렵으로 주로 식량을 찾아 이동하는 '사냥꾼'이었던 우리 인류를 터를 잡고 농사를 짓는 '농민'으로 변모시켰다. 그리고 18세기 산업혁명은 주로 농업과 상업에 종사하며 자영업자 또는 일용직의 삶을 살던 사람들을 '공장'과 '회사'라는 대규모 일터로 보내 '직장인'으로 만들었다. 그러면서 일자

리는 계속해서 늘어났다. 이제 우리는 4차 산업혁명이라고 불리는 커다란 변화의 시작점에 있으며, 그 변화의 중심은 AI가 될 것이다.

세계경제포럼이 〈일자리의 미래 보고서 2023The Future of Jobs Report 2023〉를 통해 AI가 일자리에 어떤 변화를 몰고 올지 인사이트를 제공한다. 2023년 4월에 발표된 이 보고서는 거시적 추세와 기술 변화가 향후 5년간 일자리와 기술에 미치는 영향을 평가하고 있다. 기술의 변화에 따른 일자리의 변화가 전에 없이 거셀 것으로 예상되는데, 보고서는 향후 5년 동안 전 세계 일자리의 약 4분의 1(23%)이 변화를 맞을 것으로 예상했다.

사무직 업무를 자동화하는 AI

기업의 25%는 신기술 도입으로 인해 일자리가 감소하고 50% 이상은 일자리가 증가하는 등 구조적 변화를 겪을 것이다. 특히 기계로 대체되는 직종에 관해서는 추론, 의사소통, 조정 등 그동안 인간 고유의 특성이라고 여겨졌던 능력이 필요한 업무에서 자동화가 집중적으로 이루어질 것으로 예상된다. 육체적인 노동이나 수작업의 경우 이미 대부분 자동화가 이루어져 추가적인 대체 속도는 더딜 것이다.

이런 놀라운 변화는 생성형 AI의 약진 덕분이다. 조사 대상 기업의 약 75%가 생성형 AI를 도입할 것으로 예상하며, 산업용 로봇이 대처하는 일자리에 이어 이어 두 번째로 많은 일자리가 사라질 것으로 예상되는 분야는 은행원, 사무원, 비서, 회계 분야로 나타났다.

리스킬링과 업스킬링

사람들이 기술로 인해 미래에 일자리를 잃을 우려를 하는 것과 달리, 많은 기업은 새로운 환경에서 성공하는 데 필요한 인재의 부족을 우려하고 있다. 기업의 60%는 기술 격차를, 54%는 인재 유치를 우려하는 것으로 나타났다. 특히 지금까지 교육과 평생 학습 시스템에 대한 투자가 부족했던 기업과 국가들에서는 인적 자본이 새로운 경제 환경을 헤쳐나가는 데 핵심적인 장애물이 될 것이다.

그렇다면 직장인을 포함한 학습자, 근로자, 고용주, 정부는 미래의 일자리를 위해 무엇을 준비해야 할까?

오늘날 쇠퇴하는 분야의 근로자에게는 리스킬링reskilling: 새로운 직무와 역할을 수행할 수 있도록 필요한 기술을 배우는 것과 전환 노력이 필요한 반면, 변화하거나 성장하는 분야의 근로자에게는 업스킬링upskilling: 현재 수행하는 직무를 위해 새로운 기술을 배우는 것과 지속적인 학습 능력 개발이 필요하다. 다행히도 온라인 학습을 통해 빠르게 기술을 배울 수 있고 누구에게나 학습 기회가 평등하게 주어진다. 학력과 관계없이 모든 교육 수준의 근로자가 온라인 기술 자격증을 취득하는 데 동일한 시간이 소요된다.

한편 기업 차원에서 리더들이 가장 신경 써야 할 부분은 직원들의 리스킬링이다. 현재의 모든 기술의 도입에 따라 직장인의 업무는 하루가 다르게 변해갈 것이다. 기존에 하던 많은 사무 업무를 AI가 하게 되면, 인력은 새로운 업무로 유연하게 이동해야 한다. 그들에게 새로운 업무, 기존에 없던 업무를 맡기기 위해서는 리스킬링이 필수적이다. 이런 인력들은 외부에서 구하는 데도 한계가 있다. 모든 기업의 수요가 같기 때문이다. 따라서 내부 인력을 재교육하는데 투자하면서, 중요 업무들의 아웃소싱을 추진하는 등 추가적인 방법을 도입해야 할 것이다.

2	기술은 일자리를 빼앗는가?

4차 산업혁명은 기술 채택 속도를 가속화하고 업무의 경계와 지역의 경계를 넘었을 뿐만 아니라, 인간과 기계의 경계 역시 넘나들고 있다. 이것은 단순히 특정 일자리가 사라지고 새로운 일자리가 생기며, 거기에 포함되지 않는 일자리는 안전하다는 뜻이 아니다. 기술은 우리가 일하는 방식을 바꾸고 있다. 즉 내 일자리가 사라지지 않더라도 내 업무에 AI를 포함한 기술이 들어오는 이상 내가 일하는 방식은 바뀔 수밖에 없다는 뜻이다. 즉 기술이 노동 시장에 어떤 영향을 미칠지 알아야 쇠퇴하는 직업에서 미래의 직업으로 전환할 수 있다.

미래 일자리 설문조사 결과 2027년까지 기업이 채택할 가능성

표 2. 기술 채택, 2023-2027

1. 디지털 플랫폼 및 앱
2. 교육 및 인력 개발 기술
3. 빅데이터 분석
4. IoT 및 연결된 디바이스
5. 클라우드 컴퓨팅
6. 암호화 및 사이버 보안
7. 이커머스 및 디지털 거래
8. AI

9. 환경 관리 기술
10. 기후 변화 완화 기술
11. 텍스트, 이미지 및 음성 처리
12. 증강 및 가상 현실
13. 전력 저장 및 발전
14. 전기 및 자율주행차량
15. 로봇, 비휴머노이드

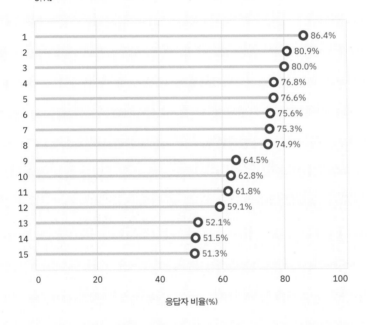

출처. 세계경제포럼

이 큰 기술들은 표2와 같았다. 빅데이터, 클라우드 컴퓨팅, AI 등은 전년도 조사에 이어 상위를 차지했으며 약 75%의 기업이 2027년까지 이러한 기술을 채택할 계획이라고 했다. 플랫폼과 앱은 86%의 기업이, 이커머스 및 디지털 거래는 75%의 기업이 채택할 것으로 예상되어 상거래의 디지털화가 더욱 심화될 것을 예상해볼 수 있었다. 한편 플랫폼과 앱에 이어 2위를 차지한 기술은 교육 및 인력 기술로, 81%의 기업이 2027년까지 이 기술을 도입할 계획이라고 답했다.

기술이 업무를 변화시킨다

이러한 기술의 도입이 일자리에는 어떤 영향을 미칠까?

설문조사 결과 로봇 기술(휴머노이드, 자동 로봇, 드론 등)을 제외한 모든 기술이 향후 5년 안에 일자리를 순창출할 것으로 예상되었다. 빅데이터 분석, 기후 변화 완화와 환경 관리 기술, 암호화 및 사이버 보안이 특히 일자리 증가의 가장 큰 동인이 될 것으로 꼽혔다. 반면 농업 기술, 디지털 플랫폼 및 앱, 전자 상거래 및 디지털 거래, AI는 노동 시장에 심각한 혼란을 초래할 것으로 예상되며, 상당수의 기업이 조직 내 일자리 감소를 예측하고 있다. 다만 이는 다른 곳에서의 일자리 증가로 상쇄되어 종합적으로는 일자리 증가로 이어질 것으로 본다.

한편 생성형 AI는 최근 인력의 19%가 업무의 50% 이상을 AI

로 자동화할 수 있다는 주장으로 특히 주목받았다.

다양한 산업 분야에 종사하는 응답자들은 기술에 대한 선호도가 서로 다르지만, 산업 분야별로 살펴볼 때 신기술 채택에 관해 높은 기대치를 보이는 산업도 있고 더 조심스러운 산업도 있었다.

분야별로 살펴보면 석유 및 가스 기업의 93%가 신기술을 채택할 것으로 예상되며, 화학 및 첨단 소재(88%), 소비재 생산(86%)이 그 뒤를 따랐다. 대조적으로, 고용 서비스 기업의 26%만이 신기술을 채택할 것으로 예상했으며, 교육 및 훈련(36%), 보험 및 연금 관리(42%)가 그 뒤를 이었다. 마찬가지로 증강 및 가상 현실을 채택할 가능성은 전자 분야에서 80%로 가장 크게 나타났다. 그 뒤를 이어 연구, 디자인 및 비즈니스 관리 서비스(77%), 에너지 기술 및 유틸리티 산업(75%), 광업 및 금속 산업(46%), 숙박·음식 및 레저 서비스(42%), 농업·임업·어업(30%) 순으로 나타났다.

인간의 일자리를 가장 많이 뺏을 것으로 예상된 로봇 기술의 경우 전자(83%), 에너지 기술 및 유틸리티(72%), 소비재(71%) 산업에서 가장 많이 채택할 것으로 보인다. 국제로봇연맹International Federation of Robotics에 따르면 산업용 로봇의 수는 지난 5년 동안 전 세계 국가에서 일관되게 증가해왔다. 산업용 로봇의 비율은 지난 5년 동안 거의 2배 증가해 평균 근로자 1만 명당 로봇 126대에 이르렀다. 로봇이 고용에 미치는 영향은 비휴머노이드 로봇 분야에서 가장 클 것으로 나타났다. 비휴머노이드 로봇은 산업용 자동화 로봇이나 드론 등을 포함하는데, 소비재 생산 및 석유·가스 산업을 운영하는 기업의 60%가 인간의 일자리를 이런 로봇이 대체할 것으로 예상했다.

한편 정보 및 기술 서비스를 운영하는 기업의 60%는 향후 5년 동안 일자리를 창출할 것으로 전망했다.

생성형 AI가 바꾸는 일자리 지도

생성형 AI의 발전으로 인해 일자리 대체 가능성은 점점 커지고 있다. 이에 따라 노동자들은 새로운 기술에 적응하고 새로운 직업을 찾을 수 있는 능력을 갖추는 것이 더욱 중요해졌다.

포레스터 리서치Forrester Research가 2023년 가을에 낸 보고서는 AI가 미래에 미치는 영향과 이 기술이 특히 화이트칼라 일자리에 어떤 영향을 미칠지에 상세히 설명하고 있다.

이 보고서에서는 생성형 AI를 LLM을 포함, 광범위한 데이터를 활용해 텍스트·비디오·이미지·오디오·코드 등 다양한 콘텐츠를 생성하는 기술과 기법의 집합으로 정의했다.

포레스터의 조사 결과에 따르면 생성형 AI는 2030년까지 미국에서 약 240만 개의 일자리를 대체할 것으로 예상된다. 여기에 추가로 1,100만 개의 일자리에 영향을 미칠 것으로 보인다. 포레스터의 조사를 뒷받침하는 다른 연구 결과들도 있다. 예를 들어, 맥킨지 글로벌 인스티튜트McKinsey Global Institute는 2030년까지 AI로 인해 약 800만 개의 일자리가 사라질 것으로 전망했다. 골드만 삭스Goldman Sachs 역시 AI로 인해 약 3억 개의 일자리가 대체될 수 있다고 예측했다.

포레스터의 보고서는 생성형 AI가 다음과 같은 분야에서 일자리를 대체할 가능성을 크게 예측했다.

○ 콘텐츠 생성: 생성형 AI는 텍스트, 이미지, 비디오, 음악 등 다양한 콘텐츠를 생성한다. 이로 인해 작가, 언론인, 디자이너, 음악가 등과 같은 직업군이 영향을 받는다.

○ 고객 서비스: 생성형 AI는 고객 문의에 응답하거나 제품 및 서비스에 대한 질문에 답변하는 등의 역할을 수행한다. 이로 인해 고객 서비스 상담원, 콜센터 직원 등과 같은 직업군이 영향을 받는다.

○ 데이터 분석: 생성형 AI는 대규모 데이터 세트에서 패턴을 식별하고 새로운 통찰력을 제공한다. 이로 인해 데이터 분석가, 통계학자 등과 같은 직업군이 영향을 받는다.

"분명한 것은 생성형 AI가 사무직 일자리를 대체할 것이라는 점"이라며 2030년까지 자동화 및 AI가 미국 전체 일자리의 4.9%를 대체할 것으로 예상된다고 덧붙였다.

한편 이 보고서는 2030년까지 자동화로 인해 0.6%의 일자리가 감소할 것이라고 예측하면서 사라지는 일자리의 거의 30%를 생성형 AI가 차지할 것이라고 말했다.

하지만 보고서는 지적 재산권 및 저작권 침해, 표절, 모델 편향성, 윤리 및 모델 응답 신뢰성과 관련된 중요한 문제가 적절히 해결될 때까지는 AI가 일자리를 대체하는 일이 미뤄질 수 있다고 말했다. 이뿐만 아니라, 챗GPT와 같은 모델이 때때로 거짓말을 하는 등 고객 서비스에 치명적 실수를 할 수도 있다는 우려로 인해 일자리 대체가 미뤄질 수도 있다.

그렇더라도 AI가 모든 산업 분야를 막론하고 기업에 도입될 것이며, 여기에 뒤처지지 않으려면 기업은 개발자, 비즈니스 분석가, 프롬프트 엔지니어, 윤리학자 등 희소하고 수요가 많은 인재를 확보해야 한다고 강조했다. 이러한 전문 지식에 대한 시장은 경쟁이 치열할 것이며, 새로운 일자리의 기회가 되기도 할 것이다.

결론적으로 이 보고서는 기업이 진화하는 생성형 AI 환경을 효과적으로 탐색하기 위해 투자, 안전장치, 생성형 AI 인력 전략을 보유해야 한다고 권고했다.

생성형 AI, 일자리를 대체하거나 보조하거나

한편 포레스터는 생성형 AI가 일자리를 대체할 것으로 예상하지만, 새로운 일자리 창출에도 기여할 것으로 전망했다. 생성형 AI는 새로운 제품과 서비스 개발, 기존 업무의 효율성 개선 등 다양한 분야에서 활용될 수 있기 때문이다.

세계경제포럼의 〈일자리의 미래 보고서 2023〉은 AI와 기타 텍스트, 이미지, 음성 처리 기술을 포함한 산업 변화로 인해 향후 5년 안에 전 세계 일자리의 23%가 바뀔 것이라고 말했다.

특히 모든 업무의 총시간 중 62%가 언어 기반 작업과 관련되어 있으므로 챗GPT와 같은 LLM이 여러 분야에서 채택될 경우 다양한 직무에 큰 영향을 미칠 수 있다. LLM이 직업에 미치는 영향을 평가하기 위해 이 보고서는 867개 직업에 걸쳐 1만 9,000개 이상의 직무에 관해 분석했다. 그 내용에 따르면 LLM에 의한 자동화 가능성이 큰 직무는 일상적이고 반복적인 경향이 있는 반면, 업무 증강 가능성이 가장 큰 직무는 추상적 추론과 문제 해결 기술이 필요한 직무라는 사실이 밝혀졌다. 자동화 가능성이 작은 직업은 개인적인 상호 작용과 협업이 주 업무인 것으로 나타났다.

먼저 자동화 가능성이 가장 큰 직업은 머신러닝을 통해 AI가 작업할 수 있는 직무에 해당한다. 행정 및 사무, 데이터 분석 및 운영 개선, 외부 동향, 이벤트 모니터링, 상품이나 서비스에 대한 정보 수

표 3. 생겨나는 일자리, 사라지는 일자리 2023-2027

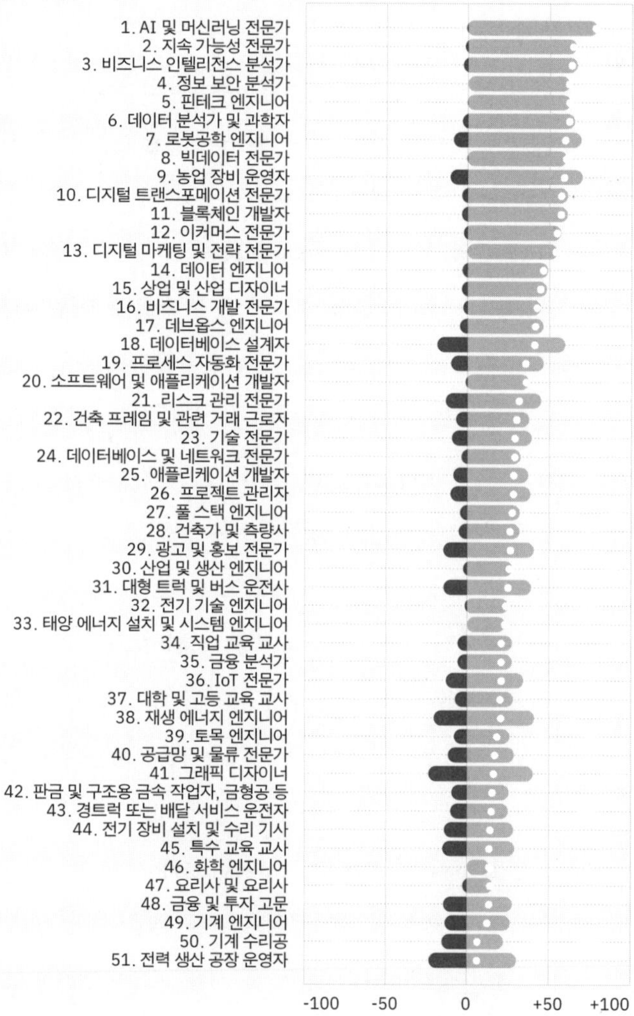
1. AI 및 머신러닝 전문가
2. 지속 가능성 전문가
3. 비즈니스 인텔리전스 분석가
4. 정보 보안 분석가
5. 핀테크 엔지니어
6. 데이터 분석가 및 과학자
7. 로봇공학 엔지니어
8. 빅데이터 전문가
9. 농업 장비 운영자
10. 디지털 트랜스포메이션 전문가
11. 블록체인 개발자
12. 이커머스 전문가
13. 디지털 마케팅 및 전략 전문가
14. 데이터 엔지니어
15. 상업 및 산업 디자이너
16. 비즈니스 개발 전문가
17. 데브옵스 엔지니어
18. 데이터베이스 설계자
19. 프로세스 자동화 전문가
20. 소프트웨어 및 애플리케이션 개발자
21. 리스크 관리 전문가
22. 건축 프레임 및 관련 거래 근로자
23. 기술 전문가
24. 데이터베이스 및 네트워크 전문가
25. 애플리케이션 개발자
26. 프로젝트 관리자
27. 풀 스택 엔지니어
28. 건축가 및 측량사
29. 광고 및 홍보 전문가
30. 산업 및 생산 엔지니어
31. 대형 트럭 및 버스 운전사
32. 전기 기술 엔지니어
33. 태양 에너지 설치 및 시스템 엔지니어
34. 직업 교육 교사
35. 금융 분석가
36. IoT 전문가
37. 대학 및 고등 교육 교사
38. 재생 에너지 엔지니어
39. 토목 엔지니어
40. 공급망 및 물류 전문가
41. 그래픽 디자이너
42. 판금 및 구조용 금속 작업자, 금형공 등
43. 경트럭 또는 배달 서비스 운전자
44. 전기 장비 설치 및 수리 기사
45. 특수 교육 교사
46. 화학 엔지니어
47. 요리사 및 요리사
48. 금융 및 투자 고문
49. 기계 엔지니어
50. 기계 수리공
51. 전력 생산 공장 운영자
-100
-50
0
+50
+100

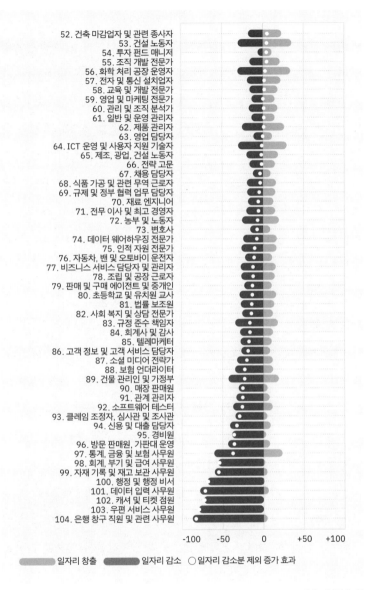

순위	직업
52.	건축 마감업자 및 관련 종사자
53.	건설 노동자
54.	투자 펀드 매니저
55.	조직 개발 전문가
56.	화학 처리 공장 운영자
57.	전자 및 통신 설치업자
58.	교육 및 개발 전문가
59.	영업 및 마케팅 전문가
60.	관리 및 조직 분석가
61.	일반 및 운영 관리자
62.	제품 관리자
63.	영업 담당자
64.	ICT 운영 및 사용자 지원 기술자
65.	제조, 광업, 건설 노동자
66.	전략 고문
67.	채용 담당자
68.	식품 가공 및 관련 무역 근로자
69.	규제 및 정부 협력 업무 담당자
70.	재료 엔지니어
71.	전무 이사 및 최고 경영자
72.	농부 및 노동자
73.	변호사
74.	데이터 웨어하우징 전문가
75.	인적 자원 전문가
76.	자동차, 밴 및 오토바이 운전자
77.	비즈니스 서비스 담당자 및 관리자
78.	조립 및 공장 근로자
79.	판매 및 구매 에이전트 및 중개인
80.	초등학교 및 유치원 교사
81.	법률 보조원
82.	사회 복지 및 상담 전문가
83.	규정 준수 책임자
84.	회계사 및 감사
85.	텔레마케터
86.	고객 정보 및 고객 서비스 담당자
87.	소셜 미디어 전략가
88.	보험 언더라이터
89.	건물 관리인 및 가정부
90.	매장 판매원
91.	관계 관리자
92.	소프트웨어 테스터
93.	클레임 조정자, 심사관 및 조사관
94.	신용 및 대출 담당자
95.	경비원
96.	방문 판매원, 가판대 운영
97.	통계, 금융 및 보험 사무원
98.	회계, 부기 및 급여 사무원
99.	자재 기록 및 재고 보관 사무원
100.	행정 및 행정 비서
101.	데이터 입력 사무원
102.	캐셔 및 티켓 점원
103.	우편 서비스 사무원
104.	은행 창구 직원 및 관련 사무원

-100   -50   0   +50   +100

일자리 창출   일자리 감소   ○ 일자리 감소분 제외 증가 효과

출처. 세계경제포럼

집, 기술 설계, 절차 또는 활동 문서화 등이 있으며, 직업으로는 신용 승인자, 검사원 및 사무원으로, 이들 업무 시간의 81%를 자동화할 수 있는 것으로 나타났다. 뒤이어 관리 분석가, 텔레마케터, 통계보조원, 출납담당자들도 자동화 가능성이 컸다.

업무 증강 가능성이 큰 직업은 인간이 업무를 수행하되 AI가 생산성을 향상해주는 업무다. 직원 역량 및 성과 평가, 소비자 요구 및 의견 데이터 수집, 환자의 상태 및 치료 옵션 평가, 정보 또는 교육자료 준비, 컴퓨터 또는 정보 시스템의 성능 테스트 등의 직무가 포함된다. 가장 대표적인 직업은 보험 언더라이터로 기존의 2배에 해당하는 업무를 같은 시간에 수행할 수 있을 것으로 보이며, 생명공학자 및 생명과학 엔지니어(84%), 수학자(80%), 편집자(72%) 등도 업무 증강 가능성이 큰 직업이다.

마지막으로 자동화나 증강 가능성이 작은 직무로는 계약 협상 및 계약, 교육 프로그램 개발 협력, 직접적인 과학 또는 기술 활동, 문제 해결을 위한 협업, 기타 비언어 작업(육체노동)이 꼽혔다. 대표적 직업으로는 교육, 직업 상담사, 고문 등으로 이들은 업무 시간의 84%를 인간이 계속 수행해야 한다고 나타났다.

AI는 기존 직업 시장의 지도를 재편하는 것 외에도 AI 개발자, 인터페이스 및 상호 작용 디자이너, AI 콘텐츠 제작자, 데이터 큐레이터, AI 윤리 및 거버넌스 전문가 등 새로운 직무를 창출할 가능성이 크다.

일자리 시장에 '안정'이라는 단어가 사라진다

세계경제포럼이 제공하는 〈일자리의 미래 보고서〉는 과거 보고서를 합쳐 일관되게 강조된 새로운 직업으로 데이터 과학자, AI 및 머신러닝 전문가, 디지털 혁신 전문가 등이 꼽혔으며, 감소하는 직업으로는 데이터 입력 사무원, 임원 및 행정 비서, 회계, 급여 사무원 등이 꼽혔다.

2023년 보고서에 나타난 증가하는 일자리로는 AI 및 머신러닝 전문가가 빠르게 성장하는 직업 중 1위를 차지했으며, 지속 가능성 전문가와 비즈니스 인텔리전스 분석가가 그 뒤를 이었다. 가장 빠르게 성장하는 직종의 대부분은 기술 관련 직종으로 나타났고, 가장 빠르게 감소하는 직업은 대부분 사무직 또는 비서직으로, 은행원 및 관련 사무원, 우편 서비스 사무원, 캐셔 및 티켓 판매원이 여기에 속했다.

또한 2023~2027년에 가장 큰 성장률을 보일 직업은 농업 장비 운전자, 대형 트럭 및 버스 운전사, 직업 교육 교사로 나타났다. 한편 데이터 입력 사무원, 행정 및 행정 비서, 회계, 재무 및 급여 사무원은 고용이 가장 크게 감소할 것으로 예상된다. 이 세 일자리를 합친 것이 소멸하는 전체 일자리의 절반 이상을 차지할 것으로 보인다.

세계경제포럼은 현재의 변화 속도대로라면 전반적으로 6,900

만 개의 일자리가 창출되고 8,300만 개의 일자리가 소멸되어 향후 5년 동안 전 세계 노동 시장이 1,400만 개의 일자리가 줄어들 것으로 분석했다. 한편 순성장률과 이직률이 0인 데이터는 나타나지 않았는데, 이는 응답자들이 향후 5년 동안 노동 시장 안정을 경험할 직업이 없을 것으로 예상한다는 사실을 가늠할 수 있다.

AI를 사용하는 사람들이 그렇지 않은 직원을 대체한다

챗GPT와 같은 혁신적인 생성형 AI 모델은 코딩 및 작문과 같은 기술 작업에서 놀라운 숙련도를 보여줬다. MIT 연구진이 챗GPT가 업무에 미치는 영향을 조명하며 자기소개서와 이메일 등의 작성, 비용 편익 분석과 같은 업무를 맡은 근로자의 생산성을 향상시킨다는 사실을 밝혀냈다.

연구진은 생성형 AI가 근로자의 생산성에 미치는 영향을 연구하기 위해 대학 교육을 받은 453명의 마케터, 컨설턴트, 데이터 분석가, 인사 전문가 및 관리자에게 각 직종에 맞는 두 가지 글쓰기 과제를 부여했다. 20~30분 분량의 과제에는 보조금 신청을 위한 자기소개서 작성, 조직 개편에 관한 이메일 작성, 주어진 고객 데이터를 기반으로 푸시 알림을 보낼 고객 선정 계획 등이 포함되었다. 두 번째 과제에서는 참가자의 절반에게 GPT 3.5를 사용할 수 있도록 해주었다. 이 사용자들은 대조군보다 11분 더 빨리 과제를 완료했으며, 평균 품질 평가는 18% 높았다. 또한 데이터에 따르면 작업자 간의 성과 불평등이 감소해 첫 번째 과제에서 낮은 등급을 받은 작업자가 두 번째 과제에서 챗GPT를 사용함으로써 더 많은 이점을 얻을 수 있었다.

이 연구의 책임자인 MIT 경제학 박사 과정 셰이크드 노이 Shakked Noy는 "확실한 것은 생성형 AI가 사무직에 큰 영향을 미칠 것이라는 점"이라고 설명하며, 이런 종류의 기술이 사무직에서 응용될 분야가 많다고 덧붙였다.

일자리가 아닌 업무를 대체하는 AI

생성형 AI의 등장은 잠재적 일자리 대체 우려로 번지고 있다. 이에 관해 IBM은 보고서를 통해 "AI가 사람을 대체하지는 않지만 AI를 사용하는 사람이 그렇지 않은 사람을 대체할 것"이라고 경고했다. 즉, 지금 당장은 AI에게 일자리를 빼앗기는 걱정을 하기보다는 새롭게 등장한 기술을 익혀서 업무에 적용하는 사람들에게 내 일자리를 빼앗길까 걱정해야 한다는 것이다.

AI의 가장 큰 장점은 사용자가 훈련시킨 대로 업무를 정확하게 수행한다는 점이다. 단순하고 반복되는 업무들을 AI가 대신하게 되면, 그 시간을 확보한 직원들은 더 중요한 업무에 집중할 수 있다.

전 세계 명문대학은 물론 개방형 온라인 교육 서비스에서 많은 사람들이 역량을 강화하기 위해 AI 및 머신러닝에 초점을 맞춘 프로그램, 학위 및 자격증을 수강했다. 링크드인LinkedIn의 미래 업무 보고서에 따르면 이런 추세는 싱가포르에서 가장 빠르게 진행되고 있으며, 실제로 AI의 도입 역시 가장 빠른 추세다. 이 보고서에 따르면 기술 분야뿐만 아니라 소매업, 교육, 금융 서비스 분야에서도 AI 기술을 습득하고 있다.

IBM 설문조사에 응한 임원의 약 87%는 사람이 AI로 대체되지는 않겠지만, 생성형 AI가 사람들의 역할을 보강할 것은 확실하다고 답했다. 또 하위 직급 직원들이 가장 큰 변화를 겪을 것으로 예상했다. 아르빈드 크리슈나Arvind Krishna IBM CEO는 2023년 5월에 대체 가능한 직책에 대한 인간 채용 중단을 검토 중이라는 불안감을 유발하는 발언을 하기도 했다. 그는 IBM의 2만 6,000명 규모의 고객 비대면 인력에 관해 "5년 동안 그중 30%가 AI와 자동화로 대체될 수 있다"고 말했다.

하지만 IBM의 연구에 따르면 리스킬링을 통해 기술 중심의 직무 변화에 효과적으로 적응하는 기업은 평균 15%의 매출 성장률이라는 성과를 얻는 것으로 나타났다. 마찬가지로 AI 이니셔티브에 우선순위를 두는 기업은 그렇지 않은 기업에 비해 매출 성장률이 36% 더 높게 나타났다.

이 연구는 생성형 AI를 수용하는 것이 개인의 기술 향상과 조직 성장의 촉매제 역할을 할 수 있으며, 기술 혁신과 인간의 독창성이 서로를 보완하고 향상시키는 미래를 촉진할 수 있다고 강조하고 있다.

AI 도입하지 않는 기업 도태된다

세계경제포럼은 챗GPT 및 스태빌리티AI와 같은 LLM의 등장으로 향후 5년 안에 약 25%의 일자리가 사라질 것으로 예측한다. PwCPricewaterhouse Coopers, 프라이스워터하우스쿠퍼스컨설팅은 2030년까지 AI가 전 세계 경제에 15조 7,000억 달러의 기여를 할 것으로 예상한다. 세계적인 기업들은 이미 이러한 사실을 인지하고 AI 구현에 앞장서고 있다.

스태빌리티AI의 CEO 에마드 모스타크의 말을 인용하자면, "구글과 마이크로소프트는 미래 사업의 핵심으로 생성형 AI에 집중하고 있다. 수조 달러 규모의 기업들이 전체 전략과 초점을 바꾸고 있는 것이다."

혁신기업가 피터 디아만디스Peter Diamandis 역시 생성형 AI의 등장으로부터 10년이 지난 시점에는 AI를 완전히 활용하는 기업과 폐업하는 기업으로 나뉠 것이라고 경고했다. 그는 생성형 AI 도구를 비즈니스에 어떻게 적용하는지 다섯 가지 방향을 제시했다.

가장 먼저 각종 텍스트를 만드는 데 사용한다. 카피라이팅은 물론, 이메일, 소셜미디어 게시물 등 맞춤형 마케팅 콘텐츠를 제작하는 데 활용하며, 각종 동영상과 광고용 스크립트 작성 및 스토리텔링도 AI를 활용하면 초안이 쉽게 작성된다.

두 번째로 고객 지원에 활용한다. 기존에도 AI는 챗봇이라는 형태로 간단한 고객 서비스에 활용되었다. 챗봇은 하루 24시간, 연중무휴로 업무를 보며 동시에 다수를 상대할 수 있기 때문에 효율성이 좋았다. 하지만 그동안은 정해진 질문에 정해진 답만 할 수 있어 한계가 있던 것도 사실이다. 이런 기능이 생성형 AI의 등장으로 대폭 개선되었다. 특히 고객과 공감하기 위해 감정 분석을 수행해 고객 경험을 개선하고 복잡한 상호 작용을 처리해 그 활용 범위가 더 넓어질 것으로 기대한다.

세 번째로 생성형 AI는 코드를 직접 작성해 버그 수정, 테스트 생성 및 문서화 등으로 품질을 향상시킨다.

네 번째로 각종 이미지 또는 동영상을 제작하고 편집하는 데 활용할 수 있다. 생성형 AI는 이미지, 텍스트, 음악 등을 만들어낸다. 기업이나 브랜드의 로고 같은 것에서부터 제품 소개 영상까지 손쉽게 제작해 브랜드 인지도와 판매를 향상시킬 수 있다.

AI는 앞으로 기업의 일상적인 업무에서 제품과 서비스를 테스트하는 것은 물론 조직을 설계하는 데 정기적으로 사용될 것이다. AI의 미래는 그 엄청난 잠재력을 반영하듯 예측하기가 매우 어렵다. 하지만 이것만은 확실하다. 예측 불가능한 환경에서 기업이 살아남으려면 늦지 않게 AI를 비즈니스에 도입해야 한다는 점이다.

AI와 차별화되는 인간의 능력

20세기 말, 기업에 컴퓨터가 도입되면서 많은 업무가 자동화되었다. 그에 따라 많은 일자리가 변화를 겪었으며, 컴퓨터를 다룰 줄 모르는 사람들은 일자리를 잃어야 했다. 그런데 이제 AI가 컴퓨터 도입 때처럼 미래 일자리에 큰 변화를 몰고 오고 있다.

2020년 세계경제포럼에서는 4차 산업혁명으로 인해 2030년까지 전 세계 3분의 1가량의 직무가 변화될 것으로 예상했다. 세계적인 IT 컨설팅 기업 가트너도 2025년까지 인력의 3분의 1이 로봇으로 대체될 것으로 예측했다. 맥킨지의 최근 연구에 따르면 현재 전체 근로자의 79%가 생성형 AI를 사용하고 있으며 22%는 일상적인 업무를 완료하기 위해 정기적으로 사용하고 있다. 2027년까지 AI로 인해 전 세계적으로 8,300만 개의 일자리가 사라질 것으로 예상된다. 이런 일자리의 급격한 변화 속에서 기존 직원과 새롭게 입사한 직원들의 디지털 문해력 역시 큰 차이를 보일 것이다. 이 격차를 줄이기 위해서는 재교육, 즉 업스킬링과 리스킬링이 필요하다.

신기술에 빨리 적응하는 것이 능력

IBM이 28개국 최고경영진 3,000명을 대상으로 한 조사와 22개국의 2만 1,000명의 근로자를 대상으로 한 두 가지 포괄적인 연구를 살펴보면 AI가 의심할 여지 없이 변화를 가져오지만, 이러한 변화를 부정적으로만 볼 필요는 없어 보인다. IBM 설문조사에 참여한 경영진의 87%가 생성형 AI가 역할을 대체하기보다는 강화할 것이라고 믿고 있다. 또 AI 통합으로 인해 향후 3년 안에 인력의 40%가 재교육이 필요할 것으로 예상했다. 세계은행World Bank 데이터에 따르면 이는 전 세계 인력 34억 명 중 약 14억 명에 해당한다.

IBM의 연구소는 스킬 중심의 직업 변화를 수용하기 위해 리스킬링을 통해 효과적으로 적응하는 사람들이 15%의 평균 매출 성장률 프리미엄을 경험한다는 증거를 제공했다. 이제 작업자는 자신이 보유한 지식이 적더라도 챗GPT와 같은 기술의 도움을 받아 성과를 낼 수 있게 되었다. 업무 실력을 따질 때 지식은 다른 수단을 통해 채울 수 있기에 덜 중요해진 것이다. 그 대신 다른 것들이 상대적으로 더 주목받는데, 이것이 리더십이다. 다시 말해 팀을 잘 관리하고 협업에 능숙하며, 의사소통이 막힘 없고 변화에 유연하며 적극적인 태도를 갖는 것 등이 여기에 속한다. 미래에도 이런 흐름은 계속되어 새로운 스킬이 등장할 때마다 기존에 중요하게 여겨졌던 스킬이 변할 수 있다. 결국 지금 우리에게 가장 중요한 것은 변화를 수용하고 거기에 적응하는 능력이 아닐까 한다.

하드 스킬을 최신 상태로 유지하는 것이 필수적이면서 소프트 스킬의 중요성도 새롭게 강조되고 있다. 이에 따라서 세계경제포럼은 미래의 10대 기술로 창의성, 리더십, 탄력성, 유연성 및 스트레스 내성과 함께 비판적 사고 및 문제 해결 등을 꼽았다. 이 모든 스킬이 AI가 아직 마스터하지 못한 소프트 스킬이다.

창의적 사고의 중요성 점점 커져

과거 설문조사와 비교하면 직장 업무가 점점 자동화되면서 창의적 사고가 분석적 사고에 비해 중요성이 높아지고 있음을 알 수 있다. 2018년과 2020년에는 분석적 사고를 핵심 역량으로 간주하는 조사 대상 기업의 수가 창의적 사고를 핵심 역량으로 간주하는 기업보다 각각 35%, 38% 더 많았다. 이제 그 격차는 21%로 감소했으며 계속해서 줄어들 가능성이 있다. 세계경제포럼의 조사에서 기업은 추론과 의사 결정의 자동화가 2027년까지 9% 증가할 것으로 예상되었다. 이 때문에 AI가 할 수 있는 분석적 사고보다는 창의적 사고가 더 중요해진다고 볼 수 있다.

한편 표 4는 〈일자리의 미래 보고서 2023〉에서 향후 5년 동안 직원의 역량 중요성이 어떻게 변할지에 관한 기업의 기대치를 보여준다. 사고 능력의 중요성이 가장 빠르게 커지고 있는 것이 눈에 띄는데, 이는 직장에서 복잡한 문제 해결의 중요성이 증가하는 것을 반영한다. 설문조사에 참여한 기업에서는 창의적 사고가 분석적 사고보다 약간 더 빠르게 중요성이 커지고 있다고 보고했다. 기술 활용 능력은 세 번째로 빠르게 성장하는 핵심 역량이다.

기업이 가장 빠르게 중요해질 것으로 생각하는 역량 중 하나는 호기심과 평생 학습, 회복탄력성, 유연성 및 민첩성, 동기 부여 및 자기 인식이라는 태도 역량이다. 이는 기술의 수명 주기가 감소함에 따라 평생 학습하는 문화가 일반화되는 것을 고려한 결과다. 그밖에 시스템 사고, AI 및 빅데이터, 인재 관리, 서비스 오리엔테이션 및 고객 서비스가 상위 10위 안에 들었다.

한편 응답자들은 순감소할 역량이 없다고 판단한 반면, 상당수의 기업에서는 직원들에게 읽기, 쓰기, 수리력, 세계시민 의식, 감각처리 능력, 손재주, 지구력, 정확성 등의 중요성이 감소하고 있다고 판단했다.

292

표 4. 향후 5년간 중요해지는 직원 역량

1. 창의적 사고
2. 분석적 사고
3. 기술 활용 능력
4. 호기심과 평생 학습
5. 회복탄력성, 유연성 및 민첩성
6. 시스템 사고
7. AI 및 빅데이터
8. 동기 부여 및 자기 인식
9. 인재 관리
10. 서비스 오리엔테이션 및 고객 서비스
11. 리더십과 사회적 영향력
12. 공감과 경청
13. 신뢰성 및 세부 사항에 대한 관심

14. 리소스 관리 및 운영
15. 네트워크 및 사이버 보안
16. 품질 관리
17. 디자인 및 사용자 경험
18. 교육 및 멘토링
19. 환경 보호
20. 프로그래밍
21. 마케팅 및 미디어
22. 다국어
23. 읽기, 쓰기 및 수학
24. 세계시민 의식
25. 감각 처리 능력
26. 손재주, 지구력 및 정밀성

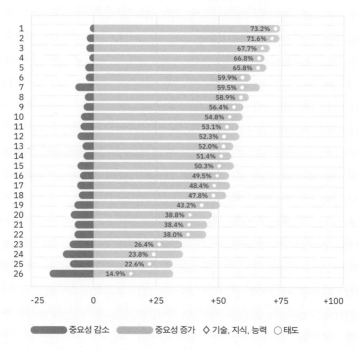

출처. 세계경제포럼

업스킬링이 가장 필요한 AI 분야

일자리가 요구하는 핵심 역량의 변화는 기업의 직무 교육에 반영될 때 비로소 의미가 있다. 기술의 변화에 따라가기 위해 전 세계의 기업에서는 교육 프로그램을 설계하고 확장하고 있다고 한다. 기업이 교육에서 최우선 순위를 두는 것은 분석적 사고로, 업스킬링 계획의 10%를 차지하고 있다. 인력 개발의 두 번째 우선순위는 창의적 사고로, 이는 업스킬링 계획의 8%를 차지했다.

그런데 기업에서 중요성이 가장 빠르게 증가하고 있다고 보고되는 기술이 업스킬링 전략에 항상 반영되는 것은 아니다. 기업이 중요성에 따른 역량보다 훨씬 더 높은 우선순위를 두는 두 가지 기술이 있다. 바로 AI와 빅데이터, 리더십과 사회적 영향력이다.

기업들은 기술 전략에서 AI와 빅데이터를 핵심 역량 평가보다 12단계 더 높게 평가했으며, 리스킬링 노력의 약 9%를 이 분야에 투자할 것이라고 답했다. 한편 리더십과 사회적 영향력은 현재 중요도보다 5단계 더 높은 순위를 차지하며 태도 역량 중에서 가장 높은 순위를 차지했다.

AI와 빅데이터는 현재 대량 고용을 위한 핵심 역량에서 15위에 불과하지만, 향후 5년간 기업 교육 전략의 3순위이자, 직원 수 5만 명 이상 기업에서는 1순위다. 보험, 경영, 미디어, 엔터테인먼트, 스포츠, 정보 및 기술 서비스, 통신, 비즈니스 지원 및 건물 유지보수 서비스, 전자 산업에서도 AI와 빅데이터는 가장 우선순위가 높은 기술이다.

일부 기업은 AI와 빅데이터가 핵심 역량으로 지나치게 강조되어 근로자에게는 상대적으로 중요성이 감소할 것이라고 생각한다. 그렇더라도 59%의 기업은 그 중요성이 증가할 것으로 예상하고 있으며, 많은 기업이 전략적 우선순위로 보고 있다.

생성형 AI가 그 일자리를 대체할 가능성도 있지만, AI와 빅데이터를 활용하는 인력을 양성하는 것은 기업의 비즈니스 목표를 달성하기 위한 중요한 방법이다. 빅데이터 분석은 채택될 경우 일자리를 창출할 가능성이 있는 것으로 보이는 기술에서 상위권을 차지했으며, 65%는 노동 시장 성장을 촉진할 것이라는 데 동의했다. 단 7%만이 축소를 예측했다. AI 및 빅데이터 분야의 전문가 역할은 30~35% 증가할 것으로 예상되며, 빅데이터 분석은 2027년까지 기업이 도입할 가능성이 세 번째로 높은 기술로, 80%의 기업이 빅데이터를 회사 운영에 통합할 계획이며, 75%의 기업이 머신러닝이나 신경망과 같은 AI 기술을 통합할 계획이라고 밝혔다.

| 6 | 일자리의 빈익빈 부익부가 심화된다 |

세계경제포럼의 〈일자리의 미래 보고서 2023〉과 비교해볼 만한 내용으로 PwC가 2023년 7월에 발표한 〈글로벌 인력 희망과 두려움 설문조사Global Workforce Hopes and Fears Survey〉가 있다. 모든 기관의 2023년 일자리 관련 보고서가 그렇듯, PwC의 보고서 역시 AI로 인한 급격한 변화를 중심으로 진행되었으며, 46개국 약 5만 4,000명의 근로자가 응답했다. 특히 PwC의 보고서는 고용주 측의 답변으로 구성된 세계경제포럼의 설문조사와 비교해 근로자의 답변을 들을 수 있어 관점의 차이를 비교해볼 만하다.

먼저 세계경제포럼의 조사에 의하면 기업의 리더들은 향후 5년 안에 근로자의 스킬 중 44%가 쓸모없어질 것으로 예상했다. 하지만

PwC의 설문조사에 참여한 직원들의 판단은 다르다. 응답자의 36%만이 향후 5년 동안 직장에서 성공하는 데 필요한 스킬이 크게 변화할 것이라는 데 동의했으며, 43%만이 해당 기간에 자신의 직무에 필요한 스킬이 어떻게 변화할지 명확하게 알고 있다고 답했다.

단순하게 보면 기업을 이끄는 고용주보다 현장에서 일하는 직원들이 기술로 인한 변화 체감이 적다는 것이다. 우려스러운 것은, 전문 교육이 필요하지 않은 직무에 종사하는 근로자가 변화의 가능성을 더 작게 보고 있다는 점이다. 교육 수준이 낮은 응답자의 15%만이 향후 5년 안에 업무 수행에 필요한 스킬이 변화할 것이라고 답한 반면, 비교적 전문화된 직업을 가진 응답자의 51%는 향후 5년 안에 직무 스킬이 변화할 것이라고 답했다. 이는 스킬이 계속 발전하고 기업이 자동화와 AI로 일자리를 대체하거나 관련 일자리를 늘리게 되면, 전문 교육이 부족한 근로자가 실직에 더 취약해질 수 있다는 의미다.

이뿐만 아니라, 전문 교육을 받은 근로자의 60%가 향후 5년 안에 업무 수행에 필요한 스킬이 어떻게 변화할지 명확히 알고 있다고 답한 반면, 전문 교육이 필요하지 않은 근로자의 20%만이 그렇다고 답했다.

또 모든 분야에서 가장 뜨거운 관심사인 AI와 관련해서도 전문 교육을 받은 직원과 그렇지 않은 직원의 응답에 차이가 있었다. AI가 새로운 일자리를 창출하는 등 긍정적인 영향을 미친다고 답한 응답자가 52%, 일자리를 자동화시키는 등 부정적인 영향을 미친다고 답한 응답자는 35%에 해당했다. 대체적으로는 전문 교육을 받은 직원이 아닌 직원에 비해 AI가 자신의 커리어에 긍정적이든 부정적이든 영향을 미칠 것으로 예상하는 경향을 보였다. 여기서도 전문 교육을 받지 않은 응답자들이 미래 일자리 변화에 대한 준비가 덜 되어 있음을 알 수 있다.

전문 교육을 받은 직장인은 위기감이 다르다

한편 직원의 태도와 관련한 설문조사에서도 전문 교육을 받은 직원들은 적응력과 유연성, 비판적 사고, 협업 등 중요한 소프트 스킬이 향후 5년의 커리어에 중요할 것이라고 답한 비율이 69~83%에 달했다. 반면 전문 교육을 받지 않은 직원의 경우 37~55%로 나타났다. 이러한 견해는 직장에서 복잡한 문제 해결 능력의 중요성이 증가하고 회복탄력성, 유연성, 민첩성의 중요성이 커지고 있다는 세계경제포럼 조사에 참여한 고용주들의 의견과는 큰 차이를 보인다.

미래의 불확실성과 빠른 변화 속에서 기업이 살아남으려면 계속해서 새로운 시도를 해야 한다. 그 가운데 실패를 겪을 수도 있다. 이때 실패를 빨리 딛고 일어나는 회복탄력성이 필요하다.

결국 미래에 일자리를 구하고 유지하기 위해서는 새로운 스킬이 필요함을 인지하고 계속해서 리스킬링과 업스킬링을 해야 하며, 기업 입장에서는 동기부여를 통해 직원들이 새로운 도전을 계속하도록 만들어야 한다. 하지만 전문 기술을 가진 사람과 그렇지 않은 사람 사이의 격차는 점점 더 커지고 있으며, 이로 인해 경제적 불평등의 위험이 증가하고 있는 것이 현실이다. 새로운 기술을 배우는 데 느린 직원은 변화에 적응하는 데 어려움을 겪을 것이다. 또한 기술 격차가 확대되면 기업의 생산성과 혁신이 나쁜 영향을 받을 것이다.

기업은 리더를 중심으로 변화에 적응하는 조직이 되도록 체질 개선을 해야 한다. 직원들 역시 일자리를 잃지 않기 위해서는 변화하는 직무에 적응할 수 있도록 자신의 업무 스킬을 업그레이드하는 한편, 어떤 업무를 맡게 되더라도 적응할 수 있는 유연성과 회복탄력성을 키워야 할 것이다.

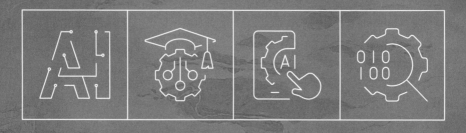

CHAPTER 5.
사회와 경제의 현재와 미래

●●● AI 외에도 많은 신기술이 우리의 삶을 차근차근 바꾸고 있다. 첨단 신소재의 개발, 가상현실과 증강현실을 활용한 메타버스, AI에 연결된 IoT, 에너지 문제와 우주여행 문제를 한꺼번에 해결해줄 핵융합 기술까지, 각종 기술이 우리 삶을 더욱 편리하게 할 목적으로 개발되고 있다.

앞선 카테고리에 들지 못했지만, 독자들이 관심을 가질 만한 각 분야의 흥미로운 기술들을 모아서 소개한다.

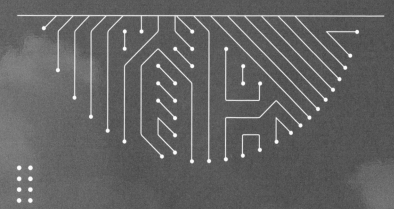

식량
_동물 면역체계를 식물에 도입해 수확량 늘린다

식량 생산은 인류의 생존에 매우 중요한 일이다. 농업과 축산업이 발달하며 인류는 안정적으로 식량을 얻을 수 있게 되어 정착 생활이 가능해졌다. 그 덕분에 기술과 문화를 부흥시키며 지금의 삶을 누릴 수 있게 되었다. 그 사이에 농업과 관련된 기술의 발전도 계속되어 생산량은 더욱더 늘었다. 그럼에도 세계의 일부는 다양한 이유로 여전히 식량 위기를 겪고 있다. 식량 문제를 해결하기 위해 학자들과 전문가들은 좁은 면적에서 생산량을 늘리기 위한 수직농업, 다양한 환경에서도 자랄 수 있게 유전자를 개량하는 작업 등 식량 안정화를 위한 노력을 기울이고 있다.

식량에 위기를 가져오는 원인 중 하나는 병충해다. 병충해는 역사가 오래된 문제로 유전자 개량이나 농약 등으로 많이 개선되었지만, 기후 변화로 인해 새로운 병충해가 발생하는 등 여전히 해결책이 필요하다. 대표적인 예로 바나나에 치명적인 파나마병이 있다. 이 병은 한때 바나나를 멸종으로 몰고 갔으며, 현재 우리가 소비하는 바나나는 파나마병에 강한 새로운 품종이다. 하지만 이 또한 파나마병의 변종이 유행하자 다시 멸종 위기에 처했다.

불행 중 다행히도 바나나를 주식으로 하는 국가는 거의 없기에 큰 문제가 되지 않는다. 만약 쌀이 병충해로 인해 멸종된다면 어떨까? 이는 단순한 가정이 아니라 실제로도 진행되는 위기다. 단일 곰팡이 병원체인 마그나포르테 오리제Magnaporthe oryzae는 전 세계 쌀 생산 손실의 30%를 차지하며, 6,000만 명을 먹일 식량을 파괴하는 치명적인 병원체다.

식량 위험은 현재 진행형

생물은 생존을 위해 진화한다. 그리고 병원체 역시 진화하며 삶과 죽음의 순환을 계속한다. 그 순환 속에서 인간을 포함한 동물은 적응면역체계라고 알려진 발전된 면역체계를 갖추었다. 즉 항체와 T세포 같은 무기를 사용해 병원체를 매우 정확하게 표적으로 삼을 수 있는 것이다. 이런 면역체계를 활용해 홍역이나 독감 같은 질병을 일으키는 유기체에 관해 예방접종을 받는다.

그런데 식물에는 적응면역체계가 없다. 식물은 선천성 면역으로 알려진 더 일반적인 면역체계를 가지고 있지만, 적응면역만큼 정확하거나 강력하지는 않다. 또한 오랜 시간을 견뎌 진화에 성공한 식물들만 살아남으며 지금까지 성공적으로 작동해 왔지만, 중요한 식량 작물을 포함한 식물이 새로운 종류의 병원체에 취약한 것은 사실이다.

지구의 인구는 증가율이 서서히 줄어들고 있지만, 인구 자체는 계속 늘어 21세기 안에 100만 명을 넘을 것으로 보인다. 식량 생산의 증대가 더 중요한 이유다. 그래서 학자들은 식물이 적응형 면역체계를 갖도록 생명공학적으로 조작하는 것이 가능한지에 관심이 많다.

영국 이스트 앵글리아 대학교의 이오르고스 쿠렐리스Jiorgos Kourelis와 연구팀은 취약한 작물 종을 신속하고 정확하게 변형해 새로운 병원균과 해충에 대한 저항성을 부여하려는 연구를 진행했다.

하이브리드 식물-동물 면역체계

식물의 면역은 세포 표면 면역과 세포 내 면역으로 나눌 수 있다. 식물 세포의 표면을 코팅하는 면역 수용체는 고대 병원체 관련 분자 패턴을 모니터링한다. 이는 단순히 위협적 미생물의 존재 여부를 구분하는 비특이적 마커다. 면역 수용체는 보안 카메라처럼 사방을 살피며 의심스러운 것을 인식하면 경보를 울린다. 하지만 위험은 인지해도 그 위험의 정체까지 알아낼 만큼 정확하지는 않다. 이러한 표면의 면역 수용체가 촉발되면 병원체를 죽이는 일련의 보호 조치가 시작된다. 병원체는 이런 세포 기능을 방해하기 위해 식물 세포에 주입되는 면역 파괴 물질을 방출하도록 진화했다. 그리고 이에 대응해 식물은 다시 병원체를 인식하고 그 효과를 중화시키는 NLRnucleotide-binding, leucine-rich repeat immune receptors: 뉴클레오티드 결합, 류신이 풍부한 반복 면역 수용체이라는 세포 내 면역 수용체를 사용하도록 진화했다.

수백만 년 동안 식물과 병원체는 서로를 정복하기 위해 이처럼 진화를 끝없이 반복해왔다. 하지만 계속되는 진화가 식량 작물에 나쁜 영향을 미친다면, 수백만 명의 사람들에게 심각한 위협이 될 수 있다.

의심스러운 병원성 분자를 인식하는 NLR 단백질의 일부를 ID라고 부르는데 과학자들은 벼 식물에서 수백 개의 고유한 ID를 식별했다. 이는 식물이 수백 개의 서로 다른 병원성 분자를 감지할 수 있음을 시사한다. 이것이 많은 것처럼 보일 수도 있지만, 식물은 일정한 패턴만 인식하는 면역체계를 가지고 있기 때문에, 인간이 생산하는 항체가 100경1경은 1,000조의 10배 가지의 다른 분자 패턴을 명확히 인식할 수 있다는 점을 고려할 때 매우 단순하다고 볼 수 있다.

동물 적응 면역체계가 노출된 거의 모든 외부 단백질에 대해 항체를 생성할 수 있다는 점에서 착안해 쿠렐리스의 연구팀은 이를 식물에 적용하고자 했다. 연구팀은 벼에서 생산되는 NLR 중 하나인 Pik-1이라는 단백질을 변형해 이 ID 영역을 형광 단백질에 결합하는 이 항체 조각으로 대체했다. 다음으로 형광 단백질을 발현하도록 유전적으로 변형된 병원체에 생명공학적으로 조작한 식물 및 대조 식물을 노출시켰다. 그 결과 생명공학 식물은 형광성이 상당히 낮은 것으로 나타났다. 즉 식물에 의해 생산된 NLR-항체 하이브리드 분자가 바이러스 복제를 성공적으로 차단했음을 시사한다. 연구팀은 이 기술의 성공으로, 병충해에 더 강한 작물을 생산해낼 수 있는 미래를 열었다.

식량 위기에 대응하는 법

식량 전쟁은 지금도 진행 중이다. 우리나라는 산이 많아 농작지의 면적이 인구에 비해 넓지 않지만, 기술 집약적 농업을 통해 면적 대비 우수한 생산량을 기록하고 있다. 하지만 2020년 기준 식량 자급률은 40%, 곡물자급률은 20%에 불과하다. 2020년 러시아-우크라이나 전쟁으로 인해 밀밭이 타면서 밀가루 가격이 폭등했고,

2023년에는 인도의 사탕수수 흉작으로 설탕값이 폭등하고 있다고 한다. 한편 세계 최대 쌀 수출국인 인도가 자국 물가 안정을 위해 쌀 수출을 제한하고 나서자 2023년에는 쌀값이 폭등하기도 했다. 이처럼, 식량은 언제나 무기가 될 수 있고 이로 인해 당장 먹고사는 위기를 겪을 수 있다. 원인은 인간에 의한 것일 수도 있고 자연, 즉 기후의 문제일 수도 있으며, 온난화에 의한 병충해일 수도 있다.

원인이 무엇이든 간에 우리는 이 문제에 대비해야 하며, 특히 자체 생산량을 더 적극적으로 늘리는 방법을 연구해야 한다.

의류
_ 패션, 기능, 건강 모두 아우른
스마트 의류

인류가 옷을 입게 된 것은 추위와 더위 등 험한 날씨에 대비한 기능적인 이유가 컸다. 또한 벌레나 날카로운 나뭇가지, 뾰족한 돌 등 위험을 피하는 용도도 있었다. 옷은 이후 사회생활에서 계급을 가리키거나 외모를 업그레이드해주는 용도로도 사용되었다. 이제 21세기에는 기능성 섬유, 즉 스마트 직물로 옷의 기능은 한층 업그레이드될 것으로 보인다.

스마트 의류와 전자 섬유(또는 전자 직물)는 21세기 초에 연구 개발 단계 또는 초기 소비자 제품으로서 다양한 의류 품목이 시연되면서 대중의 주목을 받기 시작했다. 1세대 스마트 의류는 의류나 신발에 센서를 부착하는 형태로, 비교적 단순한 기능만을 제공했다.

2세대에는 의류 내부에 센서가 내장되어 더 진보된 제품이 등장했다. 이후에는 의류 자체가 센서가 되었다 초기에 주로 건강 및 피트니스 애호가를 대상으로 했던 스마트 의류는 점차 의료 및 환자 모니터링, 패션, 엔터테인먼트, 게임 및 가상현실, 업무용 애플리케이션, 군사용 등 다른 분야로 확장되었다.

노화 방지부터 방사능 차단까지

센서 기술, 신소재, AI, 모션 트래킹, 햅틱 등의 발전으로 스마트 의류의 기능성과 소비자 매력도를 높인 제품이 점점 더 정교해지고 있다. 전체 의류 시장에서 차지하는 비중은 아직 미미하지만, 연평균 성장률이 20%에 달하면서 스마트 의류의 시장 점유율은 점점 더 높아지고 있다. 2050년대 후반에 스마트 의류는 1조 달러 규모의 산업으로 성장할 것으로 보인다. 2010년대 스마트폰이 전 세계적으로 보편화된 것처럼, 선진국의 거의 모든 사람들이 적어도 한 가지 이상의 스마트 의류를 보유하게 된다는 뜻이다.

스마트 의류는 일반적으로 심미성과 성능 향상이라는 두 가지 주요 범주로 나눌 수 있다. 심미적인 예로는 불이 들어오는 원단, 색이 변하는 원단 등이 있다. 이러한 직물 중 일부는 진동, 소리 또는 열을 활용해 환경으로부터 에너지를 수집하거나 전자 장치를 직물에 내장해 전력을 공급하기도 한다. 운동, 익스트림 스포츠 및 군사용으로 사용되는 성능 향상 직물에는 체온 조절, 바람 저항 감소, 근육 진동 제어 기능 등이 포함된다.

한편 방사선이나 우주여행의 영향과 같은 극한의 환경 위험으로부터 보호하기 위한 스마트 원단의 개발도 시작되었다. 약물을 방출하거나 보습제, 향수, 노화 방지 기능을 갖춘 건강 및 미용 산업용 직물도 혁신의 대상이 되고 있다. 점점 더 많은 기업들이 방수 코팅이 적용된 유연하고 신축성 있는 전자 제품을 만들기 시작했다. 이러한 제품은 세탁이나 악천후에도 견딜 수 있을 뿐만 아니라 배터리 없이도 무선으로 전원을 입력할 수 있다.

스마트폰처럼 한 벌은 필수가 되는 스마트 의류

착용자의 취향에 따라 옷의 모양과 질감을 빠르게 바꿀 수 있는 의류가 등장하면 패션업계도 변화를 맞이할 것이다. 일부 첨단 의류는 비디오 또는 홀로그램 디스플레이를 통합해 눈에 띄는 디자인을 구현할 수도 있다. 스마트 의류는 특히 소매업, 요식업, 엔터테인먼트 및 기타 장소에서 명찰을 생성하거나 유니폼의 외관을 변경하는 기능도 포함될 것이다.

한편 의류의 본래 기능 중 하나인 건강과 안전을 위한 기능도 그대로 보유해 입는 것만으로 심박수, 호흡 및 기타 생체 신호를 지속적으로 모니터링하여 병원이나 의료 전문가에게 건강 문제의 징후를 알려주는 옷도 등장할 것이다. 스마트워치가 하루의 운동량을 계산해주듯, 옷은 움직임의 강도 및 형태에 대한 데이터를 통해 장기적인 상태를 모니터링하도록 해줄 것이다.

웨어러블 기기인 의류에 전원을 공급하는 태양광이 내장된 옷도 등장할 것이다. 이런 기능은 캠핑이나 여행은 물론, 기후 변화로 인해 기온이 높아지는 미래에 냉방 기능도 제공할 수 있을 것으로 보인다. 의류가 하나의 전자기기로 재탄생할 날도 머지않았다.

3	**주거** **_2030년 확장하는 집의 기능**

집은 우리가 살아가는 데 가장 기본이 되는 공간이다. 인류가 처음 집을 만든 것은 험한 날씨나 맹수로부터 안전한 장소를 적극적으로 확보하려는 목적이었다. 현대에 와서 집은 단순한 건물 이상의 역할을 하고 있다. 집은 우리가 성장하고, 관계를 맺고, 편안함을 찾는 장소다.

미래에 집은 어떤 역할을 할까? 현재의 기술 발전 및 사회적 변화를 고려할 때 향후 10~20년의 건축 디자인은 건강에 대한 이해, 일과 삶의 균형을 위한 유연성에 대한 욕구, 기술 통합의 필요성을 반영한 방향으로 발전할 것이다. 미래학자 토머스 프레이Thomas Frey는 미래의 집을 크게 다섯 가지 특징으로 나누어 살펴봤다.

AI가 관리하는 스마트홈

미래의 집은 AI를 중심으로 각종 기술이 통합되어 더욱 편안하고 효율적으로 변할 것이다. IoT가 집 안의 모든 것이 연결하고 지능화하는데, 이는 단순히 다양한 가전제품과 시스템을 인터넷에 연결하는 것 이상의 의미다. 우리는 이미 스마트폰으로 집 밖에서 원격으로 조작할 수 있는 IoT 가전들을 접했다. 하지만 이들 기기를 관리할 AI가 빠진 상태였다. 생성형 AI의 등장으로 인해 AI 시장이 빠르게 성장하고 있는 만큼, 미래 AI 스마트홈도 한 걸음 가까워졌다.

IoT는 다양한 시스템과 가전제품이 인터넷에 연결되어 서로 통신할 수 있게 해주는데, 조명과 난방부터 엔터테인먼트 및 보안 시스템에 이르기까지 집의 모든 것을 자동화하고 개인 취향에 맞게 맞춤 설정할 수 있게 될 것이다. 이 시스템의 중심이 될 AI는 학습 알고리즘을 통해 거주자의 습관과 패턴을 이해하고 에너지 사용을 최적화함으로써 안락함을 향상시킬 수 있다. 집이 사용자의 일상을 학습해서 시간대나 활동에 따라 온도, 조명, 음악을 자동으로 조정하는 것이다.

이뿐만 아니다. AI는 각종 질문에 대한 답변부터 다른 IoT 기기 제어까지 모든 기능을 수행해주며, 스마트 센서는 침입부터 누수까지 모든 것을 감지할 수 있어 안심할 수 있고 수리 비용도 절약해준다.

전기자동차 및 충전 인프라와의 통합도 미래 주택 설계의 핵심 요소가 될 것이다. 주택 소유자는 일상에 따라 또는 전기 요금이 가장 낮은 시간에 맞춰 차량 충전 일정을 관리할 수 있으며, 이 모든 것이 집의 스마트 시스템에 통합된다.

한편 스마트홈에는 가사 등을 도와줄 로봇이 함께 살게 될 수도 있다. 이런 생활 방식을 반영해 로봇과 함께 살기 위한 집이 등장할 것이다. 즉 로봇의 물리적 특성과 기능을 고려한 설계다. 처음부터 안드로이드 같은 로봇이 등장한다면 현재의 주택으로도 문제는 없겠지만, 초기 동반자 로봇은 바퀴로 굴러가는 등 이동에 제한이 있을 수 있다. 따라서 로봇의 이동이 편리하도록 턱을 없애고 경사면을 설치하는 등의 설계가 포함될 수 있다.

공유 공간의 확장

단독 주택이 아닌 아파트식 건물에는 공유 공간이 지금보다 더 다양하게 형성될 것이다. 지금의 아파트에 헬스클럽이나 도서관 같은 공유 공간이 생기는 것처럼 미래의 공동주택에는 공유 주방, 공유 오피스 등이 등장한다는 것이다.

현재 1인 가구가 늘면서 집에서 음식을 만들어 먹는 비율이 급격히 줄어들고 있다. 미래에는 이런 추세를 반영해 공유 주방(식당)

등이 등장하게 될 것이다. 직접 만들어 먹는 공간은 물론 요리가 불가능한 고령 인구 등을 위한 식당도 생길 것이다.

원격근무 역시 늘면서 일과 사생활의 경계가 점점 더 모호해지고 있다. 이에 따라 향후 10~20년 동안의 공동주택 건축 디자인에는 공유 오피스 같은 업무 공간이 통합될 것으로 보인다. 이러한 공간은 워크스테이션, 초고속 인터넷, 회의실, 커피숍, 휴식 공간과 같은 편의시설이 완비된 외부 공간 또는 건물 내 공간으로 설계될 수 있다. 특히 공유 오피스는 사교 공간의 기능도 해 입주자 간의 교류와 커뮤니티 형성을 촉진할 것이다. 이러한 트렌드는 우리의 집을 재구성할 뿐만 아니라 일과 커뮤니티의 맥락에서 우리가 생활 공간과 상호 작용하는 방식을 재정의할 것이다.

좁지만 기술로 넓어지는 집

가상현실virtual reality, VR 및 증강현실augmented reality, AR 기술역시 집에 다양한 영향을 미칠 것이다.

먼저 가상현실은 설계 단계에서부터 의뢰인이 원하는 집을 정확하게 주문할 수 있도록 완성된 집을 가상으로 체험할 수 있게 해줄 것이다.

가상현실을 통해 의뢰인은 설계된 주택의 완전 몰입형 3D 시뮬레이션 안으로 들어갈 수 있다. 모든 방을 살펴보고 다양한 시간대를 시뮬레이션해 채광 등을 확인할 수 있으며, 이를 통해 설계에 대한 전례 없는 수준의 이해와 확신을 얻을 수 있다.

한편 증강현실은 사용자로 하여금 설계가 기존 환경에 어떻게 적용되는지 확인할 수 있게 해준다. 예를 들어, 고객이 낡은 주택을 개조했을 때 어떤 형태로 주변과 어우러질지 시각화할 수 있다.

완성된 집 안에서도 이 기술들은 계속 활용된다. 엔터테인먼트, 교육, 업무 및 사회적 상호 작용을 위한 몰입형 경험을 제공함으로써 집에서도 교육은 물론 업무까지 모든 것을 가능하게 만들 것이다. 이를 위해 전통적 주택에 독서를 위한 서재가 있듯이, 미래 주택에는 가상현실이나 증강현실 기술을 사용하는 전용 공간이 포함될 수 있다. 이러한 공간은 부상을 방지하기 위해 바닥과 벽이 충격을 흡수하는 소재로 처리되거나 부드러운 마감재로 시공되고 가구에 방해받지 않는 개방형 평면도를 특징으로 할 수 있다. 가상현실 방 하나만으로 원격수업을 위한 학습실, 재택근무를 위한 사무실, 영화관이나 TV 감상, 게임을 위한 방으로도 다양하게 활용될 수 있다.

한편 인테리어 디자인 영역에서 주민은 증강현실을 통해 가전 및 가구를 구매하거나 변경하기 전에 실제 공간에서 다양한 가구, 색 구성표 또는 조명 조건이 어떻게 보일지 시각화할 수 있다.

친환경적인 집

사람들은 도심 한가운데의 집을 원하지만, 집 자체는 마당이 있는 등 자연 친화적인 것을 선호한다. 이런 트렌드는 웰빙에 대한 인식이 높아짐에 따라 향후 10~20년 내에 더욱 강해질 것이다.

생물 친화적 디자인은 직간접적으로 자연의 요소를 건축 환경에 통합한다. 직접적인 적용으로는 실내 정원, 수경 시설 또는 목재 및 석재와 같은 천연 소재를 사용하는 형태이며, 자연의 소리, 냄새, 촉각적 경험도 통합해 다중 감각적 연결을 제공한다. 간접적인 적용은 자연의 형태와 패턴을 모방한 디자인이나 자연광이 충분히 들어오는 대형 창문, 야외 환경을 쉽게 볼 수 있는 디자인 등이 있다.

야외 공간에 대한 접근성 또한 미래 주거 설계의 중요한 부분이 될 것이다. 여기에는 발코니와 테라스 같은 개인 공간이나 아파트 같은 공동주택의 공동 녹지 공간이 포함되며, 이런 공간은 텃밭처럼 이용될 것이다. 사실 이런 요소는 기술의 발달로 더 좁은 공간에서도 활용 가능해진다는 점이 달라질 뿐, 지금의 추세를 계속 강화해 나가는 것이다.

한편 친환경적인 집의 의미로 에너지 부분의 변화도 두드러질 것이다. 전 세계가 기후 변화와 씨름하면서 주거용 건물의 에너지 효율이 그 어느 때보다 중요해졌기 때문이다. 미래의 주택은 소비하는 만큼 재생에너지를 생산하도록 설계될 것이다. 바로 에너지 넷제로 주택이다.

넷제로 주택은 효과적인 단열, 고성능 창문, 자연 채광과 열을 활용하는 스마트한 설계로 에너지 수요를 최소화하는 것을 목표로 한다. 주택은 주로 태양광 패널과 풍력 또는 지열 에너지와 같은 재생 가능한 에너지를 생산함으로써 에너지를 자급자족하는 것이다. 배터리 기술이 발달하면 에너지 저장 시스템을 구축해 생산 피크 시간대에 에너지를 저장해서 수요가 많은 시간에 사용할 수 있게 된다.

한편 미래에는 에너지와 함께 물도 귀중한 자원이 될 수 있기에 주택에 빗물 수확 시스템, 중수 재사용, 물 효율이 높은 가전제품과 같은 기능을 통합할 것이다. 이 또한 넷제로 설계에 매우 중요한 요소가 될 것으로 보인다.

건강 중심 디자인

애초에 사람이 집에서 살게 된 이유가 안전, 즉 건강한 삶을 위한 것이었는데, 미래에는 이 기능이 더 스마트하게 확장될 것으로 보인다. 그중에서도 공기 문제가 심각해지는 만큼 공기 여과 시스템, 습도 조절, 무독성, 저자극성 소재 사용과 같은 기능이 중요해질 것이다.

집을 중앙집중 관리하는 AI는 각종 건강 모니터링 기기를 통해 거주인의 심박수, 수면의 질, 신체 활동과 같은 매개변수를 추적하고 건강을 개선하기 위한 인사이트와 권장 사항을 제공할 것이다. 필요할 때는 병원이나 구급대에 응급 구조를 취하는 것도 AI의 일이 될 것이다.

그 밖에 빛 공해, 소음 공해, 층간 소음 등 요즘 주거 환경에서 제기되는 문제들을 해결하는 공법들이 선보일 것이다.

몇 가지 특징으로 살펴본 것처럼 미래의 집은 단순한 주거 공간 그 이상이다. 집이 거주자의 가장 편안하고 안락한 공간이라는 본래 목적을 살리면서, 거주자의 건강을 살피고, 다양한 공간으로 활용할 수 있으며, 친환경 기술의 총합인 공간으로 거듭날 것이다. 기술의 발달은 주거 공간을 교육, 오피스 공간 등과 통합하면서, 우리가 집에 더 오래 머무르도록 할 것이다. 그 결과 집은 정적인 주거 공간에서 많은 활동이 이루어지는 역동적인 공간으로 다시 태어날 것이다.

4	경제 _메타버스 환경으로 통합되는 제조업

각종 기술을 활용해 현실 세계를 가상에 재현한 '메타버스'는 비대면 활동을 해야 했던 코로나 팬데믹 때 특히 주목받은 기술이다. 메타버스는 현실을 기반으로 해 가상의 세계를 겹쳐 보는 증강현실, 완전한 가상의 세계를 만드는 가상현실, 그리고 이 둘을 결합한 혼합현실mixed reality, MR이나 확장현실extended reality, XR 기술 등을 바탕으로 한다고 볼 수 있다. 이들 기술은 많은 분야에서 응용되고 있으며, 비즈니스 분야에서도 혁신과 확장의 원동력이 되고 있다.

아직 초기 단계에 머물러 있지만 2027년에는 증강현실과 가상현실 모두 전 세계 사용자가 1억 명을 돌파할 것으로 예상된다. 이러한 추세를 고려할 때, 사용자에게 몰입도 높은 경험을 제공하기 위해 증강현실 및 가상현실 앱 개발 서비스를 채택하는 조직은 가까운 미래에 탁월한 성과를 거둘 것이 분명하다.

혼합현실의 확장 가능성

증강현실과 가상현실은 이미지, 비디오, 3D 모델과 같은 디지털 데이터를 물리적 환경에 겹쳐서 사용자가 주변 환경을 인식하고 상호 작용하는 방식을 개선하거나 확장한다. 디지털 콘텐츠는 일반적으로 스마트폰, 태블릿 또는 특수 안경 등을 사용해 실시간으로 표시된다.

증강현실 사용자는 주변 환경을 인식하면서 가상의 물체를 보고 상호 작용할 수 있다. 제조, 건설, 소매, 의료 등 다양한 분야에서 이 기술이 적용된 애플리케이션이 지금도 다수 존재한다.

가상현실은 사용자를 현실 세계와 전혀 닮지 않은 시뮬레이션된 디지털 환경에 완전히 몰입시킬 수 있다. 헤드셋을 착용하고 들어가는 가상 세계는 사용자와 상호 작용하며, 사용자의 움직임에 반응할 수 있다. 이 기술은 사용자가 가상 환경에 속해 있는 것처럼 느끼게 함으로써 현실감과 몰입감을 제공한다. 더욱 흥미로운 점은 이러한 몰입형 혼합현실 기술이 3D, AI, 머신러닝, 클라우드 서비스,

IoT와 결합해 교육, 디자인, 엔지니어링, 생산, 로봇공학, 자동화에 이르기까지 모든 산업 분야에서 비즈니스를 뒷받침하고 있다는 점이다. 그 결과 제조, 의료, 기술, 건설, 에너지, 자동차, 항공우주, 금융 서비스 등 다양한 분야의 기업이 경쟁력을 강화하고 미래 성장을 위한 유리한 입지를 확보할 수 있다.

궁극적으로 이들 기술이 기업으로 하여금 인적 자본을 가상으로 보완해 고객에게 더 나은 서비스를 제공하는 데 활용될 수 있다. 특히 최종 소비자에게 강력하고 개인화된 경험을 제공해 만족도를 높일 수 있으며, 기업은 내부적으로 업무 관련 인프라를 클라우드 환경으로 이전해 운영에 자율성을 더할 수 있다. 다만 이 기술을 필요에 맞게 사용하려면, 그만큼 기술이 발전해야 하며 여기에 한 가지 더 조건이 필요하다. 바로 방대한 양의 데이터와 이를 처리할 수 있는 능력이다. 전문가들은 기업이 메타버스 환경을 갖추는 것을 '인더스트리 4.0'의 최종 형태라고 말한다.

인더스트리 4.0의 진화

인더스트리 4.0은 2011년 독일 정부에서 발표한 정책으로, 초기에는 제조업에 ICTinformation and communications technology, 정보통신기술를 통합한 '스마트 공장'을 만드는 것이 목적이었다. 기술이 지속적으로 발전하면서 '인더스트리 4.0'도 지금은 가상 세계와 물리 세계를 통합하는 '사이버 물리 시스템'의 적용까지 발전했다. 기업은 이를 굳이 제조업이나 공장에서만 사용하는 것이 아니라, 기업의 내부, 또 고객과 만나는 접점까지 확장하는 것을 목표로 한다. 여기에 가장 중요한 기술이 가상현실과 증강현실 같은 기술들이다.

현재의 메타버스 기술은 여전히 2D 기반이 대부분이라 현실 같은 가상현실이나 몰입형 혼합현실과는 거리가 있다. 인더스트리 4.0이 목표로 하는 메타버스는 현실과 차이가 없어야 하며, 이를 위해서는 3D 메타버스의 구현이 가장 시급한 과제다. 모든 현실 세계의 기업 사무실, 제조 공장, 물류 시스템과 관련된 작업을 메타버스 안에서 하려면 '디지털 트윈'처럼 완벽하게 똑같이 재현해야 한다. 많은 기업과 엔지니어들이 3D 메타버스를 구현하기 위해 다양한 기술들을 연구하고 있으며, 여기에도 AI와 딥러닝이 중요한 역할을 하고 있다.

제조업 기업들이 메타버스를 적용하면, 전 세계에 있는 공장들을 본사에서 통합 관리할 수 있다. 이렇게 되면 제품의 품질 및 재고 관리, 신제품의 전략적 생산 등 모든 것이 중앙의 소규모 인원으로도 가능해진다.

5	경제 _공급망에 AI가 도입되면 벌어지는 일

아마존이나 알리바바Alibaba 같은 전자상거래기업들이 월마트 Walmart 같은 전통기업을 넘어 세계적인 기업으로 빠르게 성장할 수 있었던 이유 가운데 하나는 혁신적인 공급망에 있었다.

온라인 쇼핑몰을 운영하는 기업에 배송은 가장 중요한 경쟁력이다. 잘 판매되는 상품의 재고가 떨어지면 고객들은 바로 다른 쇼핑몰로 향할 것이기 때문이다. 아마존은 이런 점을 잘 알고 재고 관리를 위해 고객 선호를 예측하는 데 AI와 빅데이터를 적극 활용함으로써 배송 기간을 획기적으로 단축했다.

공급망의 개선은 앞으로도 많은 소매 기업들이 극복해야 할 과제다. 많은 기업들이 아마존처럼 AI를 활용하고자 한다. AI를 공급망 관리에 통합함으로써 운영 최적화, 낭비 감소, 수요 예측 개선, 환경 친화적 관행 개선, 주문 처리 및 추적, 기계의 예측 유지 관리, 위험 관리, 공급업체 관리 등을 수행함으로써 지속 가능성을 얻을 수 있을 것으로 보인다.

커지는 공급망, 사라지는 효율성

공급망에서 AI와 머신러닝의 주요 목적은 의사 결정 프로세스를 빠르고 정확하게 만들어 속도와 품질을 향상시키는 것이다. 엄청난 양의 데이터를 기반으로 한 AI는 더욱 정확한 예측을 제공하고, 아직 식별되지 않은 새로운 패턴을 발견한다. 생성형 AI는 공급망 관리의 다양한 영역을 지원해 이를 한 단계 더 발전시킬 수 있다. 예를 들어, 공급망 관리자는 생성형 AI 모델을 사용해 명확한 질문을 하고 추가 데이터를 요청하며, 영향 요인을 더 잘 이해하고, 유사한 시나리오에서 의사 결정의 과거 성과를 확인할 수 있다. 결국 생성형 AI는 의사 결정에 앞서 사용자에게 다양한 정보를 전달해 프로세스를 훨씬 더 빠르고 쉽게 만든다.

또한 생성형 AI는 대량의 데이터를 분석하고 다양한 시나리오를 자동으로 생성하며 제시된 옵션을 기반으로 권장 사항을 제공할 수 있다. 이를 통해 공급망 관리자가 현재 수행하는 비부가가치 작업을 크게 줄이고 데이터 기반 결정을 내리며 시장 변화에 빠르게 대응하는 데 더 많은 시간을 할애할 수 있다.

수요 예측을 정확하게 해내는 공급망

공급망에 AI를 도입하면 이 밖에도 다양한 이점이 있다. 가장 큰 이점은 수요 예측이 획기적으로 개선된다는 점이다. 기존의 예측 방법은 정확도가 떨어져 과하게 생산해 재고 문제를 만들거나 수요보다 적게 생산해서 판매를 극대화하지 못했다. 하지만 AI는 인간이 하기에는 어려웠던 다양한 출처의 대규모 데이터를 분석함으로써 수요를 지금보다 더 정교하게 예측하게 해줄 것이다.

둘째, AI는 기업의 표준 운영 절차, 비즈니스 프로세스, 워크플로 및 기타 문서에 맞게 조정된 상황에 맞춰 관련 정보로 전체 프로세스를 운영할 수 있다. 일반적으로 생성형 AI를 적용한 대화형 사용자 인터페이스를 사용하면 지원 시스템과의 상호 작용이 훨씬 쉬워져 정확한 정보를 찾는 데 걸리는 시간이 훨씬 단축된다.

셋째, 거래업체, 특히 공급업체를 선정하는 데 정확한 정보를 제공해줄 수 있을 것으로 보인다. AI가 공급업체의 환경 및 사회적 거버넌스 기록을 분석해 지속 가능한 공급업체를 선정하도록 도움을 줄 수 있다. 또한 선정된 공급업체를 실시간으로 모니터링해 계약 시 확인한 지속 가능성 표준을 일관되게 준수하는지도 점검할 수 있다.

넷째, 공급망에서 낭비를 찾아내 효율화를 극대화할 수 있다. 사람이 하는 이상 공급망 관리의 효율성에는 한계가 있다. 기업이 거대할수록 제조 공정이 다변화되고 채널 역시 다양화되는 한편, 직무의 복잡성으로 인해 공급망은 인재 부족으로 인한 어려움을 겪고 있다. 사람이 할 경우 이 일은 전체 프로세스를 이해하는 사람이 공정마다, 또 채널마다 투입되어 단계별로 의사소통을 해야 한다. 하지만 이런 인력은 항상 부족하기에 곳곳에 중복되고 낭비되는 자원이 있을 수밖에 없다. 정보가 빠르게 업데이트되지 않아 생기는 오류도 문제를 일으킬 것이다. 이런 공정을 생성형 AI가 맡거나, 적어도 인간의 업무를 보조하는 역할을 하게 된다면 다양한 관리 문제를 빠르게 해결하는 데 도움이 될 수 있다. 예를 들어 장비 부문에서 성능 데이터를 분석해 잠재적인 고장을 예측하고 선제적인 점검을 통해 효율성을 끌어올리며, 긴급 수리로 인한 비용도 절감할 수 있게 해준다.

다섯째, 디지털 통합모델이 프로세스를 한번에 관리해준다. 현재의 공급망에서 가장 부족한 점은 전체적인 가시성이다. 현대사회에서 여러 과정으로 분산되어 복잡해진 공급망 네트워크를 하나로 관리하는 것은 불가능한 일이다. 대기업은 수십 또는 수백 개의 시스템에 데이터가 분산되어 있으며 대부분 ERPenterprise resource planning, 전사적 지원 관리, CRMcustomer relationship management, 고객 관계 관리, PLMproduct lifecycle management, 제품 수명주기 관리, 조달 및 소싱 계획, WMSwarehouse management systems, 창고 관리 시스템, TMStransportation magnetic stimulation, 수출 관리 시스템 등 최대 수백 개에 달하는 응용프로그램을 동시에 관리한다. 이러한 복잡성과 단편화로 인해 서로 다른 데이터를 논리적으로 통합하는 것은 극히 어려운 일이었다. 이는 특히 기업의 거래처가 데이터를 수집하기 힘든 영세업체까지 확장되면 더욱 복잡해진다. 이 문제도 AI가 해결해줄 것으로 기대된다. 생성형 AI 모델은 구조화된 데이터(마스터 데이터, 거래 데이터, EDI)는 물론 구조화되지 않은 데이터(계약서, 송장, 이미지 스캔)를 포함한 방대한 양의 데이터를 처리하고 식별할 수 있다.

마지막으로, 기업에 최근에 가장 중요한 거버넌스 중 하나인 환경 문제를 살필 수 있다. 포장 재료 및 효율성을 검토하고 사용을 최소화며 친환경 대체제를 적재적소에 추천할 수 있다. 또한 반품, 수리, 재활용 및 재사용 관리를 모니터링해 순환 경제에 기여한다. 또 센서를 사용해 다양한 공급망 프로세스를 실시간으로 모니터링함으로써 자원이 낭비되거나 탄소 배출이 많은 부분을 신속하게 해결할 수 있다. 운송 부문에서도 AI 시스템이 최적화된 운송 경로를 지정해 연료를 절감하고 탄소 배출을 최소화할 수 있다. 특히 이런 환경에 관한 개선은 기업의 사회적 책임 부분에서도 좋은 평가로 이어져, 소비자들의 인식을 개선해준다. 요즘 소비자들은 '현명한 소비'를 중요시하는데 실제로 친환경 기업의 매출이 최대 20%까지 증가할 수 있다고 한다.

공급망 교체와 함께 직원 업스킬링 필요

AI 공급망이 이처럼 많은 장점을 갖고 있기는 하지만, 기업들이 이를 당장 활용하지 못하는 데는 몇 가지 이유가 있다. 그중 가장 큰 이유는 공급망 자체가 기업의 특정 분야가 아니라 전 사업에 걸쳐 있는 거대한 구조라는 점이다. 다시 말해 공급망을 바꾸는 것은 사업 전체를 손봐야 하는 일이다.

많은 기업이 이미 기존의 공급망 시스템을 갖고 있는데 이를 부분적으로 바꿔가는 것은 상상 이상으로 큰일이며, 그에 따른 리스크도 어마어마하다. 특히 기업이 공급망에 AI를 도입하면 오랜 기간 지속되어 온 프로세스와 워크플로를 조정해야 한다. 기존 방식에 익숙한 직원들로 인해 새 시스템의 도입이 어려울 수도 있다. 시스템이 바뀌면 IT 관련 부서나 젊은 직원 등 새로운 기술에 익숙한 직원들은 쉽게 적응하겠지만, 기존 물류 시스템에 익숙한 오래된 직원일수록 변화에 저항한다. 기업은 이런 점을 잘 숙지해서 직원들을 위한 리스킬링과 업스킬링을 필수적으로 진행해야 한다.

한편 AI를 공급망에 본격적으로 도입하게 되면, 그동안 인간이 관리했던 많은 부분이 자동화되고 더 정확해진다. 이는 기업 입장에서 분명 장점이지만, 그만큼 일자리는 줄어들 수밖에 없다. 또 기술에 너무 의존해서 벌어질 수 있는 위기 상황에 어떻게 대처할지도 생각해야 한다.

AI가 공급망에 도입되어 최적화되면 어느 시점에는 AI 스스로 판단을 내리는 일이 일상화될 것이다. 그런데 생성형 AI에서도 지적되었던 문제 중 하나인 편견이 여기서도 문제가 될 수 있다. AI는 때때로 학습 데이터에 존재하는 편견을 반영하는데, 기업의 경우 효율성과 저비용을 우선시하도록 학습된 AI가 생분해성이나 재활용보다 저렴함을 우선한 포장재를 자동 발주할 수 있다. 이는 모든 기업에 문제가 될 수 있지만 특히 친환경 브랜드로 포지셔닝하는 기업에게는 심각한 문제다.

또 AI도 예외 없이 보안의 문제가 우려된다. AI를 활용하는 기본 요건은 방대한 양의 데이터에 접근하는 것이다. 즉 사용자 사칭, 피싱 및 기타 보안 문제로 이어질 수 있다. 또한 비즈니스를 비롯한 실제 산업현장에서 생성형 AI의 도입이 계속 증가하면서 정부가 향후 생성형 AI의 규제를 어느 방향으로 가져갈지도 잠재적 위협 요소다.

AI 기반 공급망 지속 가능성

AI의 도입은 되돌릴 수 없는 흐름이다. 사전에 예측되는 문제가 있더라도 이로 인해 이를 거부하다가는 경쟁에서 뒤처질 것이다. AI의 도입으로 많은 기업들의 고민거리인 재고를 더 효율적으로 관리할 수 있고, 고객에게 제품을 공급하는 기간이 획기적으로 줄어든다면 누가 이를 거부할 수 있을까. 다만 각 기업은 공급망에 어떻게 AI를 도입할지 계획을 세우고, 예상되는 문제를 해결할 장치를 마련하는 데 중점을 두어야 할 것이다.

적절한 가이드라인을 설정하는 것은 AI를 사용하는 조직의 개인들이 최적화된 계획을 세울 수 있도록 신중하게 진행되어야 한다. 또한 조직은 새로운 생성형 AI 기술에 투자하기 전에 성공적인 비즈니스 사례, 데이터 및 사용자 보안, 측정 가능한 비즈니스 목표를 고려해야 한다.

사회
_AI 판사는 과연 공정할까?

챗GPT에게 물어보면 무엇이든 답해준다. 요즘은 위험한 지식을 전달해주거나 객관적이지 못한 답은 하지 않도록 프로그램이 업데이트되었지만, 이를 제외하면 그동안 검색만으로는 찾기 힘들고 시간이 걸리던 궁금증을 빠른 시간에 해결해준다는 점에서 사용자들은 신세계를 경험할 수 있었다.

그런데 종종 잘못된 답이 나오기도 하면서 챗GPT의 거짓말이 챗GPT의 능력과 함께 화제가 되었다. 사실 이 답은 AI가 거짓말을 하는 게 아니라 그 소스가 되는 인터넷 속의 수많은 정보 중에 가짜 뉴스가 많은 탓이다.

AI가 아무리 사람처럼 원하는 지식을 척척 전달하고, 그림을 그려주고, 노래를 만들고 소설을 쓴다고 해도 이것은 완전히 새로운 창작이 아니라 기존에 AI가 섭렵한 정보를 조합해서 만들어내는 것이다. 즉 모든 결과물은 AI에 제공되는 정보의 양과 질에 따라 달라진다.

미래학자 토머스 프레이는 지금 우리가 직면한 중요한 과제 중 하나로 AI 데이터의 '사각지대'를 꼽았다. AI에 제공되는 정보가 부족한 영역에서 생성되는 결과는 정확성과 적용 가능성에 큰 영향을 미칠 수 있다. 법적 체계를 비롯해 문화적 뉘앙스, 지리적 차이, 언어 다양성에 이르기까지 중요한 영역에서 지식 격차가 나타나는 것이다.

AI의 영향이 점점 더 커지는 세상에서 이러한 사각지대는 심각한 아킬레스건이 된다. 금융 시장 예측, 질병 진단, 법률 자문 제공 등 AI 기술이 통합되는 일상생활이 넓어질수록 AI 기술이 내리는 결정과 예측의 정확성은 훈련받은 데이터의 폭과 깊이에 달려 있다. 이 데이터가 불완전하거나 왜곡되어 있다면 결과에 결함이 생겨 불공평하거나 완전히 잘못된 결정을 내릴 수 있다.

프레이는 특히 사람들이 공정한 판결을 할 것으로 기대하고 있는 법률 분야에서 나타나는 맹점을 우려했다. 적용하는 데이터의 범위에 따라서도 판결이 달라질 수 있고, 과거에 적용한 법이 달랐을 경우 지금과 다른 판결이 나왔을 것이기 때문이다.

똑똑하지만 정보는 부족

현재 미국 법조계에서는 계약 조항의 이해부터 법원의 결정 해석에 이르기까지 법적 조언을 제공하기 위한 AI의 활용이 점점 증가하고 있다. 문제는 AI가 모든 미국 법률, 조례 및 사법 결정에 접근할 수 있는 건 아니라는 점이다.

많은 사람들이 자신의 기준에 충족하지 않는 판결을 접할 때 미래에 AI가 판결하게 되면 인간 법률가보다 더 정확하고 공정한 판결을 내려줄 것으로 기대한다. 하지만 이것이 AI의 발전만으로 이루어지지 않는다는 점이 증명된 것이다. 그러면 미래에 AI가 사람보다 더 나은 판결을 내리도록 하기 위해서는 무엇이 필요할까?

가장 먼저 보장되어야 할 것은 AI가 모든 법률 및 판결 등 법률 정보에 접근할 수 있어야 한다는 것이다. 미국의 현재 기준으로 보면 연방법과 주법은 대부분 온라인에서 볼 수 있다. 하지만 지방 조례, 규칙, 사법 결정의 상당 부분(특히 소규모 관할권의 경우)은 오프라인 상태로 남아 있다. 법률 데이터에 대한 이러한 선택적 접근성은 AI의 법률 지식에 '사각지대'를 만들어 결과를 왜곡할 수 있으며 잠재적으로 부정확하거나 불완전한 조언으로 이어질 수 있다.

이러한 사각지대는 다양한 방식으로 나타난다. AI 법률 보조원은 연방법이나 주법에 따라 조언을 제공할 수 있지만, 제공된 조언에 실질적으로 영향을 미칠 수 있는 중요한 시 조례를 놓칠 수도 있다. 마찬가지로 소송 결과를 예측하려는 AI는 훈련 데이터에 없기 때문에 더 작은 관할권의 관련 사법 결정을 간과할 수 있다. 이러한 불일치로 인해 법적 조언의 정확성이 떨어질 뿐만 아니라 이 실수를 발견한 사용자들에게서도 불신이 생길 수도 있다.

모든 법률과 판례에 접근 가능한가

결국 이를 해결하려면 모든 법률, 규칙, 조례 및 판결에 대한 AI의 포괄적인 온라인 접근을 보장해야 한다. 이 문제가 해결되면 AI의 법률 자문 품질이 크게 향상될 수 있다. 중앙은 물론 모든 지방법원과 기타 기관들이 법률과 판결을 온라인에 게시해야 AI 모델이 완전하고 다양한 데이터로 훈련될 수 있다. 그러나 이를 현실로 만드는 것은 말처럼 쉽지 않다.

법률 문서를 정기적으로 디지털화하고 업데이트하려면 관련 기관의 상당한 노력이 필요하다. 또한 표준화 문제도 제기된다. 수천 개의 관할 구역 문서들이 AI가 학습할 수 있는 형식인지도 알 수 없다. 그보다 더 근본적인 문제는 수많은 법률 문서에 기록된 개인 정보 보호를 어떻게 보장할 것인가 하는 점이다. 새로운 기술들이 등장할 때마다 수많은 장점 뒤에 가려진 생각지도 못한 문제점들이 등장한다. 이를 해결하기까지 기술을 제대로 활용하기에는 먼 길을 가야 한다.

이러한 과제에도 불구하고 잠재적인 이점은 엄청나다. 더욱더 완전해진 데이터를 통해 AI는 법률의 복잡함과 변형을 더 잘 이해하고 모든 관할권의 사용자에게 정확한 법적 조언을 제공하는 능력을 향상할 수 있다. 또한 포괄적인 데이터 분석을 바탕으로 법적 동향을 파악하고, 법원 판결을 예측하고, 심지어 법률 개혁을 제안하는 AI의 능력도 향상된다. 게다가 법률 문서에 대한 포괄적인 온라인 접근은 AI에만 도움이 되는 것이 아니다. 투명성을 높이고 시민들로 하여금 자신의 권리와 책임을 더 잘 이해할 수 있게 해준다.

투명하고 접근 가능하며 윤리적인 법률 시스템이 완성되면 미래 사회는 더 공정하고 정의로우며 민주적으로 변할 것이다. 이때가 되면 인간 판사에게 느꼈던 편향적 판결에 대한 불만도 다소 줄어들 것이다. 다만 AI는 앞서 말한 대로 제대로 된 데이터를 입력해야 제대로 된 답을 출력한다. 따라서 올바른 정보 제공은 항상 유의해야 하는 부분이 될 것이다.

7

우주개발
_유인 우주여행의 가능성

인류가 최초로 지구를 벗어난 것은 20세기 중반으로, 1959년 소련의 루나 1호가 달에 착륙한 사건이다. 선수를 빼앗긴 미국은 그로부터 10년 뒤 아폴로 11호에 우주인을 태우고 달 착륙에 성공했다. 이렇게 시작된 우주 시대가 거의 60년이 지났음에도 불구하고 지구 대기권 너머로 모험을 떠나는 운이 좋은 우주인은 소수에 불과하다. 지구의 저궤도로 알려진 우주정거장에는 수백 명의 우주 비행사만이 갈 수 있었고, 달까지 가는 특권을 누릴 수 있었던 것은 단지 수십 명이었다.

몇 대의 무인 우주선이 화성, 금성, 목성, 토성과 같은 이웃 행성으로 여행을 떠났고, 우주로 더 긴 항해를 떠난 우주선은 단 세 대

뿐이다. 1970년대 후반에 발사된 보이저 우주선은 현재 우리 태양계 가장자리에 있다. 2015년에 지구를 떠난 뉴허라이즌스 우주선은 인류에게 전례 없는 명왕성 이미지를 제공했으며, 2030년경에 태양권을 벗어나 2038년쯤에는 태양계 가장자리까지 탐험할 수도 있다. 하지만 우리 태양계의 위대함은 우주 전체에 걸쳐 펼쳐져 있는 광활한 우주에 비하면 아무것도 아니다.

우리 은하계인 은하수 안에는 무려 2,000억 개의 태양과 같은 항성이 흩어져 있으며, 그중 많은 항성이 지구 같은 행성을 동반한다. 그리고 추정에 따르면 우리 은하계 너머에는 1,000억 개가 넘는 은하계가 우주 바다에 존재하는 것으로 추정된다. 이는 쉽게 상상할 수 없는 숫자다. 예를 들어 우리는 가장 빠르다는 표현을 할 때 '빛의 속도'라는 말을 쓴다. 그런데 은하수의 지름만 해도 약 10만 광년에 이른다. 빛의 속도로 횡단하더라도 10만 년이 걸린다는 뜻이다.

우리의 가장 가까운 별(항성)인 프록시마 센타우리Proxima Centauri는 4.25광년 떨어져 있다. 우리가 빛의 속도로 여행할 수 있다고 하더라도 프록시마 센타우리까지 가는 여행에는 4년 이상이 걸린다. 더구나 현재의 기술로는 아직 빛의 속도에도 도달하지 못했다. 그 대신 하루에 100만 킬로미터가 넘는 속도로 우주를 날아가는 뉴허라이즌스 우주선을 대입해보자. 시속 약 4만 2,000킬로미터의 놀라운 속도에도 불구하고 프록시마 센타우리까지의 여행은 7만 년이 걸린다.

빛의 속도는 실현 가능한가

인류가 빛의 속도에 가까워지는 것이 가능하기는 할까?

우리가 수많은 SF소설과 영화에서 보듯, 다른 항성계로 모험을 떠날 수 있을까? 지금 당장 가능해지지는 않더라도 기술은 차근차근 발전하고 있다.

1928년 영국의 물리학자 폴 디랙Paul Dirac은 신비한 입자인 양전자의 존재를 예측했다. 이 입자는 전자와 동일한 특성을 갖고 있지만 양전하를 운반한다. 그 후 몇 년 동안 이 반입자가 단순한 이론적 구성이 아니라는 것이 확인되었다. 그들은 실존하며, 완전한 반물질 원자를 형성할 수 있는 반양성자까지 등장했다.

물질이 반물질전자·양성자·중성자로 이루어진 실재하는 물질에 대해 그 반대인 양전자·반양성자·반중성자로 이루어진 물질과 만나면 상호 소멸이 일어나 엄청난 양의 에너지가 방출된다. 이 에너지는 우주선을 놀라운 속도로 추진할 수 있는 잠재력을 가지고 있다. 단지 몇 밀리그램의 양전자만 있으면 화성 여행을 몇 달에서 몇 주로 단축할 수 있다.

문제는 반물질이 구하기 쉽지 않다는 점이다. 현재 반물질은 1그램당 수조 달러에 달하는 세계에서 가장 비싼 물질 중 하나다. 이를 생산하려면 엄청난 에너지가 필요하기 때문에 현재로서는 우주선 추진 동력으로 고려조차 하지 않는다. 만약 우주에서 반물질을 수확하는 방법이 발견된다면, 빛의 속도로 여행할 가능성이 생길 것이다.

가장 유력한 핵추진 로켓

또 다른 우주선 추진 동력으로 원자력 에너지가 있다. 우주선은 추진을 위해 제어된 핵폭발을 사용하면 잠재적으로 빛의 속도의 10분의 1에 달하는 속도를 달성할 수 있다. 다만 실용성이나 안전에 대한 우려로 인해 이 또한 아직 아이디어 상태에 머물러 있다. NASA National Aeronautics and Space Administration: 미 항공우주국 가 2027년까지 핵추진 로켓 기술을 테스트할 계획을 발표해 현실에 한 걸음 다가섰다.

지금까지 대부분의 우주선은 연료와 산화제로 가득 찬 화학 로켓을 사용해 연소에 의존해 추진했다. 이를 핵분열 원자로로 대체하면, 액체 수소를 매우 높은 온도로 가열한 다음 우주선 뒤쪽에서 폭발시켜 우주로 쏘아 올리는 핵추진 로켓이 된다. 이러한 종류의 엔진은 기존 로켓보다 최대 3배 더 효율적일 수 있으며, 지구에서 화성까지 이동하는 시간을 약 7개월에서 6주까지 단축할 수 있다. NASA는 이 아이디어를 현실화하기 위해 방위고등연구계획국 Defense Advanced Research Project Agency, DARPA과 협력해 2025년 초에 프로토타입을 우주로 발사할 계획을 세웠다.

NASA가 핵분열 로켓 엔진 아이디어를 연구한 것은 이번이 처음이 아니다. 1950년대 후반부터 1970년대 초반까지 진행된 NASA의 프로젝트 NERVA Nuclear Engine for Rocket Vehicle Application: 로켓 차량용 원자력 엔진는 여러 프로토타입을 지상에서 테스트했다. 하지만 아폴로 임무가 종료되고 나서 NASA의 예산이 삭감되면서 자연 중단되었다. 그리고 21세기, 다시 우주 진출의 꿈이 여러 기업에 의해 불붙으면서 '민첩한 달 궤도 운영을 위한 데모 로켓Demonstration Rocket for Agile Cislunar Operations'의 줄임말인 DRACO라는 이름으로 부활했다. 이 프로젝트는 록히드 마틴Lockheed Martin이 우주선의 설계, 제작 및 테스트를 담당하고 버지니아에 본사를 둔 BWX 테크놀로지스BWX Technologies가 원자로 설계를 담당한다. 프로젝트 NERVA에 사용된 원자로는 무기급 우라늄이었지만, DRACO는 고순도 저농축 우라늄으로 알려진 연료를 사용한다.

이 원자로는 사고의 위험을 피하기 위해 우주선이 궤도에 진입할 때까지 켜지지 않는다. 일단 원자로가 가동되면 극저온으로 냉각된 액체 수소를 가열하는 데 사용된다. 추진제가 영하 420℃에서 최고 4,400℃까지 급격히 상승하면서 극적으로 팽창해 여기서 생성된 가스가 노즐을 통해 우주선을 추진하는 데 쓰이는 것이다.

이 테스트가 성공한다면 원자력 로켓 엔진은 많은 이점을 제공할 수 있다. 효율성이 높기 때문에 화학 로켓보다 훨씬 더 오랜 시간 동안 작동할 수 있어 우주선의 속도가 빨라진다. 엄청난 추진력으로 단 45일 만에 화성에 도달할 수 있으며, 운반해야 하는 추진제의 양을 줄여 더 많은 장비와 기타 중요한 탑재물을 실을 공간을 확보할 수 있다. 원자로는 우주 비행사가 화성에 도착한 후 안정적인 전원 공급원으로도 활용할 수 있다.

이 아이디어가 실용화되기까지는 다소 시간이 걸릴 수 있지만, 핵추진 로켓은 인류가 태양계 깊숙이 들어가려는 목표를 달성하는 데 중요한 열쇠가 될 것으로 보인다.

핵융합 완성되면 빛의 속도의 77%

세 번째 가능성으로 핵융합로가 있다. 태양에 동력을 공급하는 원리인 핵융합에는 수소와 같은 작은 원자를 더 큰 원자로 병합해 엄청난 에너지를 방출하는 과정이 포함된다. 핵분열과 달리 핵융합은 유해한 방사능 부산물을 생성하지 않는다. 우주에서 수소 원자를 수집해 이를 핵융합 엔진에 넣는 방법이 있다면, 그 결과로 생성되는 추진력은 고속 여행을 지속하게 해줄 것이다.

저명한 물리학자인 미치오 카쿠Michio Kaku는 이론적으로 지구의 중력가속도와 유사한 속도로 우주선을 가속할 수 있는 핵융합 램제트 엔진ramjet engine 개념을 제안했다. 이 속도를 1년간 유지하면 우주선을 빛의 속도의 77%까지 끌어올려 성간 여행을 진정한 가능성으로 만들 수 있다. 다만 이 아이디어 역시 소비하는 것보다 더 많은 에너지를 생산하는 수소 융합로를 설계하는 과제가 남아 있다.

CHAPTER 6.
미래학자의 행복 미래 보고서

●●● 미래학자로서 나는 각종 기술과 제도가 인류를 행복하게 만드는 미래를 소개하는 데 애써왔다. 이번 책의 주요 소재인 AI는 그동안 인류를 행복하게 만들 도구로 소개되었지만, AGI가 성큼 현실로 다가온 지금 사람들은 오히려 두려움을 느낀다. 이 두려움의 근거를 찾기 위해 AI가 가져올 문제점과 이를 해결할 방법을 집중적으로 살펴보면서 이야기가 조금 어둡게 흘렀던 것도 사실이다.

따라서 이번 장에서는 특별히 미래의 중요한 변화 10가지를 살펴보고 이 요소들이 우리를 어떻게 행복하게 만들지, 또 인류를 행복하게 만들기 위해 무엇이 필요할지 점검해본다.

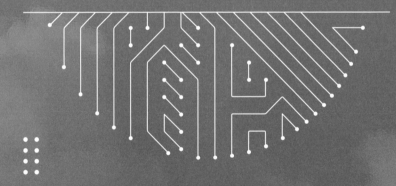

1	소득에 대한 고민이 사라져 행복한 미래

미래에는 보편적 기본소득 사회가 온다.

보편적 기본소득은 모든 시민에게 조건없이 지급되는 정기적인 현금 지원으로, 경제 안정과 사회 복지 향상을 목표로 한다. 시민들은 안정적인 소득을 보장받아 빈곤에서 벗어나고 창업이나 학습 기회를 탐색할 시간이 주어져 노동 시장의 유연성이 증가할 것으로 기대된다. 그에 따라 사람들은 먹고살기 위해 일하는 것이 아니라 삶의 의미, 또는 자아실현을 위해 일하려 할 것이다.

다만 보편적 기본소득의 실시에는 상당한 재정 자원 필요하며, 스위스와 핀란드 등 기본소득을 실제 실험한 국가에서 노동 의욕 저하라는 부작용이 나타나기도 해 이 문제를 먼저 해결해야 할 것이다.

일자리가 없어지는 미래는 결국 온다

보편적 기본소득의 시행은 AI를 비롯한 신기술 도입으로 일자리가 사라지는 미래에 대비하고 빈부 격차를 줄이려는 목적이 크다.

신기술이 일자리를 자동화하는 만큼 새로운 일자리를 창출할 것이라고 많은 보고서들이 주장하지만, 새로운 기술에 대한 공부가 부족한 사람들은 실직할 가능성이 크다(오리건 대학교, MIT 등의 연구). 또 빈부 격차를 없애는 것은 많은 국가가 지향하는 바로, 공정한 사회 구축을 위한 중요한 목표이지만, 보편적 기본소득만으로 사회의 빈부 격차를 해소하는 데는 한계가 있는 것이 현실이다(OECD, 세계은행 등의 보고서).

사람들이 행복하려면 무엇이 필요할까? 직장인들은 주말을 행복의 의미로 여기지만, 매일 주말 같으면 행복을 느끼지 못한다. 일과 삶의 균형이 중요하다. 삶의 질을 향상시키기 위한 노력과 장애물에 관한 연구는 꾸준히 이루어지고 있으니 다양한 학술지, 정부보고서, 국제기구의 연구 등을 참조해보기 바란다.

한편 최근에는 '간소한 삶' '무소유'가 주목받고 있다. 이 같은 현상은 사회학, 심리학, 경제학, 문화학 등의 다양한 분야에서 연구되고 있다. 그 연구 결과를 간략히 살펴보면, 과도한 소비와 물질 중심의 삶에 대한 불만과 피로감에 대한 반발이 가장 큰 원인으로 지목된다. 환경 보호에 대한 의식 증가도 한몫했다. 물질적 소비 감소를 통한 지구의 지속 가능한 발전을 지지하는 사람이 늘고 있는 것이다. 물질적인 풍요가 어느 정도 이루어지고 평준화되자 정신적, 정서적 삶의 만족도에 더 중점을 두게 된 이유도 있다. 불필요한 지출 감소시킴으로써 경제적 자유와 안정을 추구한다는 목적도 있다. 또 다른 이유로 디지털화와 클라우드 등의 기술로 인해 물리적 소유의 필요성이 감소한 이유도 있다. 공유경제의 등장도 여기에 기여했다. 마지막으로 웰빙에 대한 관심이 커지면서, 간소함이 웰빙으로 연결되는 것도 유효했다.

무소유 혹은 간소한 삶의 추구는 근본적인 인간의 가치와 삶의 방향에 대한 재고를 반영하는 복잡한 현상이다. 이는 개인의 가치, 세대, 문화, 경제 상황 등에 따라 다르게 나타날 수 있으며, 해당 주제에 대한 깊은 이해를 위해서는 관련 분야의 연구와 책을 참조하길 바란다.

일자리의 변화에 따른 교육의 변화

세계은행은 2030년이 되면 빈부 격차가 줄어들기 시작할 것이라고 말한다. 기본소득이 제공되면 돈벌이에 유리한 직업을 갖기 위해 공부할 필요가 없어지므로 아이들은 학교에서 자신이 하고 싶은 공부를 하면서 행복을 느낄 수 있다.

세계은행의 〈변화하는 일의 성격The Changing Nature of Work〉 보고서는 현대 노동 시장의 변화와 그에 따른 사회와 경제적 영향에 중점을 둔 연구로, 결과를 살펴보면 자동화, AI 등의 기술 발전이 일자리의 성격을 변화시키고 있으며, 여기에 대응하려면 교육과 훈련이 중요하다는 점을 강조하고 있다. 이 보고서는 노동 시장의 미래에 중요한 통찰력을 제공하며, 정부, 기업, 교육기관 등 다양한 이해관계자들에게 유용한 지침을 제시한다.

생성형 AI로 인한 일자리의 우려에 관해 많은 보고서들이 사라지는 일자리만큼 새롭게 생겨나는 일자리가 있을 것이라고 발표했지만, 이는 비교적 단기 전망이다. 장기적으로는 노동이 소멸하는 시대가 올 수밖에 없다. 노동과 노동자의 변화, 특히 AI와 로봇에 의한 자동화가 노동 시장에 미치는 영향에 대한 연구는 여러 기관과 연구자들에 의해 수행되고 있다.

맥킨지 글로벌 인스티튜트는 〈사라지는 일자리, 생겨나는 일자리: 자동화 시대의 인력 전환Jobs Lost, Jobs Gained: Workforce Transitions in a Time of Automation〉 보고서를 통해 모든 일자리가 자동화되는 것은 아니며, 일부 직업은 사람의 참여가 필수이고, 교육과 훈련을 통한 노동력 전환을 지원하는 제도가 필요하다고 제언했다.

OECD의 〈일의 미래The Future of Work〉 보고서 역시 기술 발전이 노동 시장, 기술 습득, 노동 조건에 미치는 영향을 분석했다. OECD는 새로운 기술이 일자리를 창출하고 변화시키지만, 적절한 정책 없이는 불평등이 증가할 수 있다고 우려를 표했다. 또 맥킨지의 보고서와 마찬가지로 평생 교육이 필요하며, 노동 시장 규제를 개선해야 한다고도 덧붙였다.

MIT는 〈일의 미래Work of the Future〉 이니셔티브를 통해 미래의 노동과 기술, 교육, 사회 정책 간의 상호 작용을 연구했고, 평생 교육의 필요성과 함께 사회 안전망의 강화가 필요하다는 결론을 제시했다.

이러한 연구들은 AI와 로봇 기술의 발전이 노동 시장에 복합적인 영향을 미칠 것이라는 공통된 결론을 내리고 있다. 자동화에 의한 일자리 손실과 함께 새로운 기회와 직업의 창출 가능성도 강조하고 있으며, 이러한 변화에 적응하고 대응하기 위한 교육, 훈련, 정책 혁신의 필요성을 지적한다.

인간의 욕심 감소하는 미래

미래학자들은 간소한 삶, 무소유의 삶이 기본소득으로부터 시작된다고 말한다. 기본소득 제도가 도입되면 사람들은 생계를 위해 일할 필요가 없어지기 때문에 사람들은 욕심에 얽매이지 않고, 자신의 꿈을 위해 자유롭게 살 수 있다는 것이다. 여유가 생기면 남을 돌아보게 되니 타인을 돕고, 사회를 개선하기 위해 노력하는 사람도 늘어날 것이다. 그 결과 더 평화롭고, 지속 가능한 사회가 온다.

더 읽을거리

- ○ 〈Basic Income Studies〉 The Basic Income Earth Network
- ○ 〈Income Inequality and Social Divisions: Past and Future Challenges〉 OECD
- ○ 《The High Price of Materialism》 Tim Kasser
- ○ 《Authentic Happiness》 Martin Seligman
- ○ 《Your Money or Your Life》 Vicki Robin과 Joe Dominguez
- ○ 《The Second Machine Age》 Erik Brynjolfsson and Andrew McAfee
- ○ 《Sharing Economy》 Arun Sundararajan
- ○ 《The Happiness Hypothesis》 Jonathan Haidt

2	함께 나눠서 행복한 미래

2030년에는 아무것도 소유하지 않고 그로 인해 행복할 것이다.

마치 법정 스님의 설법 같은 이 문구는 덴마크 정치인 이다 아우킨Ida Auken이 세계경제포럼에서 주장한 미래의 모습이다. 그녀는 순환 공유경제로 전환함으로써 더 낙관적이고 지속 가능한 삶의 방식으로 이어질 것이라고 믿는다.

순환 공유경제는 소유권을 중시하는 전통적인 경제 모델과 달리, 자원을 공유하고 재사용하는 것을 강조한다. 자원 낭비를 줄임으로써 환경에 미치는 영향도 최소화한다. 또 개인의 경제적 부담을 줄이고 새로운 비즈니스 기회를 창출할 수 있다.

순환 공유경제는 이미 다양한 분야에서 확산되고 있다. 예를 들어, 자동차, 숙박, 도서 공유 등은 모두 순환 공유경제의 한 형태다. 이러한 서비스는 사람들에게 소유하지 않고도 필요한 자원을 이용할 수 있는 편리함을 제공한다.

덴마크 정부는 2025년까지 순환 공유경제를 활성화하기 위해 10억 달러를 투자할 계획이다. EU도 순환 공유경제를 촉진하기 위한 정책을 마련하고 있다.

순환 공유경제는 우리에게 새로운 삶의 방식을 제시한다. 우리는 소유에 집착하지 않고, 필요한 자원을 공유함으로써 더 행복하고 지속 가능한 삶을 살 수 있다.

순환 공유경제, 2030년까지 실현될까?

순환 공유경제는 아직 초기 단계에 있지만, 빠르게 성장하고 있다. 2014년에 150억 달러였던 전 세계 순환 공유경제 시장의 규모가 2025년에는 3,350억 달러에 이를 것으로 예상된다.

순환 공유경제의 성장은 여러 가지 요인에 의해 촉진되고 있다. 첫째, 기술의 발전으로 인해 자원을 공유하고 관리하는 것이 더 쉬워졌다. 둘째, 환경에 대한 인식이 높아짐에 따라 사람들은 자원을 절약하고 지속 가능한 삶을 추구하고 있다. 셋째, 경제적 불평등이 심화됨에 따라 사람들은 소유에 대한 부담을 줄이고자 공유경제에 관심을 갖고 있다.

이러한 요인들이 작용함에 따라 순환 공유경제는 2030년까지 더욱 확산할 것으로 예상된다. 순환 공유경제는 우리에게 새로운 삶의 방식을 제시하고, 더 행복하고 지속 가능한 미래를 만든다.

현재 순환 공유경제의 사례로는 경제적 측면에서 서비스, 교통, 숙박 등의 분야에서 공유경제가 확산하고 있다. 에어비앤비Airbnb, 우버Uber와 같은 플랫폼이 대표적이다. 소비 측면에서는 재활용 가능한 제품과 친환경 제품의 수요가 증가하고 있어, 기업들 역시 지속 가능한 제조 방식을 도입하고 있다. 제도 측면에서 정부 역시 이런 변화를 촉진하는 역할을 하고 있으며, 기업 및 지역사회와 협력해 순환경제를 확대하려는 노력을 하고 있다.

아무것도 소유하지 않고 행복하다는 모델은 아직 실현되지 않았지만, 공유경제와 지속 가능한 소비의 추세는 이 방향으로 나아가고 있다. 현재의 추세가 계속된다면 이다 아우킨의 예측이 일부 실현될 수도 있다. 다만 이러한 변화는 사회의 근본적인 가치와 생활방식의 변화를 수반하므로, 이를 받아들이는 데는 시간과 노력이 필요할 것으로 보인다.

공유경제의 성장은 사람들의 가치관이 변하고 있는 점과도 맞물려 있다. 몇 가지 연구를 통해 살펴보자.

먼저 사람들은 소유하기보다 필요한 시점에 접근하는 것을 선호하는 경향이 증가하고 있다. 이런 방식은 자원을 효율적으로 사용하고, 지속 가능한 소비에 접근한다. 다만 안정성이나 질적인 측면에서 문제가 생길 수 있다. 둘째, 자기 결정 이론Self-Determination Theory과 같은 심리학 이론을 보면 내적 동기가 외부 보상보다 더 지속적이고 만족스러운 성취감을 가져다주는데, 이는 물질적 풍요보다는 의미 있는 삶을 추구하기 때문이다. 즉, 부와 성공에 대한 전통적인 틀에서 벗어나, 봉사활동이나 지역사회 활동 참여 등 개인의 가치와 성장을 추구하는 운동과 여기에 동참하는 사람들이 증가하는 것이다. 여기서 등장하는 것이 지속 가능한 소비로, 순환 공유경제와 같은 가치관을 공유한다.

이는 앞서 등장한 기본소득과도 연관이 있다. 가난한 사람들에게는 자본의 축적이 생존과 성공의 중요한 지표일 수 있으나, 기본소득과 같은 사회 안전망이 강화됨에 따라 부의 정의와 사람들의 가치관이 변하는 것이다. 특히 젊은 세대에서 기업의 사회적 책임, 지속 가능한 소비 등에 더 관심을 보이며, 부의 축적보다는 이러한 가치를 중시하는 경향이 있다.

부자를 평가하는 시대

이런 가치관이 득세하다 보니 부자에게도 같은 가치관을 기대한다. 과거에는 부자라는 이유만으로 성실함과 부지런함을 인정받아 존경받았지만, 미래의 부자는 더욱 엄격한 잣대로 평가될 것이다. 특히 현재의 부자들은 과거의 부호들과 비교가 되지 않을 정도로 엄청난 재산을 소유하고 있다. 이처럼 부의 불평등이 심화되면서 일부 부자들이 불공정하게 대부분의 재산을 소유하고 있다는 비판이 제기되고 있다. 2011년에 일어났던 '월스트리트 점령 시위Occupy Wall Street'와 같은 운동이 불평등에 대한 논란을 대표하며, 부자와 대기업에 대한 비판의 목소리를 높인 대표적 사례다.

부자와 기업의 사회적 책임과 윤리적 행동은 소비의 중요한 평가 기준이 되고 있으며, 이를 지키지 않는 경우 부도덕하다는 비난과 불매운동으로 연결된다. 기업의 환경 파괴, 노동자 착취 또한 부도덕한 부의 축적으로 간주되며, 부자와 기업에 대한 신뢰 하락으로 이어진다.

한편 일부 연구에서 부유한 사람들이 더 자기중심적이고 비윤리적인 행동을 할 가능성이 있다는 결과가 나오기도 했다. 다만 이러한 연구 결과는 상황과 문화, 개인의 가치관 등에 따라 달라질 수 있으며, 일률적으로 부자를 부정적으로 평가할 수 없다는 지적도 있다.

또한 일부 부자들과 기업들은 적극적인 사회공헌 활동과 지속 가능한 경영을 통해 긍정적인 영향을 미치고 있다. 빌 & 멜린다 게이츠 재단Bill & Melinda Gates Foundation, 워런 버핏의 기부 활동 등은 부의 책임 있는 활용의 좋은 예시로 꼽히며, 부와 도덕의 조화를 추구하는 움직임을 보여준다.

　미래 사회에서 부와 부자에 대한 인식은 경제적, 사회적, 문화적 상황에 따라 다양하게 변화할 것으로 예상된다. 부의 불평등과 불공정한 축적에 대한 비판은 계속될 수 있으나, 동시에 부의 책임 있는 활용과 사회적 가치의 실현을 통해 긍정적인 변화도 가능하다. 이러한 복합적인 현상을 정확히 이해하고 대응하기 위해서는 지속적인 연구와 다양한 관점의 고려가 필요하다.

더 읽을거리

○ 〈The Sharing Economy: A New Way of Life?〉 Pew Research Center
○ 〈Sharing Economy: A New Model for Sustainable Consumption〉 World Economic Forum
○ 〈The Sharing Economy: A Guide to the New Business Model〉 Harvard Business Review
○ 〈The Sharing Economy: A Review of the Literature〉 University of Oxford
○ 〈The Sharing Economy: A New Paradigm for Sustainable Consumption〉 United Nations Environment Programme
○ 〈Higher social class predicts increased unethical behavior〉 Paul K. Piff
○ 《Intrinsic Motivation and Self-Determination in Human Behavior》 Edward L. Deci & Richard M. Ryan

건강하게 장수해서 행복한 미래

미래 사회에서 부는 그 중요성이 줄어들 것이다. 그러면 어떤 것이 그 자리를 차지하게 될까? 미래에는 건강, 행복, 자존감, 삶의 의미가 가장 중요한 가치가 되며, 이런 가치를 추구함으로써 사람들은 더 나은 삶을 살고자 할 것이다

사람들은 그중에서도 건강을 위해 많은 노력을 기울일 것이다. 건강은 삶의 질을 결정하는데 가장 선행되는 요소이며 그 방법 또한 구체적이기 때문이다.

사람들은 지금도 건강을 유지하기 위해 건강한 음식을 먹고, 규칙적으로 운동하고, 스트레스를 관리한다. 미래에는 건강을 유지하기 위해 다양한 의료기술을 활용할 것이다. 예를 들어, 유전자 검사

를 통해 질병을 예방하고, AI를 활용해 질병을 조기에 진단하며, 맞춤형 치료를 받을 것이다.

건강에 중요한 신체 외 요소

행복은 건강에 매우 중요한 요소다. 따라서 행복을 추구하기 위해 가족, 친구, 취미, 여행 등 다양한 활동을 할 것이다. 또 행복을 유지하기 위해 명상, 요가 등과 같은 활동도 많아질 것이다.

자존감 또한 마음의 건강에 중요하다. 자존감이 높으면 삶을 더 만족스럽게 살 수 있기 때문이다. 사람들은 자존감을 높이기 위해 자신의 장점을 발견하고, 자신의 가치를 인정하는 일에 집중한다.

먹고살기 위해 일할 필요가 없어지는 미래에, 사람들에게 살아갈 이유는 중요해진다. 미래의 사람들은 삶의 의미를 찾기 위해 다양한 활동을 할 것이다. 예를 들어, 취미, 봉사, 여행, 종교 등과 같은 활동에서 삶의 의미를 찾으려 할 것이다.

많은 연구 결과들이 미래 사회에서 건강, 행복, 자존감, 삶의 의미가 가장 중요한 가치가 될 것이라고 말한다. 부를 추구하기보다는 이러한 가치를 추구함으로써 우리는 더 나은 삶을 살 수 있을 것이다.

더 읽을거리

- ○ 〈Altering the Trajectory of Affect and Affect Regulation: The Impact of Compassion Training〉 Richard J. Davidson
- ○ 〈The first long-lived mutants: Discovery of the insulin/IGF-1 pathway for ageing〉 Cynthia Kenyon
- ○ 《Flourish: A Visionary New Understanding of Happiness and Well-being》 Martin Seligman
- ○ 《Ending Aging: The Rejuvenation Breakthroughs That Could Reverse Human Aging in Our Lifetime》 Aubrey de Grey

정치가 AI로 인해 개선되어 행복한 미래

민주주의 국가에서 모든 사람들이 정치에 직접 참여할 수 없기에 정치인이라는 직업이 등장했다. 그런데 요즘은 정치인들이 정당 정치를 할 뿐 국민을 대변하지 않는 듯하다. 정치인에 대한 불만이 하늘을 찌르는데 이는 비단 우리나라의 상황만은 아니다. 이런 정치인들이 미래에는 사라질 것으로 예측된다.

AI는 이미 우리 삶의 많은 부분을 변화시키고 있다. 정치도 예외는 아니다. AI가 정치인들을 대신하지는 않을 것이다. 하지만 그들의 부정부패와 부도덕성 등 정치에 대한 부정적인 인식을 해결함으로써 정치를 더 투명하고 효율적으로 만들 수 있을 것으로 보인다. 정치인들의 재산과 거래 내역을 모니터링하고 특정 규칙을 위반하는 경우 경고를 보낼 수 있으며, 정치인들의 발언을 분석해서 차별이나 혐오 발언을 감지하고 제재할 수 있다. 정치인들의 의사 결정 과정을 기록하고 공개할 수도 있다. AI는 정치인을 감시할 뿐만 아니라, 그들이 제대로 일하게 도울 수 있다. 정치인이 올바른 판단을 내리도록 데이터를 처리하고 분석할 수 있으며, 정치인들이 정책을 입안하고 시행하는 데도 도움을 줄 수 있다.

AI는 이미 의회에 들어와 있다. 국가별로 살펴보면, 미국 의회는 2017년 AI를 사용해 법안의 통과를 모니터링하는 시스템을 도입했다. 이 시스템은 법안의 통과 여부, 통과된 법안의 내용, 법안의 통과에 참여한 의원의 정보를 제공한다. 영국 의회는 2018년 AI를 사용해 정치인들의 재산과 거래 내역을 모니터링하는 시스템을 도입했다. 이 시스템은 정치인들의 부정부패를 감시하고 예방하는 데 사용된다. 인도 의회는 2019년 AI를 사용해 법안을 분석하고 예측하는 시스템을 도입했다. 이 시스템은 법안의 통과 여부, 통과된 법안의 내용, 법안의 통과에 참여한 의원의 정보를 제공한다. EU는 현재 정책 분석과 결정 지원을 위해 AI를 활용하는 프로젝트를 진행 중이다. 고도화된 데이터 분석을 통해 정책을 분석하고, 대중의 의견을 수집해 의사 결정에 반영하고자 한다.

이처럼 AI가 정치를 더 투명하고 효율적으로 만들 수 있다. 그러나 AI가 정치를 장악하는 것은 바람직하지 않다. AI는 정치인들의 보조 도구로 사용되어야 한다. 정치는 여전히 인간의 영역이다.

젊은 층의 정치 혐오 문제 어떻게 해결하나

AI가 해결해야 할 문제 중 하나는 젊은 층의 정치 참여다. 정치인에 대한 나쁜 인식이 퍼지면서, 젊은 사람들은 정치인을 혐오하고 정치를 기피하게 되었다. 똑똑한 사람일수록 정치인이 되려고 하지 않는 경향이 생겼다. 그 결과 정치에 대한 불신, 불만족, 무관심으로 이어지는 악순환이 만들어졌다.

정치인에 대한 부정적인 인식과 신뢰의 부족이 젊은 세대의 정치 참여를 저하시키는 현상은 여러 연구에서 확인되고 있으며, 이는 미래의 국가 리더십 구축에 영향을 미칠 수 있다. 여기에 대응하기 위한 교육과 홍보의 중요성이 강조되고 있으며, 이러한 노력이 향후 정치에 어떻게 영향을 미칠지 지켜봐야 할 부분이다.

퓨 리서치 센터의 '정치에 대한 젊은 세대의 신뢰와 참여도' 연구에서는 젊은 세대의 정치기관에 대한 신뢰도 감소와 참여 의욕 저하가 나타났으며, 하버드 케네디스쿨에서 진행한 연구에서는 정치에 대한 관심과 참여가 변동하는 경향을 보였는데 이는 정치인과 정치체계에 대한 신뢰와 관련이 있는 것으로 나타났다. 이 밖에도 많은 기관이 젊은 사람들의 정치 참여에 관한 연구를 진행한 결과는 유사했다.

AI가 정치인이 될 수는 없다

이런 이유로 인해 미래 사회에는 차라리 입력된 정보에 의해 이성적 판단만을 내리는 AI가 정치인이 될 수도 있겠다는 의견이 나오곤 한다. AI가 정치인을 대체할 것이라는 연구 논문이나 사례는 아직 없다. 다만 스프링어 출판사의 학술 자료 중에서 AI가 정치 분석과 의사 결정을 지원할 수 있지만 정치인의 역할을 완전히 대체하는 것은 복잡한 윤리와 철학적 이슈를 수반할 수 있다는 분석이 나오기도 했다.

그 밖의 많은 연구들이 AI가 정치인을 대체하는 게 아니라 보조하는 것이 좋다고 일관된 결과를 제시했다. 현재까지의 연구와 논문은 AI가 정치인의 역할을 완전히 대체하는 대신, 정치 분석, 의사 결정 지원, 행정 효율성 향상 등에서의 활용 가능성을 주로 탐구하고 있다.

AI가 인간의 복잡한 판단과 윤리적 고민을 대체할 수 있을지에 대한 논의는 아직 초기 단계에 있으며, 이에 대한 명확한 결론은 존재하지 않는 것으로 보인다. 이러한 주제는 기술, 사회, 정치 등 다양한 분야에서 지속적으로 연구되고 있는 중요한 이슈다.

사교육이 사라져서
행복한 미래

뇌와 컴퓨터를 바로 연결하는 BCI는 현재 의학적 용도로 개발되고 있는 기술이다. 뇌와 컴퓨터를 직접 연결해 뇌에서 발생하는 신호를 컴퓨터로 전달하고, 컴퓨터에서 발생하는 신호를 뇌로 전달한다. 이로써 마비 환자들을 움직이게 하고, 간질환자들의 잃어버린 기억을 되찾는 등 그 가능성이 주목받고 있다.

현재 많은 기업들이 미국 FDA의 승인을 받고 BCI 연구를 진행하고 있다. 가장 대표적인 기업으로 일론 머스크의 뉴럴링크Neura-link가 있다. 이 기업은 뇌와 컴퓨터를 직접 연결하는 장치인 '뉴럴링크 인터페이스'를 개발하고 있는데, 마비 환자의 운동 기능을 회복시키고 청각 장애 환자의 청력을 회복시키는 데 사용할 수 있다. 학생들의 학습 능력을 향상시키고 맞춤형 교육을 제공하는 데도 사용할 수 있다.

에임스 헬스Aims Health는 뇌졸중 환자의 운동 기능을 회복시키는 BCI 기술을 개발하고 있다. 뇌졸중 환자의 뇌파를 분석해 운동 기능을 회복시키는 데 성공했으며, 현재는 뇌졸중 환자의 인지 기능을 회복시키는 연구를 진행하고 있다.

오픈 바이오닉스Open Bionics는 3D 프린팅 기술을 사용해 의수를 제작하는 기업이다. 이 의수의 실제 손처럼 움직이도록 하기 위해 BCI 기술을 적용하고 있다.

이처럼 여러 기업이 BCI 기술을 개발하고 다양한 분야에 응용하기 위해 노력하고 있다. BCI 기술은 아직 개발 초기 단계에 있지만 그 잠재력은 매우 크다. 기술이 상용화되면 환자의 운동 기능과 감각을 회복시키는 것은 물론, 기억을 되찾는 것도 가능하다.

의료기술 BCI, 교육에도 적용

이뿐만 아니라 BCI는 뇌의 활동을 확장시켜 교육 분야에서 혁명을 일으킬 잠재력이 있다. 이 기술이 널리 일반화되어 지식을 직접 전달받는 통로가 된다면 이것이 교육의 미래가 될 것이다. 특히 우리나라처럼 사교육이 성행하는 나라에서는 사교육의 소멸을 불러와 큰 혼란을 야기할 수도 있다.

예를 들어 BCI로 학생들의 뇌 활동을 모니터링해 그들의 흥미와 학습 수준을 면밀하게 파악하고 각자의 학습 속도에 맞는 교육을 제공할 수 있다. 학생들이 학습에 어려움을 겪을 때 적절한 피드백을 제공함으로써 학습 능력을 향상시킬 수 있다. 또한 BCI를 사용해 학생들이 시각이나 청각 장애를 극복하고 학습할 수 있도록 도울 수 있다.

이와 같은 실험은 유명 대학과 기관에서 현재 진행되고 있다. 캘리포니아 대학교 버클리 캠퍼스는 BCI를 사용해 학생들의 뇌 활동을 모니터링하고, 학생들이 학습에 어려움을 겪을 때 적절한 피드백을 제공하는 연구를 진행하고 있다. 펜실베이니아 주립대학교는 BCI를 사용해 시각 장애 학생들이 글을 읽을 수 있도록 도와주는 연구를 진행하고 있다. 워싱턴 대학교도 BCI를 사용해 청각 장애 학생들이 소리를 들을 수 있도록 도와주는 연구를 진행하고 있다. 이외에도 독일의 막스 플랑크 인지과학 연구소, 일본의 히로시마 대학교 등에서 연구가 이루어지고 있다.

기억 보조 장치로 고령 인구의 삶의 질 개선 가능성

BCI는 앞서 2장 '의료의 현재와 미래'에서 소개한 것처럼 현재

주로 뇌에 직접 삽입하는 침습적인 방법으로 시행되고 있어서 위험성과 함께 지속성에서 문제가 여전히 남아 있다. 따라서 이 문제를 먼저 해결해야 교육용으로 개발될 수 있을 것이다. 비단 학생들의 교육만이 아니라, 새로운 지식을 흡수하기가 힘든 노인들과 기억을 잃어버리는 치매 등의 병에도 기억 보조 도구로서 가능성이 큰 기술이다.

다시 자급자족의 시대를 맞아
행복한 미래

무역은 직접 생산하기 힘든 물자들을 그 물자가 풍부한 나라에서 가져다 쓴다는 물물교환의 한 형태로 교통수단을 발달이 큰 역할을 했다. 특히 현대에 와서 기술과 노하우는 가졌지만, 노동력이 비싸 경쟁력 있는 상품을 공급하지 못하게 된 선진국의 제조업들이 노동력이 저렴한 국가에 아웃소싱을 주며 무역의 증가에 한몫했다.

그런데 이런 무역이 미래에는 두 가지 이유로 줄어들거나 소멸할 것으로 보인다. 바로 3D 프린터와 로봇 자동화가 그 주인공이다.

먼저 3D 프린터가 보급되면 일반적인 공산품에서부터 음식, 집, 심지어 인공 장기까지 재료에 따라 상상을 초월한 것들을 제작할 수 있을 것으로 보인다. 대체로 생산 비용이 저렴하며 소규모 공간에서도 제품을 생산할 수 있어 자급자족을 위한 이상적인 도구로 주목받고 있다.

한편 로봇으로 인한 자동화는 더 광범위한 산업에 영향을 미칠 것으로 보인다. AI 로봇은 저렴한 노동력조차 대체할 것으로 예상되기 때문이다. 로봇으로 대체되면 생산성이 향상될 뿐만 아니라, 품질 개선에도 도움이 될 수 있으며, 공장에서 발생하는 사고를 예방하는 데도 유효하다.

농업에서도 파종부터 수확까지 모든 과정을 자동화할 수 있다. 이로써 농업의 노동력 부족 문제를 해결하고, 생산성도 증가할 것으로 기대된다. 또 농작물의 질을 향상시키고, 환경을 보호하는 데도 도움이 될 수 있다. AI 로봇은 서비스업에서 사용되는 비중도 점차 늘고 있다. 예를 들어 호텔에서 고객을 안내하고, 음식을 서빙하고, 청소도 할 수 있다. 이뿐만 아니라 의료, 금융, 교육 서비스 등 다양한 분야에서 사용될 수 있다.

또 하나의 가족, AI 로봇

가정에서도 AI 로봇과 3D 프린터만 있다면 충분히 자급자족이 가능할 것으로 보인다.

더군다나 AI 로봇의 경우 가족을 대신할 수도 있다. 2017년 미국의 한 연구에 따르면, AI 로봇과 동거하는 사람들 중 20%가 인간 파트너보다 AI 로봇을 더 선호한다고 답했다. 이 연구에 참여한 사람들은 AI 로봇이 더 헌신적이며, 더 이해심이 많고, 더 재미있다고 답했다. 또 AI 로봇은 인간 파트너와 달리 질투심이나 분노와 같은 부정적인 감정을 느끼지 않는다고 답했다.

2019년 일본의 한 연구에 따르면, AI 로봇과 동거하는 노인 중 60%가 AI 로봇이 인간 파트너보다 더 도움이 되고, 더 위안을 준다고 답했다. 이 연구에 참여한 노인들은 AI 로봇이 인간 파트너와 달리 항상 곁에 있고, 항상 이야기를 들어주며, 항상 걱정해주는 것 같다고 답했다. 또한 AI 로봇은 인간 파트너와 달리 질병이나 사고로 인해 곁을 떠날 위험이 없다고 답했다.

이러한 연구 결과는 AI 로봇이 인간 파트너의 역할을 대체할 가능성이 있음을 보여준다. AI 로봇이 발전할수록 인간의 삶은 더욱 편리하고 풍요로워질 것이다. 그러나 AI 로봇이 인간의 삶을 더욱 풍요롭게 만드는 동시에 인간의 삶을 위협하는 존재가 될 수도 있다. AI 로봇이 인간의 삶에 미칠 영향에 대한 신중한 고민이 필요하다.

자급자족 사회의 장단점

다시 자급자족하는 미래 사회로 돌아가 보자. 각 지역에서 자급자족하게 되면 지역경제가 활성화되며, 수송에 따른 환경 오염이 줄어든다. 이는 지역에서 생산된 제품과 서비스를 지역에서 소비하는 덕분이다. 수송이 줄어드는 만큼 에너지도 절약되고 필요할 때 생산함으로써 재고를 줄여 자원의 낭비도 막을 수 있다.

하지만 로봇 자동화 및 3D 프린팅을 통해 제조업을 본국으로 이전하는, 리쇼어링reshoring 또는 인소싱insourcing으로 알려진 추세는 세계 경제에 중요한 영향을 미칠 수 있다.

아웃소싱하던 제조업들이 다시 본국으로 가게 되면 세계의 공장으로 성장하던 동남아나 아프리카의 경제가 빈곤해질 수도 있다. 그들 스스로도 이 위기를 돌파할 대책을 마련해야 하지만, 전 세계적으로도 새로운 산업 및 분야에 대한 투자를 고려하는 것이 바람직하다.

노동이 사라져서
행복한 미래

현대인의 삶을 간략하게 요약하면, 태어나서 약 20년간 교육을 받고 40년간 직장생활 또는 사업 등의 일을 한다. 그 뒤의 삶이 얼마나 남았을지 모르지만, 60세의 시점에서 은퇴해서 노후의 삶을 산다. 이처럼 우리는 일이 삶의 중심이라고도 할 만큼 중요하게 여기며 살고 있다. 그런데 미래에는 3D 프린터 등 기술의 발전, 로봇의 인간 노동력 대체 등으로 인해 노동의 종말이 다가오고 있다.

일이 없어지는 미래가 상상 가능할까?

먼저 기술이 노동 시장을 어떻게 바꿀지 간략하게 살펴보자. 자동화 및 로봇공학은 모든 업무에서 효율성을 높이고 인적 오류를 줄이며 제조 및 기타 노동 집약적 부문에서 비용 절감을 가져올 것으로 보인다. 하지만 이로 인해 심각한 일자리 이동이 발생할 수 있으며, 이는 사회적 불안으로 이어질 우려가 있다.

2033년 일자리의 47%가 자동화된다

자동화에 관해 옥스퍼드에서 2013년 진행된 연구에서 미국 일자리의 47%가 향후 20년 이내에 자동화될 수 있다고 추정했다. 맥킨지는 2030년까지 전 세계적으로 일하는 시간의 약 30%가 자동화될 수 있다고 예측했다. 맥킨지와 세계경제포럼의 보고서는 자동화로 인해 업무 일부가 기계로 대체되면 근로자들은 새로운 업무를 맡기 위해 재교육을 받을 필요가 있다고 설명했다. 특히 일상적인 작업이 자동화됨에 따라 창의성, 복잡한 문제 해결 및 정서지능과 같은 역량에 대한 수요가 증가하는 것으로 보고되었다. 한편 자동화로 인해 일자리를 잃은 사람들을 지원하기 위해 보편적 기본소득과 같은 새로운 형태의 사회적 지원을 고려해야 할 수도 있다.

노동의 미래는 복잡하고 다차원적이다. 연구는 귀중한 통찰력을 제공하지만 잠재적인 모든 미래 개발을 완전히 포착하지 못하는 경우가 많다. 따라서 기술이 계속 발전하고 노동 환경을 재구성함에 따라 지속적인 모니터링과 연구가 필요하다. 그리고 그 결과에 따른 유연한 정책 결정도 필수적이다.

노동이 필수가 아닌 미래

다양한 보고서를 조합해볼 때 미래에 인간에게 '노동'은 필수가 아니게 될 가능성이 크다. 산업혁명 전에만 해도 '직장인'이 많지 않았던 것처럼, 미래에는 또 다른 모습의 노동이 다가올 수 있다. 각 학문 분야별로 다양한 관련 연구가 진행되었다. 여기에 대표적인 사례를 소개한다.

먼저, 일상적인 노동을 줄이면 사람들이 더 창의적이고 지적이며 예술적인 일에 노력을 기울일 수 있다. 이러한 변화는 혁신, 예술, 문학 및 기타 창의적 분야의 폭발적 증가로 이어져 새로운 문화적 르네상스를 촉진할 수 있다.

일부 사회학자와 경제학자의 분석에 따르면 사람들은 지역사회 봉사, 자원봉사 및 사회 복지에 더 많이 참여할 수 있다. 이것이 점점 더 응집력 있는 사회로 이어질 수 있고 이전에는 소홀했던 사회적 문제를 해결할 잠재력을 갖게 된다.

심리학 연구에 따르면 노동이 줄어드는 시간에 개인은 자기계발, 건강, 웰빙, 가족에 초점을 맞출 수 있다. 이러한 변화는 더 건강한 사회로 이어질 수 있지만, 개인의 성취감과 성공을 정의하고 측정하는 방식에 상당한 변화가 필요할 수 있다.

경제학자와 미래학자는 지속 가능성, 지역주의 및 윤리적 소비에 더 중점을 둔 새로운 경제 모델이 나타날 수 있다고 제안한다.

부정적인 예측도 있다. 일부 연구는 참여 및 성취를 위한 적절한 채널이 개발되지 않으면 목적 상실 또는 정신건강 문제 증가와 같은 잠재적인 위기가 나타날 것이라고 경고한다. 즉 사회 구조의 변화를 예측하고 이에 대한 계획 및 투자가 선행적으로 이루어져야 부정적인 결과를 방지할 수 있다.

또 여러 보고서에서 새로운 역할에 적응하기 위해 지속적인 교육과 기술 재교육의 필요성을 강조하고 있다. 즉, 평생 학습을 위한 교육 시스템이 필요하다.

결론적으로 노동력의 잠재적 감소는 단순한 도전이 아니라 일과 목적, 성취를 재정의할 기회다. 이러한 변화에는 새로운 사회 패러다임으로의 긍정적인 전환을 촉진하기 위해 신중한 생각, 계획, 그리고 적응 가능한 사회 시스템이 필요하다.

노동이 사라지면 노동조합도 사라진다

노동이 사라지면 노동자들이 자신의 권리를 보호하고, 더 나은 근로 조건을 얻기 위해 결성한 노동조합 역시 사라질 수도 있다. 노동조합이 존재하는 나라는 전 세계 195개 국가 중 약 160개국으로 일부 사회주의 국가를 제외한다면 대부분의 국가에 노동조합이 있다. 노동조합의 규모는 국가마다 다르지만, 그 영향력은 매우 크다.

노동조합이 힘을 잃고 있는 국가는 미국, 영국, 프랑스, 독일, 일본, 한국 등이 있다. 이들 국가는 모두 자유시장 경제를 추구하고 있으며, 정부가 노동조합에 대한 규제를 강화하고 있다. 또 기업들은 해외로 진출하면서 노동조합의 힘을 약화시키고 있다. 반대로 노동조합이 강한 나라는 스웨덴, 노르웨이, 덴마크, 네덜란드, 핀란드 등이다. 이 나라들은 모두 복지국가를 지향하고 있으며, 정부가 노동조합을 지원하고 있다. 기업들은 노동조합과의 협력을 통해 더 나은 근로 조건을 제공하고 있다. 한편 신흥 시장과 개발도상국의 상황은 매우 다양하다. 어떤 곳에서는 노조가 강력하거나 억압을 받은 적이 없는 반면, 다른 곳에서는 산업화와 도시화가 진행됨에 따라 영향력이 커질 수 있다.

노동조합의 글로벌 환경은 매우 다양하고 역동적이며 광범위한 경제적, 정치적, 사회적 추세를 반영한다. 특정 고소득 국가에서 노동조합의 약화는 다른 국가에서 노동조합의 지속적인 중요성 또는 새로운 영향력과 대조된다. 노동조합의 미래는 세계 경제와 노동의 성격 변화에 따라 계속해서 진화한다. 하지만 산업 시대를 지나면서 노동의 모습이 변화하는 것처럼, 노동조합 역시 서서히 종말을 맞을 수밖에 없을 것이다.

<table>
<tr><td>8</td><td>나를 알아주는 집과 함께
행복한 미래</td></tr>
</table>

미래의 주택에는 어떤 신기술들이 들어오며, 이들로 인해 주택은 어떻게 변화할까?

내연기관이 있는 과거의 자동차가 사람이 조작하는 기계 덩어리였다면, 전기로 충전하고 스스로 주행하는 미래의 자동차는 '움직이는 컴퓨터'라고 할 수 있다. 이처럼, 현재의 집이 철근과 콘크리트로 만들어진 건축물이라면, 미래의 주택은 다양한 신기술이 도입되어 AI라는 뇌로 움직이는 인공 유기체라고 할 수 있다.

각종 신기술이 주택의 개념을 확장하며, 더욱 편리하고 안전하고 지속 가능하게 만든다.

신기술로 살아 숨 쉬는 공간

먼저 집을 지을 때도 기존 건축 방식이 아닌 3D 프린팅 기술을 활용할 수 있다. 이미 중국 등에서는 3D 프린터로 주택을 완성하기도 했다. 이뿐만 아니라 기존의 주택을 개조하거나 보수하는 데도 활용할 수 있다.

AI는 주택의 각종 기능을 제어하고 관리하는 중추가 되는데 예를 들면 집 안의 조명, 온도, 가전제품 등을 작동시키며, 보안을 강화하고 에너지를 절약할 수 있다. AI가 집 안팎을 제어할 수 있는 것은 IoT 덕분이다. 주택의 각종 기기와 장치들은 IoT로 연결되어 각종 정보를 실시간으로 모니터링하고 기능을 조절할 수 있다.

주택은 그 자체로 에너지를 생산하거나 에너지를 가장 효율적으로 사용하는 친환경 건축 기술을 활용하게 된다. 이러한 신기술들은 기존의 주택을 더욱 편리하고, 안전하고, 지속 가능하게 만들 것이다.

이런 기능들은 장기적으로는 에너지를 절약해주고 각종 기기의 수명을 연장해주는 등 비용 효율적이다. 다만 처음 구현하는 데는 비용이 많이 들고 모든 것이 디지털화되는 만큼 사이버 보안이나 개인정보 보호의 문제도 발생시킬 것으로 예상된다. 즉, 발전이 유망해 보일 수 있지만 규제 고려 사항, 사회 경제적 요인 및 기술적 한계를 포함해 대규모로 구현하는 데 어려움과 장벽도 있다는 것이다.

이러한 각 영역에 대한 연구를 살펴봄으로써 미래 주택 개념의 타당성과 실용성을 다시 한번 생각해볼 수 있다. 미래 주택 관련 연구 분야로는 스마트홈 및 자동화, 도시 계획, 친환경 및 웰빙 건축 기술, 드론을 비롯한 운송 기술 등이 포함된다.

미래 주택의 변화는 기존 주택들의 취약점으로부터 시작된다. 각 분야가 요구하는 기술이 주택의 외양뿐만 아니라 실내의 세부 구조에까지 영향을 미칠 수 있다. 또 각종 제도나 비용, 사회 문화적 요소 등에도 영향을 미칠 것이다.

| 9 | **세계시민이 되어**
행복한 미래 |

교통수단의 발달로 2042년경에 세계는 일일 생활권을 넘어 1시간 생활권의 미래가 올 수도 있다. 또 AI가 실시간으로 통역해주고 국가별 풍습 등을 미리 알려주어 전 세계의 사람들과 의사소통하는 데 어려움이 사라진다. 이로 인해 경제가 글로벌화되면서 국경이 무의미해진다. 말 그대로 우리는 '세계시민'이 되는 것이다.

이러한 변화는 삶의 모든 측면에 영향을 미칠 것이다. 예를 들어, 기업들은 전 세계로 사업을 확장할 수 있고 능력이 뛰어난 사람들은 세계 어디에서든 더 높은 급여를 주는 곳에서 일할 수 있게 된다. 그로 인해 글로벌 경제가 활성화되면 세계의 빈곤율이 감소하고 삶의 질은 향상된다.

물론 이러한 변화에는 부작용도 있다. 일부 국가는 경쟁력을 잃고, 일자리가 감소할 수 있다. 또 문화적 차이로 인해 갈등이 발생할 수도 있다. 이러한 부작용에도 불구하고, 글로벌 경제는 세계의 발전을 가져오는 긍정적인 힘이라고 할 수 있다.

경제의 글로벌 평준화가 가져오는 번영

세계를 일일 생활권으로 만드는 것은 로켓형 비행기의 등장이다. 엄청난 속도의 비행기가 등장하고 충분히 이용할 수 있을 만큼 저렴해지면, 기업들이 전 세계로 사업을 확장하는 일이 훨씬 쉬워질 것이다. 그 결과 새로운 시장을 개척하고 수익을 증가시킬 수 있다. 개인 역시 세계 어디서든 일자리를 구할 수 있고, 기업은 세계의 인재들을 끌어와 경쟁력을 높일 수 있다.

한편 관광이 더욱 편리해지는 것은 물론, 교육도 전 세계 어느 교육기관이든 고려의 대상이 될 수 있다. 몸이 아픈 사람들은 세계 최고의 의료기관을 찾아갈 수 있다. 가난한 나라와 부자 나라가 더 쉽게 비교되면서 부의 재분배는 더 중요한 가치가 될 것이다. 이로 인해 글로벌 평준화가 이뤄질 것이다.

경제의 글로벌 평준화는 세계 평화와 번영을 위한 필수적인 조건이다. 경제가 평준화되면, 국가 간의 갈등이 줄어들고 협력이 증가한다.

글로벌 경제는 실제로 세계의 빈곤율을 감소시켰다. 1981년부터 2015년 사이에 세계의 빈곤율은 절반으로 떨어졌다. 이는 글로벌 경제의 활성화로 인해 가능했다. 글로벌 경제는 많은 사람들에게 더 나은 교육, 의료, 식량, 주택을 제공함으로써 삶의 질도 향상시켰다. 이제 글로벌 경제는 세계의 환경을 개선하는 데 앞장서고 있다.

세계은행은 2030년까지 세계의 빈곤율을 0%로 줄일 목표를 세웠으며, 이를 위해 교육·의료·주택·인프라 등 다양한 분야에 투자할 계획을 갖고 있다. 국제통화기금도 2025년까지 세계의 부의 분배를 개선할 목표를 세웠다. 국제통화기금International Monetary Fund, IMF은 이를 위해 조세 정책, 사회 복지 정책, 교육 정책 등 다양한 정책을 시행할 계획이다.

글로벌 경제 통합의 미래

글로벌 경제란 무엇이며, 어떻게 진행되어 왔을까?

먼저 글로벌 경제란 세계 각국의 경제가 서로 연결되고 협력하는 것을 의미한다. 글로벌 경제 통합은 1990년대 이후 급속히 진행되었으며, 그 결과 세계 경제는 하나의 거대한 시장으로 변모했다. 국가 간에 무역과 투자가 늘고 기술과 정보의 교류가 활성화되면서 세계 경제도 성장했다. 그 결과로서 빈곤 감소, 삶의 질 향상, 환경 개선 등 다양한 긍정적인 영향을 미쳤다고 평가된다.

글로벌 경제가 이루어지려면 먼저 무역 장벽이 감소해야 하며, 자본 및 노동의 이동이 자유로워야 한다. 지금까지 글로벌 경제 통합을 이끈 것은 국가 간의 자유무역협정Free Trade Agreement, FTA이나 다자간무역협상, 기업의 해외 진출 및 기술과 정보의 교류 등이었다. 그 밖에도 범국가적 경제연합 형성(유로 존), 규격의 표준화 및 지식과 기술의 공유, 노동법이나 환경 등의 규제 통합, 세계무역기구World Trade Organization, WTO, 국제통화기금 등 국제기구와의 협력 등이 수반되며 이루어졌다.

미래에는 물리적 거리의 중요성이 더욱 줄어들면서, 기업과 개인은 전 세계적으로 활동하고 협력하게 된다. 사람들이 여러 문화를 접하면서 문화 다양성이 증가하고 세계시민의식이 성장할 것이다. 물리적 거리의 장벽이 사라지면 국제 협력과 이해가 증가하며, 전 세계적인 문제 해결에 기여할 수 있다. 다만 여러 가지 부작용도 함께 나타나는데, 국경이 모호해지는 만큼 국가 주권과 국경 관리에 대한 새로운 정책이 필요해진다. 빠른 이동 수단으로 인한 에너지 소모에 관한 대안도 마련해야 한다. 이 에너지가 친환경적이지 않으면 더욱 문제가 될 것이다.

결론적으로, 전 세계가 1시간 대로 연결되는 이동 수단은 사회의 거의 모든 측면에 영향을 미칠 것이다. 이러한 변화는 새로운 기회와 도전을 동시에 가져올 것이며, 이를 해결하기 위한 규제, 정책, 기술, 그리고 사회적 적응도 필요해질 것이다. 국경의 소멸과 경제의 글로벌화는 복잡한 주제로, 다양한 분야에서 많은 연구와 보고서가 작성되고 있다.

더 읽을거리

○ 《Globalization and Its Discontents》Joseph E. Stiglitz
○ 《The Globalization Paradox》Dani Rodrik
○ 〈Borders in a Borderless World〉Saskia Sassen, Migration Policy Institute
○ 〈Convergence Hypothesis in Global Economy〉OECD

10	베이비붐 세대의 나이 들어서 행복한 미래

슈퍼 에이지Super Age 시대가 도래한다. 슈퍼 에이지란 인구통계학자 브래들리 셔먼Bradley Schurman이 인구의 20%가 65세 이상의 초고령화 사회를 가리킬 때 쓴 말이다. 수명 연장으로 고령 인구가 늘면서 베이비붐 세대가 그대로 60~80세의 슈퍼 에이지가 되고 있다. 우리나라에서 그 인구는 약 1,500만 명에 달해 인구의 거의 30%에 해당하는 슈퍼 에이지가 2030년부터 탄생한다.

베이비붐 세대는 한국 경제의 성장과 발전을 이끈 세대로, 열심히 일하고 저축하고 집을 사고 자녀를 키웠다. 그런 그들이 이제 노년기에 접어들었다. 그들은 여전히 건강하고 활동적이며, 사회에 기여하고 싶어 한다. 베이비붐 세대가 원하는 것은 다음과 같다.

○ 건강하고 편안한 노후를 보내고 싶다.

○ 자녀 및 손자손녀들과 함께 시간을 보내고 싶다.

○ 사회에 기여하고 싶다.

○ 새로운 것을 배우고 싶다.

○ 여행을 가고 싶다.

○ 취미를 즐기고 싶다.

슈퍼 에이지 세대가 다수의 국민이 되고 그들이 목소리를 높이면 세상은 어떻게 변하게 될까?

슈퍼 에이지 세대는 여전히 건강하고 활동적이다. 그들은 사회에 기여하고 싶어 하고, 새로운 것을 배우고 싶어 하며, 취미를 즐기고 싶어 한다. 그들은 한국 사회의 중요한 자원이다. 그들은 경험과 지혜를 가지고 있으며, 사회를 더욱 풍요롭게 만들 수 있다.

초고령화 사회를 기회로 만드는 법

슈퍼 에이지를 가리키는 또 다른 말 '초고령화 사회'를 사람들은 위기로 본다. 통념상 60세를 넘으면 정신적으로나 육체적으로나 기능이 쇠퇴하고 경제활동도 은퇴하는 시점이기 때문이다. 경제활동을 하지 않는 인구가 전체 인구의 30%나 되는 것은 위기로 보일 수밖에 없다. 하지만 고령 인구의 비율이 늘었다는 것은 그만큼 수명 연장이 이루어졌다는 뜻이다. 초고령화 시대를 대하는 우리의 관점도 이제 바꾸어야 한다.

초고령화 사회는 새로운 기회와 도전의 시기다. 고령 인구는 경제·사회·문화 등 다양한 분야에서 큰 영향력을 행사할 수 있다. 우리는 초고령화 사회에 대비하기 위해 기업·정부·개인이 함께 노력해야 한다. 무엇을 어떻게 준비해야 할까?

먼저 기업은 고령 인구를 위한 제품과 서비스 개발에 투자해야 한다. 예를 들어 고령 친화형 주택, 의료기기, 헬스케어 서비스 등이 있다. 또 고령 인구를 위한 일자리 창출에도 노력해야 한다.

정부는 고령 인구를 위한 복지 정책을 마련해야 한다. 예를 들어 노인연금, 의료보험, 장기요양보험 등이 있다. 고령 인구를 위한 사회 안전망도 구축해야 한다.

지역사회에서는 고령 인구 커뮤니티를 강화하고 참여와 봉사의 길을 열어 고령 인구들이 적극적으로 활동할 수 있는 발판을 마련해야 한다.

마지막으로 개인은 노후를 대비해야 한다. 연금을 준비하고 건강을 관리하며, 사회적 활동을 지속적으로 펼쳐야 한다. 또한 고령 인구에 대한 이해를 높이고, 그들을 존중해야 한다.

슈퍼 에이지는 전 세계적 미래

지금 전 세계 슈퍼 에이지를 연구하고 이들의 활동을 강화하고 사회적 영향력 발휘하려는 단체가 설립되어 운영되고 있다.

에이징2.0Aging 2.0은 슈퍼 에이지 세대와 관련된 혁신적인 기술을 개발하고 확산하는 데 중점을 둔 비영리단체다. AARPAmerican Association of Retired Persons: 미국 은퇴자협회는 미국에서 가장 큰 노인단체로, 노인들의 권리와 복지 증진을 위해 활동하고 있다. 글로벌 에이징 파트너십Global Ageing Partnership은 전 세계 60개국 이상의 정부가 참여하는 고령화 협력체로, 고령화 사회에 대한 정책과 서비스를 개발하고 확산하는 데 중점을 둔다. 국제장수센터International Longevity Centre는 전 세계 30개국 이상의 고령화 전문가가 참여하는 단체로, 고령화 사회에 대한 연구와 정책 개발을 위해 활동하고 있다. 유엔인구기금United Nations Population Fund은 유엔 산하 기구로, 고령화 사회에 대한 인식 제고와 정책 개발을 위해 활동하고 있다. 이 외에도 많은 단체와 조합이 슈퍼 에이지에 대한 이해를 높이고, 관련 정책과 서비스를 개발하기 위해 운영되고 있다.

이들 단체들이 중점을 두는 활동은 다음 여섯 가지로 요약할 수 있다. 먼저 건강 관리와 웰빙이다. 연령 관련 질병에 대한 전문 치료를 포함한 포괄적 의료 서비스가 있다. 두 번째는 안정적 노후를 위한 재정 강화다. 해당 연령대에 맞는 연금 계획, 금융 상품 및 서비스를 개발해 재정적 안정을 제공하고자 한다. 세 번째는 사회적 고립의 방지다. 고령 친화적 커뮤니티와 사회적 연결을 촉진하는 주택 개발 등이 있다. 네 번째는 기술 접근성이다. 원격 진료, 온라인 쇼핑, 소셜 참여 플랫폼과 같은 서비스를 제공하는 것이다. 또한 이런 기술들을 활용하기 위해서는 계속되는 교육이 필요하다. 다섯 번째가 바로 평생 학습이다. 기술 격차를 줄이는 것은 물론 취미생활이나 배움에 대한 갈증도 채워줄 시스템이 필요하다. 마지막으로 사회적 기여는 물론, 문화 및 레크리에이션 활동에 지속적으로 참여하도록 하는 제도의 확립이다.

요약하면, 우리나라 슈퍼 에이지 세대의 욕구는 건강을 비롯해, 사회, 금융, 기술 및 환경 고려 사항이 복합적으로 혼합되어 있을 것이다. 이러한 욕구를 효과적으로 충족시키기 위해서는 개인의 개성과 커뮤니티의 요구를 존중하는 맞춤형 솔루션이 필수적이다.

세계미래보고서 2024-2034

초판 1쇄 발행 2023년 11월 25일
초판 5쇄 발행 2024년 11월 15일

지은이 박영숙 제롬 글렌
펴낸이 안병현 김상훈
본부장 이승은   **총괄** 박동옥   **편집장** 임세미
책임편집 김혜영   **디자인** 용석재
마케팅 신대섭 배태욱 김수연 김하은   **제작** 조화연

펴낸곳 주식회사 교보문고
등록 제406-2008-000090호(2008년 12월 5일)
주소 경기도 파주시 문발로 249
전화 대표전화 1544-1900   **주문** 02)3156-3665   **팩스** 0502)987-5725

ISBN 979-11-7061-071-7 03320
책값은 표지에 있습니다.